地域ブランドとシティプロモーション

*The Local Brand
and
The City Promotion*

牧瀬稔 編著

東京法令出版

はじめに

本書は、二〇〇八年一〇月に私が編著者としてまとめた『地域魅力を高める地域ブランド戦略』（東京法令出版）の続編である（同書は、現在絶版となっている。そのため関心のある読者は図書館から借りて読んでいただきたい。）。

同書は地域ブランドの事例集であり、読者へのヒントの提供という意味があった。ヒントとは「問題の解決、物事の理解や発想などのための手掛かりとなるもの」という意味がある。読者には、よい意味でも悪い意味でも、地域ブランドを進めるためのいろいろな手掛かりを提供できたと自負している。

本書は、前書の続編であるから、今回も様々な事例を記している。ただし、本書は「地域ブランド」に加え「シティプロモーション」（シティセールス）の事例も紹介している。私は地域ブランドとシティプロモーションの密接な連携が、それぞれの取組を成功の軌道に乗せるためには必要と考えている。そこで本書において、シティプロモーションを新たに追加し、多方面から分析している。

近年「地方創生」が進んでいる。しばらくの間（あと数年）は、国や地方自治体にとって重要な政策のキーワードとなると思っている。特に、人口急減や超高齢化という日本が直面する大きな課題に対し、国内の各地方・地域が、それぞれの特徴を活かした自律的（自立的）で持続的な社会を創生していかなければ、地域は衰退してしまう。

こうした危機感から、現在、注目を集めているものの一つが「シティプロモーション」である。私がシティプロモーションに取り組んだ当時（一〇年強前）は、ほとんど事例が見当たらなかった。しかし昨今では、数多くの自治体がシティプロモーションに取り組んでいる。

シティプロモーションとは、①地域イメージの向上（地域ブランドの推進）、②交流人口の増加（観光客等の来訪者増加）、③定住人口の増加（地域の愛着度向上、転入者の増加）などを政策目標とした「都市や地域の売り込み」と捉えることができる。そのためには、独自の地域を創っていかなくてはいけない。その視点で考えれば、シティプロモーションに取り組むことは、地方創生を彩り鮮やかにしていく可能性を強くしていく。

今日、注目されるシティプロモーションであるが、多くの自治体が成果を上げられずにいる。もちろん、シティプロモーションを進める当事者は「成果が上がった」と言う。しかし、様々な数字が悪化しつつある。シティプロモーションを実施しても、交流人口や定住人口などを大きく減少させている事例は枚挙に暇がない。その理由はいろいろとあるだろう。その中で、地域ブランドが構築されていないことが大きな要因の一つと考える。

そこで、本書は地域ブランドの構築とシティプロモーションの推進に関して、効率よく、かつ、効果的に進めていくためのポイントを、事例を紹介することで、分かりやすく、応用のきく内容としてまとめている。地域ブランドやシティプロモーションを切り口に、地方創生に取り組む自治体職員や議会議員をはじめ多くの当事者に対して、成功のノウハウを提供することが目的である。本書で取り上げている一つひとつの事例が、読者に対して多くの示唆を与えると思っている。

二〇一八年四月

編著者　牧瀬　稔

CONTENTS

序　章

The Local Brand
and
The City Promotion

序章 シティプロモーションを正しく理解する視点

関東学院大学法学部地域創生学科准教授　牧瀬　稔

1　地に足の着いた取組の必要性

筆者（牧瀬）は、二〇〇八年に出版した前書『地域魅力を高める「地域ブランド」戦略』（東京法令出版）の中で「地方自治体が取り組む地域ブランドは、バブルの様相を示している。近々バブルがはじけるかもしれない」という趣旨で言及している。当時は、多くの自治体が地域のブランド化に乗り出していた。雨後の筍のようだった地域ブランドは、今では限定的な動きしかない。地域ブランドのバブルがはじけたというより、破滅に近い状態である。

また、同書において、筆者は「バブル化しているからこそ、地に足の着いた取り組みが求められる」とも指摘した。同書において、地に足の着いた取組事例として、盛岡市（岩手県）や宇都宮市（栃木県）、塩尻市（長野県）などを紹介している（特に同書では、盛岡市と塩尻市をよい事例として言及している。）。

盛岡市や宇都宮市、塩尻市などは、持続的に地域ブランドに取り組むため、地域ブランドに関する行政計画を策定している。地域ブランドを行政計画化することは、とてもよい取組である。その理由の一つには、行政計画は持続性が担保されるからである。筆者の調査によると、地域ブランドに関する行政計画を用意している自治体は、人口減少率が低いという傾向がある（もちろん全ての事例とは言えない。あくまでも傾向である。）。

二〇〇六年に盛岡市は「盛岡ブランド推進計画」を策定している。二〇一〇年から二〇一五年にかけて盛岡市は〇・一ポイントほど人口が減少している（国勢調査）。一方で、岩手県全体では盛岡市を大きく上回る三・七ポイントの減少となっている。

二〇〇九年に宇都宮市は「宇都宮ブランド戦略指針」を策定している。同市は二〇一〇年から二〇一五年にかけて一・四ポイントほど人口が増加しているが、栃木県全体では一・六ポイントも減少している。このように地域ブランドを行政計画に位置づけている自治体は、人口の増加率が維持できているか、他事例と比較して相対的に人口減少率が鈍化している傾向が見られる。

筆者がセミナー等で盛岡市や宇都宮市の事例を紹介すると、聴衆者から「これらの自治体は県庁所在地だから人口けん引力があるためだ」と指摘される。そこで、県庁所在地ではない塩尻市などに目を転じると、盛岡市や宇都宮市と同様な結果が見られる（繰り返すが、全てが該当するというわけではない。あくまでも「傾向が見られる」ということである。）。塩尻市は二〇〇七年に「塩尻『地域ブランド』戦略」を策定している。

行政は継続性が重要である。その意味で、地域のブランド化を行政計画に落とし込んでおく意義は大きいだろう。これが「地に足の着いた取組の一つ」である。しかし、多くの自治体は地域ブランドの実現に向けて、地に足の着いた取組を実施してこなかった。その結果、住民の福祉の増進は達成されず、むしろ減退している事例も見受けられる。今日では地域ブランドのブームは去った。そして、多くの自治体が新しいバブルに乗っかろうとしている。それがシティプロモーションである。[1]

2 バブル化するシティプロモーション

シティプロモーションという語句がいつから使われ始めたのか。過去の新聞記事から探してみた（図表1）。使用した新聞は、朝日新聞、産経新聞、毎日新聞、読売新聞である。この四紙を確認すると、シティセールスは一九八〇年代後半に福岡市が使用しているようである。一九九五年九月一五日の朝日新聞に「（福岡市の）東京事務所では八九年に、シティセールス担当課長を設けるなど、アジアの拠点都市を目指してイベントの誘致などで売り込みに懸命だ」という記事がある。

一方でシティプロモーションという言葉は、一九九九年一〇月二九日の読売新聞に見られる。それには「和歌山市は二八日、市を総合的に市外へ売り込む「シティプロモーション推進課」を市長公室に設置する機構改革を発表した」とある。なお、シティセールスもシティプロモーションも、多少の細かい点は

1　地域ブランドは行政計画化されないことが多かったが、シティプロモーションは行政計画化する傾向が強い。しかし、その実態は自前で作成したのではなく、民間シンクタンクやコンサルタント会社に委託して作ってもらったものが多い。このような場合は「仏作って魂入れず」の状態になりかねない。この点について、詳細は第10章の戸田市（埼玉県）の事例を参照していただきたい。なお、筆者が関わった戸田市や東大和市（東京都）、寝屋川市（大阪府）などは、全て自前で作成している。

図表1　全国紙における一年間に「シティプロモーション」「シティセールス」が登場した記事の回数

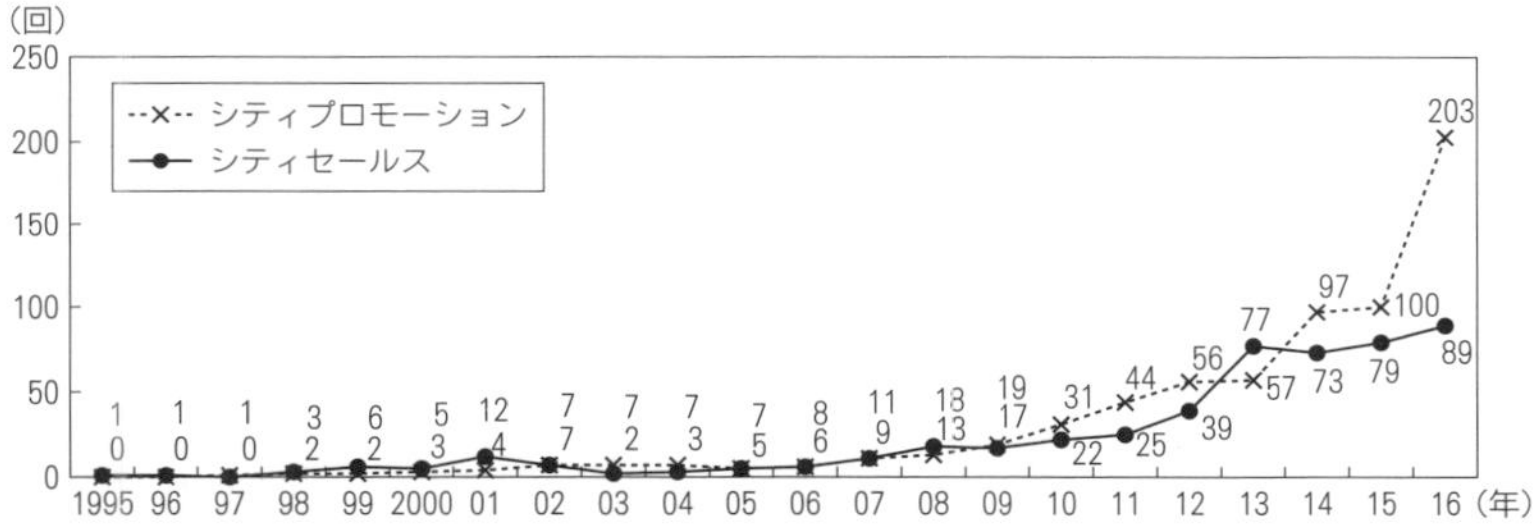

注：全国紙とは、朝日新聞、産経新聞、毎日新聞、読売新聞である。新聞・雑誌記事横断検索（https://business.nifty.com/gsh/RXCN/）を活用し、筆者作成。1985年から今日までを検索している。なお、完全に全ての記事を把握できているわけではない。傾向をつかむという意味がある。

違うものの、おおよそ同じ意味で使用されている。そこで本章では、原則としてシティプロモーションに統一している。

あくまでも朝日新聞、産経新聞、毎日新聞、読売新聞だけであり、他紙においては、本章で紹介した以前からシティプロモーションを実施している可能性はある。

再度、図表1を確認してほしい。シティプロモーションという言葉が一九九八年前後から見え始めている。つまり、一九九八年前後がシティプロモーションの胎動期と指摘できる。そして二〇〇八年前後まで、その動きは続いていくことになる。その後、二〇〇八年前後から急拡大していく様子が確認できる。つまり、二〇〇八年前後がシティプロモーションの発展期と言えるだろう。そして現在は、シティプロモーションの玉石混淆期と言える。

それぞれの年の背景を考える。一九九七年七月にはアジア通貨危機が起きている。インドネシアや韓国などのアジア各国に波及して起こった金融危機である。直接的には日本はアジア通貨危機の影響を大きく受けることはなかった。ところが、国内経済は深刻な不況に陥っていた。一九九七年は山一證券株式会社や株式会社北海道拓殖銀行が経営破綻している。そして、一九九八年には日本経済はマイナス成長に陥った。その結果、自治体の税収が大きく減少することになる。

二〇〇八年九月には、リーマン・ショックが起きている。アメリカの投資銀行であるリーマン・ブラザーズが破綻したことにより、世界的金融危機が発生した。日本も影響を受け、企業の倒産が増加した。倒産を回避した企業も経営危機を迎えることになった。自治体にとっては、法人住民税が大きく減少することになる。同時に、二〇〇八年は人口減少元年と称されている。二〇〇八年から継続的に人口が減ることになった。人口が減っていけば、個人住民税も逓減していくことになる。

筆者は、シティプロモーションが進む一つの背景に税収の減少があると考えている。自治体運営の持続性を担保するために「プロモーション活動することで税収の減少を抑えよう」という発想が意識下にあったと考えている。もちろん、それだけがシティプロモーションに取り組む理由とは言えないが、税収の確保のためにシティプロモーションに取り組むということが大きな要因と考えている。

図表1からシティプロモーションは意外と歴史があることが理解できる。そして成功した自治体がある一方で、なかなか成果を導出できず苦労している自治体もある。格言に「歴史は繰り返す」とある。実はそうではない。真実は歴史を学ばない人が「同じ歴史を繰り返す」のである。過去のシティプロモーションの成功と失敗をしっかりと学び、同じ轍を踏まないことが重要である。地域ブランドが雲散霧消したように、このままではシティプロモーションの未来はないだろう。

3　成功の方程式は「地域ブランド」＋「セールス・プロモーション」

読者が「ある企業が売る商品がないのに営業活動している」と聞いたら、「それはおかしい」と思うはずである。しかし、この姿は多くの自治体が取り組むシティプロモーションの実態である。すなわち、「地域ブランド」という売る商品が明確に決まっていないのに、一生懸命に「シティプロモーション」という営業活動を展開している状態である。

民間企業は、企業ブランドや商品ブランドを確立してから、セールス・プロモーションをする。ちなみに、経営学では「セールス・プロモーション」で一つの語句（概念）である。自治体のように「シティセールス」と「シティプロモーション」が分けられているのではない。

セールス・プロモーションの意味は「広告キャンペーンなどを利用して、消費者の購買意欲や流通業者の販売意欲を引き出す取組全般」となる。しばしば「販売促進活動」と称される。また、広告とは「特定した対象者に関心を持たせ、商品を購入してもらうために、有料の媒体を用いる宣伝活動」という意味がある。そして、キャンペーンとは「商品を購入してもらうなどの目的のもとに、特定した対象者に働きかける宣伝活動」になる。重要なポイントは「特定した対象者」である。成功している取組の共通点は、対象者が明確という事実がある。

図表2　広義の地域ブランドと狭義の地域ブランド

地域ブランド
- **広義の地域ブランド**
  地域（都市や地域、地方自治体）が持つイメージである。基本的に、既存の地域資源を活用し、組み合わせることを通して構築される。これは無形の資産である。しばしば「地域のイメージ」と称される。
  ある意味「先天的」なものである。この地域（都市や地域、地方自治体）のイメージを変えることは長期間を要する。なお、イメージの変更は長期間を有するだけであって、不可能ではない。
- **狭義の地域ブランド**
  その地域（都市や地域、地方自治体）から生じている財（商品）・サービスという有形の資産である。「地域名」と「商品・サービス名」とを組み合わせた地域団体商標制度が代表例である。
  狭義の地域ブランドは「後天的」に創り出すことは可能である。ただし、創り出して浸透させていくためには、ある程度の期間は必要である。重要なことは、広義の地域ブランドと密接な関係を持たなくてはいけない。そうでなくては、ちぐはぐ感が出てしまう。

出所：牧瀬稔・板谷和也編著『地域魅力を高める「地域ブランド」戦略』東京法令出版（二〇〇八）

民間企業が持続的に成長していくためには、まずは自社や売る商品のブランドを構築し、次に実際に販売促進を推進していくという流れを採用する。しかし、自治体の場合は、ブランドが構築されていない状態（不明瞭な状態）で、セールス・プロモーションを進めている事例が多い。これでは成果はあらわれない。その意味で、地域ブランドの構築が最優先である。ところが、多くの自治体が地域ブランドの構築をおざなりにして、シティプロモーションに躍起になっている現状がある。まずは地域ブランドの構築をしっかりと考えるべきである。

地域ブランドは、大きく広義の地域ブランドと狭義の地域ブランドに分けられる。前編著で言及しているが、この視点は重要であるため再度述べておきたい。自治体が取り組む地域ブランドは、①広義の地域ブランドと、②狭義の地域ブランドに分けられる。それぞれの定義は、図表2のとおりである。

広義の地域ブランドを紹介する。読者は「古本街と言えば……」と聞かれたとき、どの地域を脳裏に描くであろうか。多くは、きっと「神田神保町」を思い浮かべるだろう。この地域のイメージが広義の地域ブランドとなる。神田神保町のような広義の地域ブランドには、横浜市の元町や、景観まちづくりに取り組む小布施町（長野県）などが該当する。[2]

そして、狭義の地域ブランドは「地域名」と「商品・サービス名」とを組み合わせた地域団体商標制度が代表例である。同制度は「商標法の一部を改正する法律」に起因している。同法により、「地域名」と「商品・サービス名」からなる商標を団体商標として登録を受けることが可能となった。その結果、

「大間まぐろ」「和倉温泉」「信州そば」などの地域商品や地域サービスのブランドが周知されるようになった。

二〇一五年六月からは、地理的表示（GI）保護制度が施行された。同制度は「特定農林水産物等の名称の保護に関する法律」を根拠としており、名称（地理的表示）を知的財産として登録し保護する取組である。現在は、「但馬牛」や「夕張メロン」などが登録されている。

広義の地域ブランドと狭義の地域ブランドは密接な関係にある。広義の地域ブランドを統一的なコンセプトとして活用することにより、狭義の地域ブランドを開発するという事例がある。あるいは、狭義の地域ブランドの積み重ねの延長線上に、広義の地域ブランドを創造していくケースもある。重要なことは、二つの地域ブランドを密接に関係させ、相乗効果を発揮させていくことである。

繰り返すが、筆者の持論は「シティプロモーションの前に、まずは地域ブランドだろう」である。地域ブランドが曖昧では、シティプロモーションは成功しないことを指摘しておきたい。そして、地域ブランドとシティプロモーションをリンクさせることも重要である。しかし、双方に関連性がない場合が多い。そこで本書は、地域ブランドとシティプロモーションの双方の事例をまとめている点が特長である。

自治体がよく陥る失敗事例を紹介する。例えば、ある湖があったとする。その湖は当該自治体にとっては、地域ブランドになり得る。そこで、自治体はその湖を三〇歳代にプロモーションして（売り込んで）いくことを決めるのだが、

2　詳細は、次の文献を参照していただきたい。
　牧瀬稔・板谷和也編著『地域魅力を高める「地域ブランド」戦略』東京法令出版（二〇〇八）

実はその湖は若い世代には関心の持たれない代物だったりする。一生懸命に三〇歳代に売り込んでいるのに成果が現れない……ということが非常に多い。つまり、地域ブランドがあったとしても、シティプロモーションを間違っている場合も多い。[3]

地域ブランドを活用するには、「その地域ブランドはどんな対象層に売れるのか」という市場調査（マーケティング）をしっかりしなくてはいけない。あるいは逆の発想で「自分たちが欲しいと考える対象の三〇歳代は、自分たちの地域にあるどんな地域ブランドに関心を持つのか」を把握していくことが求められる。[4]

4　シティプロモーションは多様

現在、多くの自治体がシティプロモーションに取り組んでいる。その活動の中身は多様である。そして、シティプロモーションに関して決まった定義はない。ここで言う定義とは、「目指すべき政策目標」と換言できる。

熱海市（静岡県）は「熱海市が有する地域資源や優位性を発掘・編集するなどにより、価値を高めると共に、市内外に効果的に訴求し、ヒト・モノ・カネ・情報を呼び込み、地域経済の活性化を図る一連の活動」としている。

戸田市はシティセールスという概念を用いている。その意味は「まちの魅力を市内外にアピールし、人や企業に関心を持ってもらうことで、誘致や定着を

3　地域ブランドとシティプロモーションが一体に考えられない理由の一つは、縦割行政にある。地域ブランドとシティプロモーションが違う部門ということが多い。その結果、バラバラの思考で進むことになる。

4　広義の地域ブランドは、ブランド・メッセージ（地域のイメージ）として表現される。ブランド・メッセージの作成のポイントは、ストーリー、おどろき、注目、共感、好奇心、一読などと言われる。全てを網羅するのではなく、これらの中でいくつかの要素を入れていく。狭義のブランドのポイントは大項目ではなく小項目で捉えることである。例えば、自然を売りにするのではなく「高尾山」としたり、食を売りにするのではなく「うどん」という感じである。

図り、将来にわたるまちの活力を得ることにつなげる活動」と定義している。熱海市や戸田市以外にも様々な定義がある。このように定義が多様だからこそ、シティプロモーションにダイナミズムを感じることができる。そのダイナミズムの中には多くの可能性があるため、シティプロモーションに取り組む自治体が増加しているのだろう。

今日、定義は多様であるが、取り組む実態は類型化できそうである。数多くのシティプロモーションに関する行政計画を確認すると、現時点において図表3のとおり一〇点に集約できる。そして図表4は、図表3に使用されている主な用語の説明である。今は一〇点ほど確認できるが、シティプロモーションの対象や範囲は年ごとに拡大しつつある。そのため、数年後には一二点などと増加しているだろう。[5]

一部には一〇点の中で、「どれが正しい」や「どれが違う」という議論がある。これはナンセンスである。自治体の置かれている立場や状況により、当然、取り組む内容も異なってくる。例えば、「シティプロモーションは交流人口の獲得だ」と決めつけるのは、自らの思考を他者に押し売りしている状態である。この思考の押し売りは、地方（地域）のことは地方（地域）が決めるという「地方（地域）自決権」を無視している。

ただし、注意すべきは自治体が取り組むシティプロモーションは一〇点のどれを選択しようと、最終的に「住民の福祉の増進」（地方自治法第一条の二）という目的が達成できなければ、間違った取組と言えるだろう。

5　本書をまとめている最中にも「関係人口」という概念をシティプロモーションに採用する事例が増え始めた。関係人口とは、その言葉のとおり「地域に関わってくれる人口」のことを指す。特に、関係人口は長期的に住む「定住人口」と、旅行などで訪れた「交流人口」の中間にある概念とされる。寝屋川市（大阪府）の「寝屋川市シティプロモーション戦略基本方針」の中で関係人口を「市内に居住しているかどうかは問わず、寝屋川市や寝屋川市民に対して思い（関心・共感）を寄せ、多様な形で寝屋川市と関係している（又は関係を求めている）人口」と定義している。

図表3　シティプロモーションの政策目標

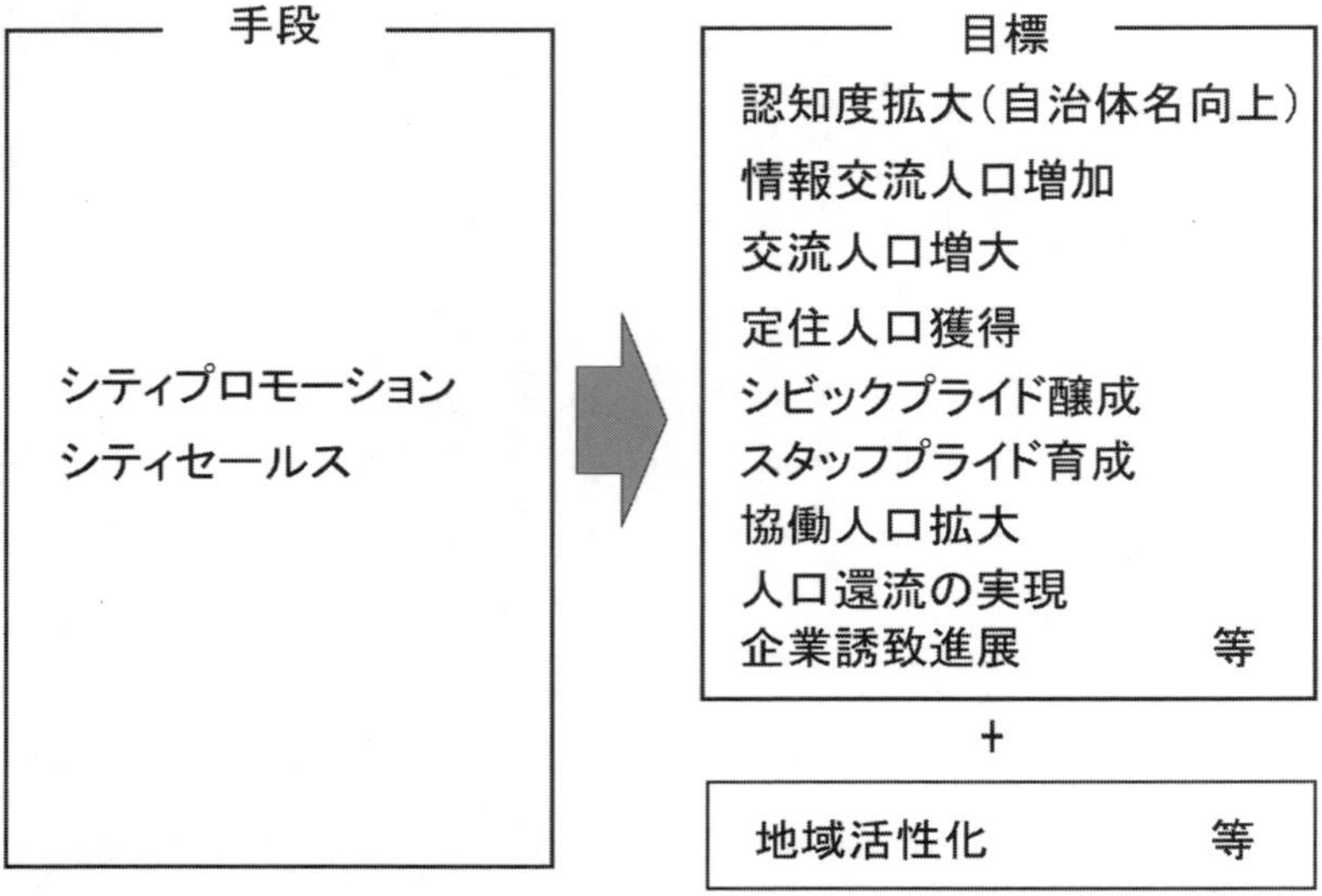

出所：筆者作成

図表4　シティプロモーションにおける主な用語の説明

用語	定義
情報交流人口	国土交通省によると、「自地域外（自市区町村外）に居住する人に対して、何らかの情報提供サービスを行う等の『情報交流』を行っている『登録者人口』」のこと。情報提供の手段はインターネットのほか、郵便やファックス等も含まれる。同省は「重要な点は、不特定多数に対する情報提供サービスではなく、個人が特定でき、何らかの形で登録がなされていること」としている。
交流人口	その自治体を訪れる（交流する）人のこと。訪問の目的は、通勤や通学、買い物、観光など、特に問わないが、一般的には、交流人口というと観光誘客と捉える傾向が強い。
定住人口	その自治体に住んでいる人であり、居住者である。また、定住人口もその属性を細分化すると、住民登録をしている場合と、必ずしも住民登録をしていない場合がある。住民登録をしていない人口とは、一時だけ滞在する「滞在人口」である。一時とは数日間の滞在ではなく、あるまとまった期間の滞在である。また、二地域を往来する「二地域居住人口」などにも分けられる。
シビックプライド	住民が抱く「都市に対する誇りや愛着」とされることが多い。同概念は、読売広告社都市生活研究局著（2008）『シビックプライド―都市のコミュニケーションをデザインする』宣伝会議、において提唱されている。日本語の「郷土愛（出身者だけ）」とは少し違うニュアンスを持っている。
スタッフプライド	東京都墨田区によると「自治体職員の自覚と責任感を併せ持つ自負心」であり、自らが勤務する自治体への愛着心である。民間企業には「愛社精神」という概念がある。愛社精神とは「自ら勤める会社を愛する気持ち」である。この愛社精神は、経営者に対する忠誠心とは別次元にある。スタッフプライドは、愛社精神に近い考え方と思われる。
協働人口	国土交通省の「新たな「国土のグランドデザイン」」に登場した概念である。端的に言うと、自治体や地域の様々な主体と一緒に地域づくりをする人口である。「その自治体のファン」と捉えてもよい。その地域に居住しているかどうかは問わない。また、最近は「関係人口」という概念もはやりつつある。総務省の『これからの移住・交流施策のあり方に関する検討会中間とりまとめ』によると、関係人口とは「長期的な「定住人口」や短期的な「交流人口」でもない、地域や地域の人々と多様に関わる者」と定義している。 さらには、以前から現場では「応援人口」という表現もあった。応援人口とは「その地域や自治体を応援したい人口」である。応援人口も、その地域に居住か否かは関係ない。関係人口も応援人口も、協働人口に類似した考えである。
人口還流	一般には人口移動の現象を指すことが多い。還流とは「再びもとへ流れもどること」という意味がある。そこから転じて、狭義にはUターンやJターンと捉えられている。Uターンとは地方圏から都市圏へ移住した者が再び地方の生まれ故郷に戻る現象を言う。Jターンとは地方圏から都市圏へ移住した者が、生まれ故郷の近くの地域（自治体）に戻り定住する現象を指す。なお、Iターンも人口還流となる。Iターンとは都市圏で生まれ育ち都市で働いていたが、その後地方圏に移動する現象である。

※　人口の中には、自然人に限らず法人等も含まれる場合もある。

出所：筆者作成

5　シティプロモーションは「競争」という側面がある

賛否両論あると思うが、指摘しておきたいことは「シティプロモーションは競争という側面がある」という事実である。そもそもプロモーションは、民間企業の経営活動の一つである。民間企業は競争を伴う市場原理の中で活動している。そのため、プロモーションは競争を勝ち抜くための一手段と捉えることができる。

自治体の現場に行くと、「シティプロモーションは、定住人口や交流人口の奪い合い競争ではない」や「最近はやりのふるさと納税合戦にシティプロモーションを活用するのは間違っている」などの言葉を聞く。もちろん、この視点もあると思うし、筆者もそれが理想とも考えている。しかし現実的には、人口減少時代において、人口の維持や増加を目指していくことが前提であるならば、シティプロモーションは競争にならざるを得ない。

国が人口減少の克服を前提として動いているため、必然と競争が生じてくる。この現実を全く考えないシティプロモーションは「綺麗事」であると思う。なお、筆者は「競争という選択肢も一つ」ということを伝えたいのである。要は、シティプロモーションは様々な捉え方があってよいのだと思う。[6]

実際、現在のシティプロモーションを観察すると、少なくない自治体は、現実的に定住人口や交流人口の奪い合いのためシティプロモーションを活用して

6　筆者の私見を述べておきたい。現在は「人口減少に戦いを挑んでいる時代」と言える。しかし、そろそろ人口減少という大きな波に太刀打ちできないことには気が付くはずである。実際、地方創生が始まっても、全体的には人口減少の速度は緩やかになっていない。そこで、近い将来「人口減少と共に歩んでいく時代」に変化すると思われる。この時代のシティプロモーションは競争が否定され、共創を基調とした取組となる。既に、戸田市のシティプロモーションは共創に入りつつある。詳細は第10章を参照していただきたい。

いる。その実態を無視して、本章（本書）においてシティプロモーションを書き込むことは、読者に対して「何かを隠蔽する」という意識を筆者は持ってしまう。[7]

また、競争は全面的に否定されるべきではない。民間企業は競争があるからこそ、財（商品）やサービスの向上が進むのである。さらに、消費者目線の財（商品）やサービスが提供される。競争がない状態は、言い方に語弊があるかもしれないが、社会主義そのものである。社会主義がどのような経緯をたどったかは、歴史が示しているとおりである。

自治体も定住人口の獲得等という競争が展開されているからこそ、行政サービスに創意工夫を凝らし磨きをかけようとしている。住民に選ばれようと努力をしている。その結果、確実に行政サービスの質的向上につながっていると考える。その意味では、シティプロモーションを活用した競争は完全に否定されるべきではないだろう。

ただし、一つ注意すべきことがある。それは、「住民の福祉の増進を担保した上でシティプロモーションを実施する」や「シティプロモーションを実施することで住民の福祉の増進を達成する」という原点を忘れてはいけないということであろう。住民の福祉の増進がない状態でのシティプロモーションは、弱肉強食を基調とした単なる競争であり、自治体の存在意義を否定していくことにつながっていく。この点は、自治体職員をしている間は気に留めていただきたい。[8]

7　競争とは「自治体間競争」である。自治体間競争がいいか悪いかは読者の価値判断である。筆者が自治体間競争について言及すると、自治体職員から批判が多くある。例えば、「公正・公平が原則であるため、自治体の本質を見間違えている」や「全自治体がWin－Winの関係を目指していくべきである」などである。もっともな見解であり、これらの発言を筆者は否定しない。しかし現実的には、そんな悠長なことは言っていられない。「人口減少時代に戦う中で、自治体がみんなで仲良くやっていきましょう」というのんきなことを言っている自治体が現実的には負けていくのである。

8　詳細は、次の文献を参照していただきたい。

牧瀬稔「自治体におけるマーケティング導入の現状と成功させるヒント」『自治実務セミナー10月号』第一法規、九―一二頁（二〇一六）

先述しているが、シティプロモーションは多様である。読者がそれぞれの判断で「定住人口の獲得」や「シビックプライド醸成」や、あるいは別の政策目標を設定してシティプロモーションを推進していけばよいと思う。

6　本書の構成

本書は序章と終章を除いて四部から構成されている。地域ブランドとシティプロモーションに成功した、あるいは成功しつつある事例を紹介している。そして、これらの事例を四つに分類している。それは、①地域ブランドの構築、②地域ブランドとシティプロモーションの連携、③認知度拡大の視点、④シティプロモーションの展開、である。

以下では、それぞれについて簡単に概要を説明する。読者が関心を持った章から読み進めてもかまわないだろう。

第1部は、「地域ブランドの構築」をテーマとしている。第1章は、水俣市（熊本県）を挙げている。同市は四大公害の一つに数えられる水俣病事件の舞台となった。地域内では様々な対立を抱える一方、対外的にはマイナスの印象を持たれた。しかしながら、水俣病の経験を包摂しながら、再生の地域ブランドづくりが模索されている事例である。負の遺産をブランドに活かした特徴的な取組である。

第2章は、紫波町（岩手県）を対象としている。同町のオガールプロジェクトは、ただ単に良いモノ（財・サービス）のみならず、新しいまちで可能な魅力的なコト（体験や活動）の消費の場を提供し、集客に成功している。今後の地域ブランドやシティプロモーションを考える上でも、どうモノとコトを組み合わせ、人々に新しい価値を提供するかを考え抜くことが大切であることを訴えている。

続いて第2部は、「地域ブランドとシティプロモーションの連携」の四事例を紹介している。第3章は、横須賀市（神奈川県）を取り上げている。同市の西海岸地区の体験教育旅行受入れ型の民泊（農泊）を記している。事業立上げから運営までの全てを住民主導で取り組んでおり、発足五年目で年間受入人数約二〇〇〇人、受入家庭一〇〇軒にまで成長した。従来横須賀市が持たれるイメージとは正反対の、豊かな自然環境を資源とした地域ブランドの形成過程とプロモーションを紹介している。

第4章は、豊島区（東京都）の事例である。同区では、庁舎移転を契機に文化芸術都市から国際アート・カルチャー都市を目指している。これらの取組は地域ブランドとシティプロモーションを有機的に連携させようとする好例である。特に、同区は諸施策のブラッシュアップによるブランド化と、それらのプロモーションが都市としての競争優位をもたらすと考え推進している。

第5章は、南山城村（京都府）に新しく設置された道の駅について、その内容と経緯を整理している。南山城村は「宇治茶」の主たる原料生産地の一つであるものの、その名前が認知されることは少ない。その中で、村が従来有する

「山」性、「道」性という二つの地域特性を活かして、「むら茶」という形で自分たち自身の商品、ブランドを生み出したことに意味がある。

第6章は、八重山地域（沖縄県）を対象とする。同地域は遠隔地にあるにもかかわらず、交流人口が増加している。様々な主体が自然という既存の地域ブランドを活用し、交流人口を増やす「攻め」のプロモーションを展開している。一方、貴重なブランドである自然を未来に残す「守り」の取組も始まっている。ここでは、交流人口の持続的拡大につながる「攻・守」のプロモーションを紹介する。

次いで第3部は、ある意味、シティプロモーションにとって重要な「認知度拡大の視点」の事例を集めている。第7章は、弘前市（青森県）の地方創生と連動したシティプロモーション戦略を取り上げる。弘前城や桜といった地域資源を活かした従来のシティプロモーションを発展させ、市民プライド醸成を図るムーブメントと位置づける「弘前デザインウィーク」など、地域経営の視点でシティプロモーションと地域活性化に取り組んでいる。

第8章は、松戸市に拠点を置く民間企業の取組である。その取組は「MAD City」と言う。MAD City は松戸市の一角に、マイナスの地域資源を活かし特殊な地域ブランドを構築した事例である。人そのものや出来事をコンテンツにシティプロモーションを実践し、クリエイティブと不動産の知見で、定住人口増と地域活性化を実現しつつある。

第9章は、地域ブランド、地域に対する認知の前提となる「自治体名」に着目し、篠山市（兵庫県）や同市を含む丹波地域の地域資源や地域ブランドに関する取組を紹介しつつ、同市での地域の認知度向上に関する動きとして市名変更問題について論じている。

そして第4部は、「シティプロモーションの展開」としている。第10章は、戸田市（埼玉県）である。戸田市はシティプロモーションの成果が明確にあらわれた自治体である。二〇一五年国勢調査によれば、人口増加率では全国第七位であり、人口増加数では全国第一五位となっている。同市は定住人口の増加を実現してきた。そして近年は、シティプロモーションをシビックプライドに活用し、住民の愛着を高めている。その軌跡について言及している。

第11章は、小諸市（長野県）における都市構造の転換を紹介する。これまで都市は、人口の増加とともに成長してきた。しかし現在、人口は減少局面に入り、都市の成長とは逆向きに動いている。小諸市ではそうした将来を見据え、持続可能な都市形成を進めている。縮小の方向を嫌悪せず、中心市街地に都市機能を集積させ、賑わいの拠点を形成しながら、構造転換を図る取組を紹介する。戸田市と比較するとおもしろいだろう。

第12章は、松戸市の市民記者の取組である。この活動は、一般公募によって募集した市民記者が、市に関する記事を作成しWEBで発信する、市民と協働して行うプロモーションである。行政では取り上げられないような情報についても、発信できるのが特徴である。第8章の民間企業の事例と読み比べるとおもしろいだろう。

第13章は、磐田市（静岡県）である。同市は対外的な広報事業にとどまらず、職員の意識改革や市役所の改革といった組織に内在する課題に組織を挙げて取り組んでいる。そして「子育て・教育なら磐田」を都市のイメージとしてブランド化することを目指し、児童クラブや教育施策に関し独自性のある政策をプロモーションしている。

第14章は、豊橋市（愛知県）となる。同市はシティプロモーションに関する「推進計画」を策定し、改定も経験しながら事業の幅を広げてきた。推進所管の取組を含め、計画の策定や改定、計画に基づく取組がどのように進み、拡大し、継続されてきたのかについて言及している。その流れは、今後「推進計画」の策定や改定を行う自治体が議論を深める上で、参考となる好例である。

本書の各事例をまとめたのが図表5である。読者の考える政策目標により、各章を読み進めてもよいだろう。

7　現在のシティプロモーションを正しく捉える視点

本章において「シティプロモーションは多様である」と言及している。確かに多様であるが、筆者の考える現在のシティプロモーションを述べたい。

現在、展開されている多くのシティプロモーションを観察すると、筆者は「都市・地域の売り込み」と捉えている。「都市・地域」には、読者の自治体名などが入る。戸田市の場合は「戸田市の売り込み」となる。

自治体を売り込むために重要なことは、「誰」（対象層）を明確にすることである。そして、誰に対して「何」（地域イメージや地域資源など）を売っていくかを明らかにしなくてはいけない。「何」が地域ブランドになる。

そして「誰」には大きく分けて、「現在住んでいる住民」（既存住民）と「今後移転してくる可能性のある住民」（潜在住民）がある（住民は自然人だけではなく法人も入る）。筆者は既存住民に対するプロモーションをインナープロモーションと称している。一方で、潜在住民に対するプロモーションをアウタープロモーションとしている。なお、経営学（マーケティング）では、インナープロモーションは、売る側のモチベーションを高める取組であり、基本的には社員を対象としている。そして、消費者に対するプロモーションのことをセールス・プロモーションとしている。筆者は経営学とは違う意味で使用している。

さらに、「誰」と「何」が明確になったのならば、その売り込む「誰」は、どの「地域」に多く存在しているのかを考えなくてはいけない。つまり、売り込む「地域」も限定するのである。さらに、その「誰」はどういう「メディア」に接しているのだろうか。すなわち、活用する「メディア」も決定する必要がある。シティプロモーションを成功の軌道に乗せるためには、誰・何・地域・メディアを明確化し、戦略性を持って取り組むことが大切である。

しかしながら、既存の多くのシティプロモーションは、そもそも「誰」が不明瞭である。さらに「何」も絞れていない。「地域」を絞り込むという発想はないし、「メディア」に対する戦略性もない。その結果、明確な成果を上げられずにいる。このようなシティプロモーションは、「ごっこ遊び」をしている状態である。

一見すると、見た目はしっかりとしているが、その中身はまねごと、偽装であり、内容が伴わないため、本物のシティプロモーションにはかなわない。その結果、シティプロモーションの所期の政策目標が達成できずにいる。

繰り返すが、シティプロモーションで重要な視点は「売り込み」である。特に「誰」に「何」を売り込むのかを明確にしなくてはいけない。しかし、この「誰」と「何」ということが不明瞭なシティプロモーションが多い。この「誰」と「何」という考えは、民間企業の「営業」そのものである。その意味で、シティプロモーションは、自治体における営業活動と換言してもよいだろう。

実は、自治体の組織名に「営業」を採用する傾向は少なからずある。例えば、箕面市（大阪府）の「箕面営業室」、備前市（岡山県）の「まち営業課」、三浦市（神奈川県）の「営業開発課」などがある。しかし、極めて少ない。自治体の組織名に「営業」という言葉はやや違和感がある。そこで「シティプロモーション」を使うことにより、実際には営業活動をしているというのが筆者の理解である。

なお、小見出しは「現在のシティプロモーションを正しく捉える視点」と「現在の」という三文字を入れている。あくまで現在のものであり、未来のシティプロモーションではない。脚注6（13頁）で記しているが、今後、シティプロモーションの前提が大きく変わるかもしれない。そうすると、また別のシティプロモーションの概念が登場してくるだろう。しかし、そうであっても、自治体の「営業活動」は、今後ますます求められてくると考える。

図表5

第3部　認知度拡大の視点			第4部　シティプロモーションの展開				
⑦	⑧	⑨	⑩	⑪	⑫	⑬	⑭
認知度			シビックプライド		シティプロモーション		
弘前市	松戸市	篠山市	戸田市	小諸市	松戸市	磐田市	豊橋市
●	●	●		●		●	
●	●		●		●		●
●	●	●	●		●		●
			●				
●							●
	●		●	●		●	●
●	●	●	●	●	●	●	●
						●	●
					●		●
●						●	
●	●			●	●		●
						職員の意識改革	都市間連携

部	第1部　地域ブランドの構築		第2部　地域ブランドとシティプロモーションの連携			
章	①	②	③	④	⑤	⑥
大まかな分類	広義ブランド		狭義ブランド			
対象地域 / 内容（要素）	水俣市	岩手県紫波町	横須賀市	豊島区	南山城村	沖縄県八重山地域
狭義の地域ブランド	●	●	●	●	●	●
広義の地域ブランド	●	●				
シティプロモーション		●	●	●	●	●
①認知度	●	●		●	●	
②情報交流人口						
③交流人口		●	●			●
④定住人口			●	●	●	
⑤シビックプライド	●	●	●		●	
⑥スタッフプライド					●	
⑦協働人口			●			
⑧人口還流						●
⑨地域活性化	●	●	●	●	●	
⑩その他		公民連携まちづくり				

出所：筆者作成

第1部

地域ブランドの構築

熊本県水俣市
岩手県紫波町

The Local Brand
and
The City Promotion

第1章　大きな地域課題からの地域ブランド再生
――熊本県水俣市――

熊本学園大学社会福祉学部福祉環境学科准教授　髙木　亨

はじめに

熊本県の南端、鹿児島県と接する水俣市は、人口二万五二一一人（二〇一七年七月）の小さなまちである。海に近く山もあり、両方の幸に恵まれ、湯の児（ゆのこ）・湯の鶴という二か所の温泉地も有している風光明媚な街でもある。水俣駅（肥薩おれんじ鉄道・旧鹿児島本線）の駅前には、水俣を象徴するチッソ水俣工場（現ＪＮＣ水俣製造所）[1]が立地している（写真１）。「水俣病事件」の加害者であるチッソをめぐる様々な出来事が、水俣市の盛衰とともに、水俣市の持つ広義の地域ブランドを形作ってきたといえる。

本章では、大きな出来事により地域ブランドがマイナスの印象として固定化する中、そうしたものを受け入れながら、次なる地域ブランド作りを模索している熊本県水俣市を取り上げる。こうした水俣の取組は、大きな災禍を受けた地域における地域ブランドの再構築にとって非常に有益な経験となる。

1　チッソは二〇〇九年の「水俣病被害者の救済及び水俣病問題の解決に関する特別措置法」により、二〇一一年に子会社ＪＮＣを設立し、全ての営利事業を譲渡している。本章では、チッソ及びチッソ水俣工場と表記する。チッソの前身は一九〇六年創業の曽木電気であり、その後一九〇八年に日本窒素肥料へ改称、一九五〇年に財閥解体に伴い新日本窒素肥料、一九六五年にチッソへ改称している。チッソの製品は、様々な工業製品の中間原料となる素材である。我々の身の回りの工業製

1　水俣の海は今も昔もきれいだった

水俣病事件

水俣（みなまた）と聞くと、多くの方は「水俣病」を思い出すであろう。「水俣病」は社会科・地理歴史科など学校教育で必ず取り上げられる「四大公害病」の一つである。水俣病はただの「病気」ではない。加害者であるチッソ（原因企業）が引き起こし、何の罪もない人々を苦しめた事件である。そのため、本章では水俣病事件と表記する。水俣病事件は、水俣市中心部にあるチッソ水俣工場が有機水銀を含む廃液を水俣湾・八代海へと大量に流したこと[2]により魚介類が汚染され、魚介類を多食する住民（漁民）を中心に発症した、食物連鎖を通じたメチル水銀中毒事件なのである（写真2）。水俣病事件の経過は図表1（本章末尾参照）にまとめてある。

水俣の海は当時も今と変わらないとてもきれいな海であった。魚が有機水銀に汚染されているとは知らない漁民たちは、そのきれいな海でとれた魚を食べ続け被害が多発した[3]（写真3）。あわせて、魚が売れなくなり漁民たちは経済的にも大きな打撃を受けることとなった。加えて患者が多発した漁業集落では、集落全世帯から患者が出るなどの、地域社会を破壊するような被害が発生した。

水俣病の症状としては、初期の劇症型患者の姿が印象に強いが、胎児性患者、

品のほとんどにチッソの製品が使われているため、また戦後復興を担っていたため、その生産を止めることができなかったともいわれている。

写真1　チッソ水俣工場（現ＪＮＣ水俣製造所）正門

出所：筆者撮影

2　チッソ水俣工場からの有機水銀を含む排水は、水俣湾側の「百間排水溝」から放出されていた（アセトアルデヒ

ドの生産が開始した一九三二年から終了する一九六八年まで)。一九五八年九月からは水俣川河口に隣接した「八幡残渣プール」に汚水の排水ルートが変更されたため、八代海一帯に水俣病被害を拡大させる原因となった(一九五九年に通産省(当時)の指示により中止)。

3　一九五七年三月の時点で水俣湾での魚介類摂取による中毒が疑われており、「食品衛生法」に基づく漁獲禁止を検討していた。しかし、同年九月、厚生省(当時)から熊本県への回答では同法の適用はできないというものであった。

4　行政により「患者」として区分されるのは、認定審査会により水俣病と認定された人々である(二〇一五年一二月現在で、二二七八人)。それ以外にも、政治決着や特措法などによる救済を受けた「被害者」が存在している。また、水俣病と疑われる人も多数存在していると思われる。本章では、症状があるすべての人々を患者と呼ぶ。

写真2　百間排水溝。ここから当時大量のメチル水銀を含んだ排水が流された。

出所：筆者撮影

写真3　「魚が主食」(水俣病歴史考証館相思社の展示)当時の人たちが魚を多食していたことがよく分かる写真
※許可を得て撮影

出所：筆者撮影

末梢神経の麻痺など全身に症状の出る、かつ外見では分かりにくい慢性型患者など様々な症状を持つ患者が多数存在している。[4] 一九五六年五月一日の水俣病「公式確認」から六一年、チッソが水俣湾に有機水銀を含む廃液を流し始めた一九三二年から八五年が経過してもなお、被害の全容把握、また解決にはほど遠い状況にある。

また、この間、水俣病事件をめぐる様々な出来事があり、さらに賠償問題も絡むことで、水俣の街・市民、水俣病患者はその立場によって分断されてきた。原因企業チッソとその関係者（加害者側）と水俣病患者（被害者側）が同じ市内に同居する構造が関係性を複雑にしてきた。また立場的に弱い患者に対する風当たりも強かった。当時の水俣市では、地域経済に与えるチッソの役割は大きく企業城下町的な色彩が強かったことも影響している。

しかし、水俣市外に出ると、そうした差別構造は「水俣」とそれ以外とに変化した。水俣の外では、水俣病被害とは関係なく「水俣出身」「水俣市民」を名のりにくい（名のれない）という状況を生み出していた。同様に「水俣産」を名のる農産物や海産物は売れないという「風評被害」も発生していた。[5]

じつは風光明媚でおいしい水俣

水俣市街地はチッソ水俣工場を中心とした工業都市の姿を見せているが、一歩郊外へ出ると自然豊かな地域が広がっている。年平均気温は一六・八度、年降水量は二一〇〇ミリメートルと温暖で比較的多雨な気候である。市域の西側は八代海に面し、残り三方は山に囲まれている。市域の七割強は山野部からなっており、水俣川河口にある水俣市街地付近の平野部を除き、海岸部はリアス海岸が大半を占めている。市内には市街地北側の八代海に面した湯の児温泉と市街地の南東八キロメートルの山間にある湯の鶴温泉の二か所の温泉地がある。

湯の児温泉（写真4）には、八代海を望む高台のロケーションを活かした湯の児スペイン村福田農場がある（写真5）。農園で穫《と》れる柑橘類を活かした加

5　環境省のまとめた冊子には「（前略）全国的にも『敬遠される地域』としてのイメージが形成されたことにより、水俣市民が水俣出身と自信をもって言えない、修学旅行にいった高校生が差別扱いをされた、水俣の表示がある産品が売れないといった状況があり」という水俣の置かれた状況が記載されている（環境省「水俣病の教訓と日本の水銀対策」（二〇一三））。

写真4　湯の児温泉

出所：筆者撮影

写真5　福田農場からみる八代海
出所：筆者撮影

工品の開発や観光農園、レストランなど、水俣を代表する観光施設となっている。また、湯の児温泉では豊かな海の幸を使った海鮮料理が楽しめ、太刀魚の船釣り体験などができる。もちろん海水浴場もあり夏季は行楽客で賑わう。

湯の鶴温泉は山間の鄙《ひな》びた温泉街である（写真6）。温泉街の真ん中を湯出川が流れ、川沿いに旅館が並んでいる趣のあるたたずまいとなっている。そこに、JR九州の鉄道施設をデザインしたことで知られる水戸岡英治氏が手がけた、地域の食を楽しめる施設（レストラン・カフェ併設の観光物産館）「湯の鶴迎賓館　鶴の屋」ができてより魅力が増した（写真7）。

写真6　湯の鶴温泉の家並みと湯出川
出所：筆者撮影

写真7　湯の鶴迎賓館　鶴の屋　外観
出所：筆者撮影

写真8　みなまたチャンポンの例

出所：筆者撮影

市内東部の山間にある久木野地区では、旧国鉄山野線久木野駅跡地を利用した「久木野ふるさとセンター愛林館」を中心に地域の特産を活かした体験型プログラムなどが楽しめる。また、山間部は「みなまた茶」の茶所でもある。標高三〇〇～六〇〇メートルの高原を活かしたお茶の生産が行われている。ここで作られるお茶は「有機農法」「無農薬」にこだわるブランド茶として有名である。海があり山があり両方の楽しみ方ができるのが水俣市の特徴である。

食についても、無農薬・減農薬・有機栽培などがキーワードになった柑橘類、減農薬にこだわって作られ「サラたまちゃん」としてブランド化しているサラダたまねぎ、添加物を用いないで作られるちりめんじゃこなどの海産加工品が有名である。春と秋のシーズンにはとれたてのしらすを用いたしらす丼（みなまたしらすＤＯＮ）が市内各地で食べられる。八代海からは新鮮で豊かな魚介類が水揚げされる。また、ちゃんぽんの町としても知られており、野菜たっぷりのみなまたチャンポンが市内の一三の飲食店で提供されている（写真８）。後で触れるが、洋菓子・和菓子の店の多さに注目した「スウィーツのまち」としても注目されている。

2 水保病事件の起こった地域だからこその取組

水俣市の地域ブランドとして語られるキーワードには、環境に優しい、無農薬・減農薬・有機栽培・無添加といったものがあげられる。このような言葉がキーワードとしてあげられることには、水俣病事件との関係性がある。「水俣病が発生した地域だから」「水俣病の教訓を活かして」「自分が毒に犯されたから」といった水俣病事件と水俣に住んでいる様々なアクター（生産者・患者・支援者・市民など）が向き合いながら、水俣でできることは何かを模索した結果、たどり着いたものである。環境を汚してしまった水俣だから、生産するものは環境に優しいもの、環境に配慮した暮らしをしたい。安全・安心なものを作りたいという人々の想いがそこには詰まっている。

安全・安心な柑橘栽培の取組

水俣病事件後、初期の動きとしては、柑橘栽培とその販売があげられる。水俣病事件により漁業では生計を立てられなくなった漁業者とその家族（その多くは水俣病を発症していた）は、生業の転換を迫られた。その受け皿の一つが柑橘栽培であった。水俣を含む熊本県南部の地域は、晩柑類の栽培適地としての気候条件を備えていた。また、水俣病多発地帯では、支援策として国有林の払下げによる柑橘栽培の奨励もあり、一九五〇年代半ばからの甘夏[6]の普及も手

6 甘夏は一九三二年頃、大分県で夏みかんの突然変異種として発見された。熊本県には一九五〇年に導入され、一九五六年に奨励品種となった。

写真9　茂道地区と柑橘農園

出所：筆者撮影

伝い、柑橘農家への転業が増えていった（写真9）。

しかし、当時の農協指導による果樹栽培方法は農薬を多用するものであった。こうした農薬の多用について、柑橘栽培を始めた患者たちが疑問を持つようになった。それは、毒（有機水銀）で体を壊した我々（患者）が、農薬を被りながら栽培し、農薬をかけた柑橘を消費者に食べさせるのか、という疑問である。この疑問から始まり、無農薬・減農薬による柑橘栽培を行おうとする動きが生まれていった。

そうした取組の一つが、一九七七年に始まった支援者団体である相思社に事務局を置いた「水俣病患者家庭果樹同志会」（現・ガイアみなまた／生産者グループきばる）[7]である（写真10）。もう一つ、一九七九年に立ち上がった「反農薬水俣袋地区生産者連合（反農連）」（現・エコネットみなまた農水産加工部門はんのうれん）[8]がある（写真11）。それぞれ、水俣病患者支援者を基点とした販路開拓・産地直送、または販路開拓キャラバンなどに取り組み、無農薬・減農薬・有機栽培をキーワードとして、販路を広げていった。全国的にも水俣病患者らの取組を支援したい人たちが購入することから始まり、その後安全・安心を求める消費者へと無農薬・減農薬の水俣産柑橘類のブランドが浸透していった。

初期段階での彼らの取組が、その後の水俣産の農産物に対する安全・安心ブランド構築に大きな役割を果たしたと言える。

7　有限会社ガイアみなまた（http://gaiaminamata.net）、生産者グループきばる（http://kibaru-mikan.net/about）

8　企業組合エコネットみなまた（http://www.econet-minamata.com）

写真10　ガイアみなまたへの聞き取り調査の様子（二〇一四年）

出所：筆者撮影

写真11　はんのうれんの外観

出所：筆者撮影

環境都市水俣

水俣病事件の影響を受け、次の一歩を踏み出せない水俣市にとって、一つの転機となったのが、「水俣湾公害防止事業」による水俣湾の埋立ての完了（一九九〇年）である。水俣湾の湾奥にはチッソ水俣工場から大量の有機水銀を含んだ排水が流れ出した百間排水溝があり（写真2）、湾内には高濃度の水銀ヘドロが堆積していた。一九七七年に始まった水俣湾公害防止事業は、湾内の二五ｐｐｍ以上水銀が含まれるヘドロを浚渫《しゅんせつ》し、また水俣湾で捕獲された水銀に汚染された魚介類とともに水俣湾を埋め立てる事業であった。この事業により、五八ヘクタールに及ぶ埋立地ができた。現在は「エコパーク水俣」という多目的な公園施設になっている。

この事業完了により動き出したのが、熊本県と水俣市による「環境創造みなまた推進事業」である。水俣湾埋立地の活用・整備とともに地域住民との連携を基本とした地域づくりを目指したものである。このあたりから、公害を経験した水俣だからできる「環境」をキーワードにしたまちづくりが始まった。

さらに一九九二年には、まず市議会が、水俣病の教訓を活かしたまちづくりの指針として「環境・健康・福祉を大切にするまちづくり宣言」を議決、これを受けて、水俣の豊かな自然を活かし壊すことのないようにとの想いから、「環境モデル都市づくり」を宣言した。「環境」を旗印にした新たな水俣のまちづくりを本格化させた。ゴミの高度分別やリサイクル、リユースに力を入れるなど、市民協働の方法で環境政策に取り組むようになった。

その結果として「～持続可能な地域社会をつくる～日本の環境首都コンテスト第一〇回（二〇一〇年）」において、水俣市は全国初となる〝日本の環境首都〟の称号を獲得するに至った。

もやい直し

そして、一九九四年二月に市長に吉井正澄氏が就任したことにより、水俣市の水俣病事件に対する姿勢が大きく変わることとなる。吉井氏は市長に就任した年の五月一日の水俣病犠牲者慰霊式で、初めて市長として患者に対する謝罪の式辞を述べた。その内容は「水俣病で犠牲になられた方々に対し、十分な対策を取り得なかったことを、誠に申し訳なく思います。あなた方の犠牲が無駄にならないよう、水俣病の悲劇の反省と教訓を基に環境、健康、福祉を大切にするまちづくりをさらに進めていくことでお赦しをお願いしたいと存じます」というものであった。さらに吉井氏は式辞の中で、水俣病事件により分断された地域社会を再生させる足がかりとしての「もやい直し」を提唱した。これを機に、水俣病事件や水俣の地域社会に対して様々な取組が始まった。

「もやい直し」とは、漁村で使われている「もやい＝舟と舟とを結ぶこと」から派生した言葉である。吉井氏はもやい直しについて、水俣病事件により多様化した立場（価値観）での対立を乗り越えて、異なる立場の人々が他者との差異を尊重し、対話を重ねることだと語っている。「皆が仲良くなって同じ考えにまとまろうというのではない」ということである。「垣根を越えた対話は、相互の対立を超えたところに、新しい価値観を生み出す。その対立を超えた新しい価値観が、水俣の再生に最も重要なのである」と著書のなかでも述べている。[9]

吉井氏いわく「水俣は日本で一番多様な価値観が存在している場所」である。[10] 一般市民、水俣病患者（賠償の求め方の違い・認定か非認定か）、水俣病患者支援者（様々なイデオロギーの存在）、チッソ労働者・関係者ｅｔｃ．多様な

9　吉井正澄『「じゃなかしゃば」新しい水俣』藤原書店（二〇一七）

10　二〇一三年に行った吉井氏への聞き取り調査より。

立場（価値観）を持つ人々が人口二万五〇〇〇人ほどのまちに存在している。とくに「よそもの」としての水俣病患者支援者の存在は、水俣の特長ともいえる。当初は様々な背景を持つ支援者を排除する動きもあった。しかし、時間の経過とともに支援者の多くは水俣の地域社会に根ざすようになっていった。そして、自治会役員や民生委員などの役割を担い、地域社会にとって欠かせない存在となった。前述の柑橘栽培の取組に携わる人々には、水俣に定着した支援者たちも多く含まれる。今ではその支援者たちの二世も活躍している。こうした多様性は、水俣の持つ強みであるといえる。

さて、もやい直しの政策的なものとしては、もやい直し（対話）の機会と場作りがあげられる。その象徴的なものが「もやい直しセンター」の建設とその取組であった。一九九五年の政治決着時に、環境庁（当時）が「仮称　もやい直しセンター」の建設を表明し、国の予算で建設することとなった。その建設に当たり、水俣市内二か所に「もやい直しセンター」を建てることとなった。水俣市は基本構想づくりから市民の対話に委ねることにした。多種多様な団体に呼びかけた結果、初回から怒号が飛びかうワークショップとなった。しかし、対話の回数を重ねる中で、相手の意見を尊重する姿勢が生まれ、結果として参加者に不満の残らない「もやい直しセンター」ができあがった[11]。このように、インクルーシブな発想を持つ「もやい直し」は、水俣市の持つ多様な人々の存在を背景に、水俣再生のキーワードになっている。

11　もやい直しセンターは、水俣市域全体を対象とする「水俣市総合もやい直しセンター（通称もやい館）」と、患者多発地帯であった袋地区を主な対象とする「水俣市南部もやい直しセンター（通称おれんじ館）」が建設された。バリアフリーやユニークな構造、天然素材の使用などワークショップで出た市民の意見を取り入れた建物となっている。対話の場や保健・福祉の拠点として活用されている。

地元学

このように水俣病事件について向き合う機運が生まれる中、市民ベースの活動として生まれ、育っていったものが「地元学」[12]である。その中心となったのが吉本哲朗氏である。水俣市職員でもあった吉本氏は、一九九一年七月に「寄ろう会みなまた」という自治組織の立上げに参加し、「自分たちの足下の環境を調べよう」との呼びかけから、地元学の動きが始まった。その背景には、水俣病は水俣の外の人が調べてくれたが、住民は詳しくならなかった。だから水俣病患者に対しても傍観者になり偏見の目を持つような人も生み出してしまった。過ちを繰り返さないためにも、自分たちで身の回りのことを調べ、自治の力をつける必要があるとの想いがあった。

当初の取組は、昔遊んだ身の回りの自然について語り合うことから始まった。「地域資源マップ」作りで身の回りのお宝探し「あるもの探し」を始めるなど、先駆的な取組を行っていた。特徴的なのは、身の回りの水に注目をすることである。どこから水が来てどこへ流れていくのかを調べ、水と生活環境との結び付きを明らかにする取組を行っている。地理学で行う巡検と地域構造図の作成というプロセスに似ているが、よりミクロなスケールで、まさに身の回りの環境を調べ理解していく優れた取組である。

12 吉本哲朗『地元学を始めよう』岩波ジュニア新書　岩波書店（二〇〇八）

村丸ごと生活博物館

地域の特徴を探し、住民で共有するという地元学の実践が、地域の活性化に役立っている。その事例が「村丸ごと生活博物館」である。水俣市内にある四つの地区がこの生活博物館に取り組んでいる。取組としては、あるもの探しを行い、地図を作り、外から来た人たちを案内すること。そして、地域の食を提供すること。さらに地域の技を提供すること。以上、三つの生活の旅を提供するのが「村丸ごと生活博物館」の内容である。

この取組を行っている地区の一つ、水俣市の山間部水俣川源流に位置する頭石《かぐめいし》地区は、二〇〇二年八月に市の指定を受け、活動を行っている。筆者も二〇一三年に体験をしてきた。

「あるもの探し」の研修を受けた「生活学芸員」の案内により地区の中を歩きながら、水の豊かさ、森の豊かさ、地区の歴史などに触れることができる。旧国鉄山野線のループ線跡からの集落の眺望は絶景であった（写真12）。その後、集会所に戻り、地区の女性たち（「生活職人」と呼ぶ）が腕を振るったお昼ご飯を食べ、食の豊かさを実感できた（写真13）。頭石地区の多方面にわたる豊かさを実感できるプログラムとなっている。プログラムの料金は一人ガイド料一〇〇〇円、食事代一五〇〇円（当時）となっており、そのまま地区にお金が落ちる仕組みとなっている。

写真12　頭石地区の外観　旧山野線ループ線跡からの遠望

出所：筆者撮影

写真13　村丸ごと生活博物館で提供される昼食

出所：筆者撮影

こうした取組は、地域活性化のお手本といってよいものである。地区の「豊かさ」が当たり前の住民が、よそ者に地区のことを「知ってもらう」プロセスを通じて、地区の「豊かさ」に気が付き、少なからずの現金収入にも結び付くのである。高齢化の進む地区ではあるが、地区の魅力作りの原動力となっている。

3 新たな展開

スウィーツのまち・水俣

「食」における新たな動きとしては、スウィーツでのまちおこしがあげられる。「スウィーツのまち・水俣」の取組は、二〇〇七年に始まった。水俣市内にある和洋菓子店一七店舗が協力して地図作りやスタンプラリーを開催、水俣の食材を活かした新商品の開発などに取り組んでいる。水俣市内には以前から和洋菓子店が多く立地しており、そのことに着目した市職員有志が和洋菓子店に働きかけたことがきっかけである。市職員有志によるホームページのほか、熊本県の広報番組でも取り上げられており、水俣市の新たなブランド作りに貢献している。[13]

支援と自立

この中で、地域の食材に注目し、新たな商品作りをしているのが、水俣の老舗洋菓子店のモンブランフジヤの笹原和明氏である。彼は、自然栽培されている水俣の食材の素晴らしさやそれを生産する人と出会うことで、新たな水俣市を発信したいと考えて、実行している。

笹原氏は前述の頭石地区の自然栽培の栗と出会うことで、新たな商品作りを

13　スウィーツのまち水俣　食べ歩きマップ（http://www.minamata-hiyori.jp/sweets.html）、くまもとサプライズ（二〇一二年一一月二九日放送）（http://www.kininaru-k.jp）

行っている。そこには「地元学」の「あるもの探し」が生きていた。水俣市の中で「あるもの」を探していくと、多くの「本物」が見つかった。そして、水俣の良さを伝えるためには、その本物を活かし「おいしい、楽しい、きれい、安心・安全」をキーワードとして発信することが重要であるという。

　彼はこれまでの水俣の依存構造に対しても疑問を持っていた。チッソへの経済的な依存、水俣病事件を通じ国・環境省からの支援への依存、そうした依存により「自ら考えることをやめてしまっているのではないか」という疑問である。

　本来の支援は「自立を目指す＝考え抜くこと」であり、自分事として考え行動していくことが必要だと考えている。例えば、環境の取組についての視察で、水俣市を訪れる人々がいるが、せっかく来た人々に対して、お金を落としてもらう努力をしてきたのかと彼は問うている。お金を落としてもらえる商品開発といった仕組み作りをしてきたのか、自分事として考え、行動する重要性を彼は訴えている。

4 地域の課題を包括することの大切さ

　水俣市は六〇年以上の長きにわたり、様々な対立を含め、水俣病事件と関わりあってきた。チッソ水俣工場を原因とする公害の名に「水俣」が使われたことによる地域の印象は、対外的にはマイナスとして捉えられてきた（と水俣の

14　一〇年ほど前になるが、水俣病公式確認五〇年の際に、湯の児温泉経営者らが「マスコミ報道で風評被害が発生したので支援してほしい」と県に要望を出している。また、水俣の表玄関となる新水俣駅には、小さな水俣病資料館の看板があるものの、水俣病について案内するものはないのが現状である。

写真14　ＪＲ新水俣駅に唯一ある水俣病関連の案内（水俣市立水俣病資料館の案内）

出所：筆者撮影

写真15　ＪＲ新水俣駅前の看板の解説では、水俣病について一言も触れられていない。

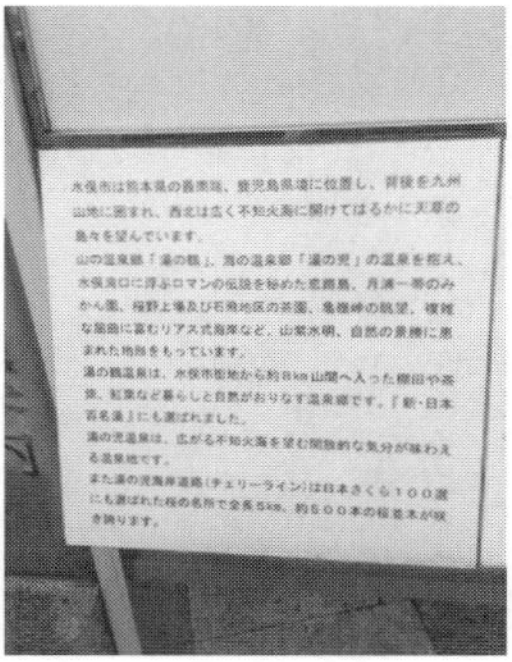

出所：筆者撮影

一部の人たちは思い込んでいるところもある)[14]。しかしながら、本章で見てきたように、マイナスの印象を踏まえた上で、水俣病事件を経験した水俣市だからこそできることで、再生のブランドを作っていこうという力強い動きが続いている。

また、水俣市の名前は水俣病事件を通じて、世界に知られるようになった。二〇一七年八月一六日には、水俣市の名を冠した条約「水銀に関する水俣条約」が発効した。水俣の名前は「ＭＩＮＡＭＡＴＡ」となり世界で通用する「ブランド」となっている。水銀や水俣病と結び付けることを嫌がる向きもある（写真14・15）。長年の対立から水俣病事件を忌避することも理解できる。しかし、世界的に注目され知名度のある「水俣」に、さらに磨きをかけるためにも、より水俣病事件と向き合いながら「環境」「無農薬・減農薬」「安全・安心」といったキーワードで水俣の地域ブランドを高めていく必要がある。さらに、笹原氏が言うように、高めたブランドを経済活動に結び付けるための創意工夫が求められている。

おわりに

本章は、大きな出来事により地域ブランドが固定化する中、次なるブランド作りに取り組む地域について、水俣市を事例に見てきた。二〇一一年三月の東日本大震災による福島県の災禍に象徴されるように、災害等により農産物・観光をはじめ、その地域に「マイナス」の印象が付いてしまうことが目立つようになった。水俣市の事例は「マイナス」の地域ブランドを払拭するのではなく、包摂しながら、次のブランドを作っていくという点で先駆的な事例となる。

誰しも「マイナス」を消し去りたいと思うのは当然である。しかし、マイナスには大きなチャンスも含まれており、そこをどのように考え発信していくのかという点に、次なるブランディングがかかっている。

近年「ダークツーリズム」[15]が言われるようになってきた。人類の悲劇をめぐり、そこでの死者・被害者への想いをはせる旅を受け入れることは、災厄の風化を防ぐことにもつながる。また、これをきっかけに訪問者にその地域の別な姿を発見してもらえるチャンスとなる。そのためには、魅力ある地域づくりは重要である。そうしたヒントとして水俣市での取組は活かすことができる。水俣市には学ぶべきことが多々存在している。

謝辞　二〇一三年の水俣市での調査の際、水俣の皆様に大変お世話になった。本報告はＪＳＰＳ科研費ＪＰ２５２２０４０３、ＪＰ１５Ｋ１１９２７の助成を受けたものである。

15　一九九〇年代からイギリスで提唱され始めた概念。戦争や災害をはじめとする人類の悲しみの記憶をめぐる旅を示す。井出明「ダークツーリズムとは何か?」ダークツーリズム・ジャパンvol.1、二～九頁（二〇一五）。

水俣周辺図

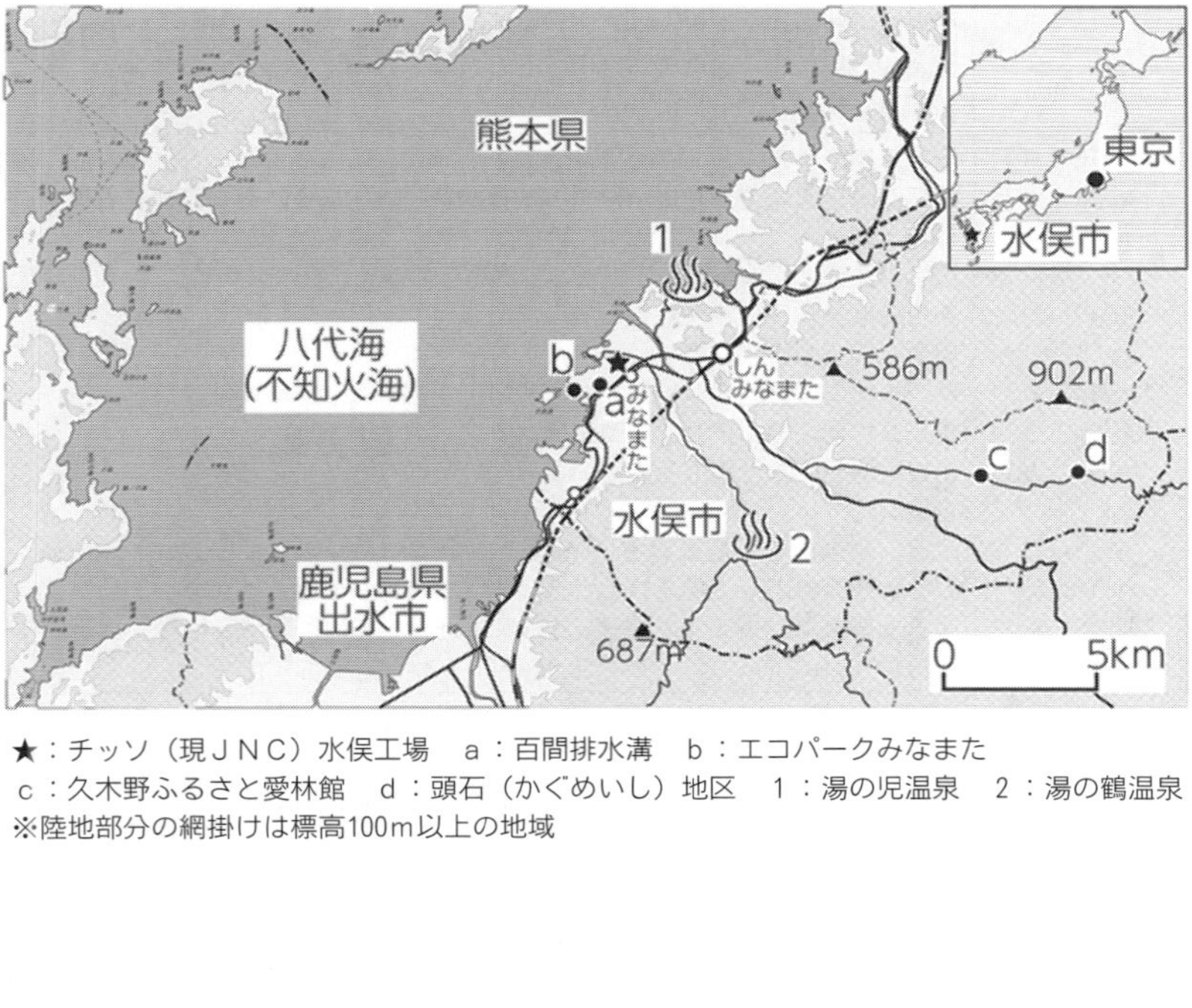

★：チッソ（現ＪＮＣ）水俣工場　a：百間排水溝　b：エコパークみなまた
c：久木野ふるさと愛林館　d：頭石（かぐめいし）地区　1：湯の児温泉　2：湯の鶴温泉
※陸地部分の網掛けは標高100m以上の地域

出所：筆者作成

図表 1　水俣病事件関連年表

年代		事項
1905年	1月	チッソの創業者　野口遵（したがう）が鹿児島県大口村に曽木電気を設立
1908年	8月	水俣に日本窒素肥料（日窒）発足
1926年	5月	日窒工場排水による漁業被害に対し水俣町漁協に見舞金1500円支払う
1932年	5月	水俣工場でアセトアルデヒドの生産開始。工場排水を百間港へ放出始める
1950年		日窒は新日本窒素肥料（新日窒）に社名変更
1953年	12月	水俣市出月で女児発病（後に水俣病患者第1号と確認される）
1954年	8月	熊本日日新聞が「水俣市茂道で猫がてんかんで全滅」と報道
1956年	5月	新日窒附属病院、水俣保健所に「原因不明の奇病患者 4 名発生」を報告（水俣病公式確認と言われる（1日））
1957年	9月	厚生省、汚染魚の捕獲販売を禁止する食品衛生法の不適用決定
1958年	9月	新日窒水俣工場、アセトアルデヒド排水経路を百間港から八幡プールへ変更、水俣川河口へ放流
1959年	7月	熊本大学研究班が「有機水銀説」を発表
	10月	附属病院細川院長、猫実験で工場排水を投与し水俣病の発症を確認（猫400号の発症）
	11月	不知火海沿岸漁民総決起大会。2000人が工場の操業中止を求め、工場内に入る。いわゆる「漁民暴動」（2日）
	12月	新日窒水俣工場に排水浄化装置（サイクレーター）完成
		患者家庭互助会、今後、原因が工場と分かってもこれ以上補償要求はせず、死者30万円、生存患者年10万円、子ども年 3 万円という「見舞金契約」を新日窒と締結（30日）
1961年	8月	解剖で胎児性水俣病を初めて確認
1962年	4月	新日窒水俣工場で安定賃金闘争（安賃闘争）が始まる。市を二分する事態に
		患者審査会、16人を初めて胎児性水俣病または先天性水俣病と認定（29日）
1965年		新日窒はチッソに社名変更
	5月	新潟水俣病の公式確認
1967年	6月	新潟水俣病の患者 3 世帯13人が昭和電工を相手どり、新潟地裁に提訴
1968年	5月	チッソ水俣工場、アセチレン法アセトアルデヒド製造中止
	8月	新日窒労組、水俣病患者の闘いに何もしてこなかったことを恥とする「恥宣言」
	9月	政府、水俣病を公害と認定。「熊本水俣病は新日窒水俣工場アセトアルデヒド酢酸設備内で生成されたメチル水銀化合物が原因」とする（26日）
1969年	6月	患者家庭互助会訴訟派28世帯、112人がチッソに損害賠償を求め 1 次訴訟を提訴
1971年	7月	環境庁発足
	8月	川本輝夫氏らの行政不服審査で、環境庁が県の棄却処分を取り消し。「有機水銀の影響が否定できない場合は認定」と事務次官通知
	9月	新潟水俣病の 1 次訴訟の判決、原告勝訴（確定）
	10月	川本輝夫氏ら「新認定」患者らチッソと補償交渉。いわゆる自主交渉闘争開始
1973年	3月	1 次訴訟の熊本地裁判決、原告勝訴（確定）
	7月	水俣病患者とチッソの間で補償協定締結。以後、チッソが認定された患者に対して1,600万円～1,800万円の補償金などを支払うことに

1975年	8月	熊本県議会公害対策特別委の委員が、環境庁への陳情で「補償金目当てのニセ患者がいる」などと発言
1976年	12月	認定業務の遅れは違法であるとの不作為違法確認裁判訴訟で原告勝訴（確定）
1977年	7月	環境庁が複数症状の組合せを求める「昭和52年判断条件」を通知
1978年	6月	閣議でチッソを金融支援するための県債発行を了承
1980年	5月	水俣病3次訴訟提起、初の国家賠償請求
1982年	10月	チッソ水俣病関西訴訟提起、国家賠償請求
1987年	3月	熊本地裁で3次訴訟（第1陣）判決。国・県の責任認める
1990年	3月	水俣湾のヘドロ処理作業が終了
1994年	5月	吉井正澄水俣市長が水俣病犠牲者慰霊式で市長として初めての陳謝
	7月	チッソ水俣病関西訴訟大阪地裁判決、国・県の責任認めず、控訴
1995年	10月	未認定患者5団体、政府最終解決策を受諾
1996年	4月	水俣病患者連合とチッソの間で協定書締結
	5月	全国連とチッソの間で協定書締結
1997年	8月	水俣湾仕切り網撤去開始（10月完了）
2001年	4月	チッソ水俣病関西訴訟大阪高裁判決、国・県の責任認める。国・県上告
2004年	10月	チッソ水俣病関西訴訟最高裁判決、国・県の責任認め、判決確定。感覚障害だけの水俣病を認める
2005年	10月	水俣病不知火患者会、国・県、チッソを相手に損害賠償請求訴訟提起
2006年	1月	チッソ創立100周年
2009年	7月	未認定患者救済とチッソ分社化を認める特別措置法が成立
2010年	6月	水俣市の中学生が他市中学校とのサッカー練習試合中「水俣病、触るな」と言われる
2011年	1月	チッソが事業会社を設立。社名は「JNC」
	3月	水俣病不知火患者会の集団訴訟が3地裁で和解成立。水俣病出水の会など非訴訟派3団体とチッソが紛争終結の協定締結
2012年	7月	水俣病特別措置法に基づく未認定患者救済で、申請受付を締め切る。最終的に当初見込みの2倍を超える6万5151人が申請
2013年	6月	水俣病特措法対象外48人が、国・県、チッソに損害賠償を求めて提訴
	10月	「水銀に関する水俣条約」採択
		「全国豊かな海づくり大会」で天皇皇后両陛下が水俣を初訪問、患者と面会
2014年	3月	熊本地裁、水俣病互助会訴訟で未認定の原告3人の賠償命令、5人は棄却
	4月	熊本県が認定審査を国に返上。このため臨時水俣病認定審査会（臨水審）が12年ぶりに開催
	8月	水俣病特措法に基づく対象者が3県で3万2244人
2016年	5月	水俣病公式確認60周年

出所：高峰武『水俣病を知っていますか』岩波ブックレット948（2016）、熊本学園大学水俣学研究センター編『ガイドブック　新版　水俣を歩き、ミナマタに学ぶ』熊本学園大学・水俣学ブックレットNo.12（2014）より改変

第2章　紫波町オガールプロジェクトの「人が集うまちづくり」
――いわゆる地域ブランドとシティプロモーションを再考する――

公益財団法人日本都市センター研究員　清水　浩和

はじめに

近年、岩手県紫波町では、紆余曲折を経ながらも始まった駅前再開発事業（いわゆるオガールプロジェクト[1]）により新たなにぎわいの場が生まれている。誤解を恐れずに言えば、紫波町は人口約三万三〇〇〇人の小さな何の変哲もないまちだった。それが、いまや年間約九五万人を超える人々がこのエリアに訪れている。

もともと人口も少なく、また財政的にも決して恵まれていなかった地域である。それがなぜ、町内外から人の流れや全国から視察が絶えないまちへと変貌を遂げたのだろうか。なぜ人が集うまちづくりに成功しているのだろうか。本章では、その要因を探ることで、地域ブランドやシティプロモーションの在り方について示唆を得ることを目指したい。

本章で注目したいのは、同町における公民連携を通じた新たなまちの価値の創造が、ここに人々が集う要因になっているのではないかという点である。紫

1　「オガール」の名前の由来は、（これが駅前再開発事業であるため）フランス語で駅を意味する「Gare」（ガール）＋「おがる」（＝紫波の方言で成長を意味する）からきており、「このエリアを出発点として紫波が持続的に成長していく」という願いを込めたものとのことである。

波町におけるオガールプロジェクトの取組は、しばしば言われているような「公民連携のまちづくり」という言葉が含意するよりも、もっと多くの示唆を提供しているように思われる。すなわち、公と民が相互に連携・協力することを基本にしつつも、時間をかけて住民の声も上手に取り入れながら、ここを訪れる人々に新たな価値を提供し、人の流れを生み出している点こそがこの取組の核心だと思われる。そして、この点が今後のまちづくりの在り方に最も示唆を提供する部分でもあるのではないかというのが筆者の見解である。すなわち、紫波町のオガールプロジェクトは、ここで得られるモノ（＝財・サービス）ばかりでなく、ここで得られるコト（＝体験や活動）を楽しみに訪れる人々が集う場となっているのだ（写真1）。

例えば、写真2では、ここで開催された催物の例として、飲み物とともに楽しめる大人のための図書館でのトークライブイベント「夜のとしょかん」及びドラマライブの宣伝ポスターを掲げているが、これらからも我々はここで体験できるコトとその巧みなコトの情報発信の有様をうかがい知ることができる。もちろん、これらは無料で観覧をすることができるが、更に後段で詳しく見るように、ここで人々が体験したり活動したりできることは他にも多様にある。以下、紫波町オガールプロジェクトの取組について、詳しく見ていくことにしよう。

写真1　人でにぎわうオガール広場（右）、オガールプラザの入口（左）

出所：紫波町情報交流館スタッフブログ（http://studio.town.shiwa.iwate.jp/site/blog/article/%E7%B4%AB%E6%B3%A2%E7%94%BA%E3%81%B5%E3%82%8C%E3%81%82%E3%81%84%E3%83%95%E3%82%A7%E3%82%B9%E3%82%BF%E3%80%802014）（右）
紫波型エコハウスＨＰ（http://www.48eco.jp/blog/151/20161202）（左）

写真2　歌とヴォイスドラマ「ニモマと魔法のランプ」（サタデーストリートライブイン オガール）のポスター（右）
「夜のとしょかん」のポスター（左）

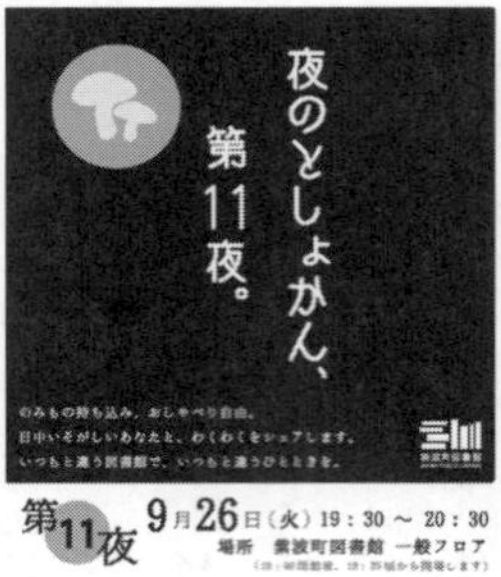

出所：オガールプロジェクトＨＰ（http://ogal-shiwa.com/）

2　紫波町情報交流館ＨＰ「稼ぐインフラ」イベント案内（二〇一七年九月二七日最終閲覧）(http://studio.town.shiwa.iwate.jp/news/article/%E2%97%8F12%E6%9C%88%E5%BE%8C%E5%8D%8A%E3%80%80%E3%82%A4%E3%83%99%E3%83%B3%E3%83%88%E6%83%85%E5%A0%B1%E2%97%8F) なお、このキャッチコピーは（一社）公民連携事業機構が主催して二〇一五年一二月二〇日に開催されたオガールプロジェクトのキーマンたちによる公開イベントで用いられたものである。

1　ＯＧＡＬは、紫波にしかない。ふざけた劣化コピーには、ドロップキックだぜ。[2]

近年、紫波町のオガールプロジェクトは、しばしば「公民連携のまちづくり」の成功事例として注目を集めるようになってきている。しかしながら、その取組の「公民連携」や「官民複合施設」という部分を他の地域が表面的に模倣しようとしてみても、恐らくはうまくいかないだろう。また、近年の公共施設等の再編によく見られるように、ここの施設がただ単に複数の施設の機能を「合築」したものではないという点も注意を要する。その意味では、本項目の冒頭で引用した「稼ぐインフラ」イベントのフレーズ（＝「ＯＧＡＬは、紫波にしかない。ふざけた劣化コピーには、ドロップキックだぜ。」）は、この取組の本質を端的に言い表している。それだけ、この取組を表面的に模倣しようとしても「劣化コピー」が生まれやすく、「ＯＧＡＬ（オガール紫波）」のような取組もまた、少なくとも現時点では紫波町にしかないというのも恐らくは事実だろう。それでは、どのような要素がオガールプロジェクトの集客を支え、かつ、独特なものにしているのだろうか。

この問題を考える上で、オガールプロジェクトの実績を数字で確認しておくことが一つの参考になるだろう（図表1）。ここで注目されるのは、紫波町の人口約三万三〇〇〇人に比して、産地直売所である「紫波マルシェ」のレジ通過者数が約三五万人であり、図書館と地域交流センターからなる「紫波町情報

図表1　二〇一六（平成二八）年度オガールプロジェクトの実績

利用者数等		※（　）内は前年比
サン・ビレッジ紫波	利用者数	6.2万人（ 96%）
岩手県フットボールセンター	利用者数	4.3万人（100%）
オガールプラザ		
情報交流館	来館者数	34.5万人（ 95%）
うち、図書館	来館者数	19.4万人（ 94%）
子育て応援センター	利用者数	1.2万人（ 90%）
紫波マルシェ	レジ通過者数	34.8万人（108%）
《参考》紫波中央駅	乗降客数	2,879人（100%）
		H29.5.30に実施予定
人数以外の数字		
町情報交流館	スタジオ利用件数	4,532件（ 91%）
図書館	貸出冊数	231,879冊（ 92%）
紫波マルシェ	売上げ金額	5億3,741万円（109%）
	うち、会員出荷分金額	1億7,885万円（114%）

出所：紫波町提供資料

交流館」（以下「情報交流館」と主に略す。）の来館者数が約三五万人であり、これらだけでも人口の一〇倍近い利用者数、つまりは集客（交流人口）を得ているという事実である。さらに、これらの絶対数とともに、各施設の数値の成長率の伸びにも着目すると、「紫波マルシェ」と「情報交流館」は年にもよるがこれまで五％から八％と高い成長率を記録してきたことから、これら二つの施設には依然として多くの人々が訪れており、にぎわいをみせていることが分かる。

　わずか三万三〇〇〇人しかいない紫波町でこうした施設を作って果たして人が集まるのか、当初はそんな不安もあったという。[3] しかし、そこには大きな発想の転換があった。すなわち、紫波町を中心に半径三〇キロの円を描くと、そこには盛岡市や花巻市、北上市までがすっぽりと入り、約六〇万人が住んでいる。そこで、六〇万人の商圏をどう取り込むかを考えたというのだ。

　この点について、オガールプロジェクトのキーマンである岡崎正信氏は、一つには「消費を目的としない人」を集めるという形でその集客戦略を定式化している。[4] すなわち、役場、図書館、フットボール場などの公共施設を「普遍的な集客装置」と捉え、これらを今回の駅前再開発区域に誘致し、「消費を目的としない人」を集めるということをこのオガールプロジェクトの計画段階から既に構想していたのである。これにより、公共施設に用のある人々が年間を通じて一定以上集まることでそれに隣接する商業施設にもお金を落とすだろうと計算して官民複合施設「オガールプラザ」を整備していったのである。

3　この点（紫波町の商圏としての可能性調査）については、東洋大学の根本祐二教授の貢献が大きいとされる。なお、ここの記述は以下の資料も参考にした。磯山友幸「経営が成り立つ仕組みを追求した岩手県紫波町の駅前開発」ウェッジインフィニティHP（http://

まさに「公民連携のまちづくり」と呼ぶにふさわしい集客戦略である。ただし、ここで注意すべきことがある。岡崎氏のこうした当初の計算では、役場で七万人、図書館で一七万人、フットボール場で六万人と、計三〇万人の集客が目指されていたのだが、先ほど触れたようにここは今や九五万人以上の人々を集客していることから、その三倍近くの人々がここに集まっているという点である。我々は、このような数値の乖離《かいり》をどのように理解すればよいのだろうか。

また、ここで気になるのは、なぜ他の地域ではなく紫波町のオガールプロジェクトだけがこれだけの集客に成功しているのかという点である。しかも、駅前地域の再開発事業であるオガールプロジェクトが本格的に開始されたのは二〇〇七年の春頃からで、最初の施設「オガールプラザ」のオープンも二〇一二年春であり、今日（二〇一七年九月二九日時点）までそれほど時間が経過しているというわけではない。

実のところ、この問いに答えることは容易ではない。しかし、ここであえてその回答を仮説的に提示するとすれば、紫波町オガールプロジェクトの集客の成功は、この取組がここで得られるモノ（＝財・サービス）ばかりでなく、ここで得られるコト（＝体験や活動）を新たに提供しているため、それらを楽しみに訪れる人々がここに集っているためだと考えられる。オガールプロジェクトがどのようなモノやコトをここで新たに提供するようになっているのか。そこで、以下では特に集客と人々のにぎわいの顕著な二つの施設、すなわち「紫波マルシェ」及び「紫波町情報交流館」に焦点を当てて考察をすることにしたい。[5]

wedge.ismedia.jp/articles/-/4680?page=3）

4 ここでの記述は、岡崎（二〇一五）を参考にした。

5 なお、利用者数の統計データがなかった等の事情から、今回触れるこれら施設と同様に集客という観点からは重要な「オガール広場」については触れることができない。この点は今後の検討課題とさせていただければと思うが、ここではオガールプロジェクトの一環として「コト消費」という観点からこのオガール広場もまた多様なイベント等で集客に大きな貢献をしているという点は指摘しておきたい。

図表2　オガールプロジェクトのロゴ、岩手県紫波町の位置

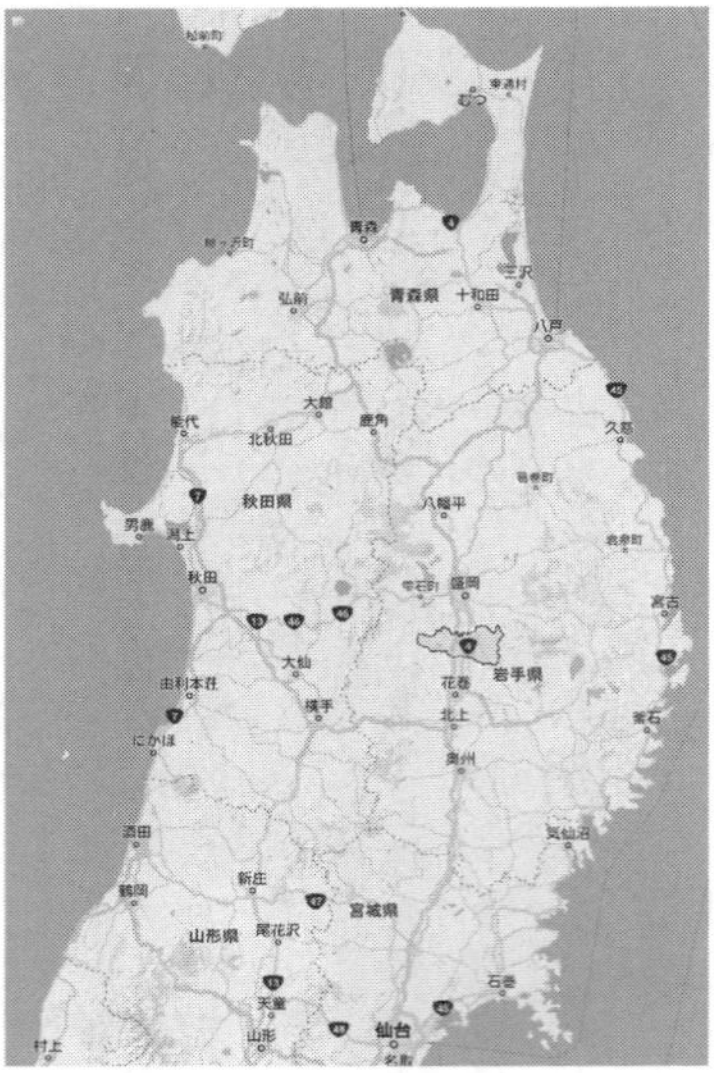

出所：オガールプロジェクトＨＰ（http://ogal-shiwa.com/）（上）、Google Earth（下）

2　OGALに見るモノとコト①
「〇〇のまち」というのは本当か？
――地元住民の声で加速したブランド「産直のまち 紫波」――

「集まった人々に対して、むしろ物が足りないんです。午後には売るものがなくなって、テナントから文句が来ます。野菜がないと、魚も肉も売れないんですよ。」「午前中には産直は売り切れています。午後からは全国のものが売れます。」。これらは筆者らがヒアリング調査を行った際に「紫波マルシェ」（産地直売所）（写真3）への出店者と紫波マルシェの担当者が述べていたことである[6]。そして、更に話を聞くと、マルシェのオープン時（二〇一二年）には三・

6　紫波町役場でのヒアリング調査による。

7　6と同じ。

写真3　紫波マルシェのロゴと店内の様子

出所：筆者撮影

六億円の売上高だったものが四年目（二〇一五年）には五億円を超えたとのことである。[7]

このように、現在飛ぶように売れているという紫波マルシェの商品だが、このマルシェの評判を聞くと、とにかく野菜が新鮮で味が違うとの声がまず聞かれる。加えて、スーパーよりも値段が安いとも言われる。これらのことは（スーパーではなく）生産者が直接持ち込む形の「産直」（産地直売所）であるがゆえに、ある意味では当然とも言えるが、更にここには惣菜も豊富にそろえられており、また弁当や寿司までもがある。そのことが、この地域の都市的な消費者や高齢者に支持されているようである。

実は、紫波町は昔からぶどうやりんごなどの果物、そば、もち米などが特産物の土地柄である。また、果物やもちなどの産直の歴史があり、「産直のまち」としても知られてきた。実際、町内には「紫波マルシェ」の他にも九つの産直（観光型と沿線型）があった。しかし、そうした「産直の伝統がある」ということが、そのまま「その地域を代表するブランドとして売り出される」ことを保証するかといえば、実際にはそう単純ではない。これらの産直の売上げは、近年必ずしも芳しいものではなかったためである。実際、当初はオガールプラザの中でも、現在は「紫波マルシェ」（産地直売所）が入居している空間には、実はドミトリー（宿泊施設）やエアロビスタジオなどその他の商業施設が入居する予定だったという。[8]

しかし、その後、緑の大通り「オガール広場」の担い手づくりについて、役

8　6と同じ。

場（企画課公民連携室）がワークショップを通じて地域住民との意見を集約していく中で、「紫波町を代表するプロジェクトならばそれを象徴する何かがあったほうがいい」という意見が出て、「やっぱり産直でしょう」という意見の流れがあったとのことである。[9]また、この紫波町の駅前再開発区域付近には本格的な産直がないという事情もあった。農業を基幹産業とする紫波町では「やはり産直が大事だ」との声を反映した結果として、オガールプラザ内に町内最大の産地直売所である「紫波マルシェ」を新たに開業することになったのである。こうして、町内にある一〇か所の産直と合わせて「産直のまち　紫波」が改めてブランド化されることになる。しかも、その開業の際も紆余曲折があり、既存の農業団体などの組織の出資を得られなかったため、農家などの個人出資を募る形で資金調達された点も注目される。それが結果として低めに設定された価格にも反映されているのではないかと考えられる。

その結果、紫波マルシェはその開業以来、当初の予想を超えて人気を集めるようになっており、今や「オガールプロジェクト」の大きな魅力の一つとなっている。すなわち、オガールプラザの開業後のほうが、以前よりもむしろ効果的に「産直のまち」を打ち出すのに成功しているように思われるのだ。この紫波マルシェの取組からは、「その地域に元々からあるいいもの」を「再発見して売り出す」ことの重要性が改めてうかがえる。そして、こうした経緯を見る限り、「紫波マルシェ」はオガールプラザの一角の商業施設でありながら、その開業と「産直のまち」のブランド化に果たした役場（公）の役割は非常に大

9　紫波町役場でのヒアリング調査による。

きいように思われる。

最後に、この紫波マルシェで更に注目すべきは、単にこうしたモノの良さだけではない。我々はここがあくまでもオガールプロジェクトという輪の一環であることを忘れてはならない。すなわち、惣菜やおにぎりを買ってそのまま店内にあるイートインコーナーに持ち込んで食事するのはもちろんだが、飲食可能な図書館内の読書テラス（後述）に持ち込むこともできる。更に肉や野菜を買ってオガール広場の屋外スタジオ（東屋）でバーベキューをすることもできる。つまりは、ここを訪れる人々は思い思いに食事時の過ごし方（＝コト消費）を選択することができるのだ。

こうした自由な公共施設の利用が可能なのは、これらの施設の整備・運営を、複数の所管課ではなく首長部局である企画課公民連携室が担当していることが大きい。というのは、各所管課が公共施設を整備・運営する場合、一つの施設が一つの機能に特化するということが頻繁に起こるが、ここは企画課が所管することで、比較的自由な空間利用が可能となっていると考えられる。

しかし、各施設の利用者数の統計で既に見たように、この駅前再開発事業であるオガールプロジェクトの中でも、この紫波マルシェ（商業施設）と同じかそれ以上に、図書館を核とする「情報交流館」もまた町内外の利用者の人気を非常に集めている。そして、その運営もまた紫波町の企画課が所管する情報交流館事務局が担っている。以下、具体的に見ていこう。

3 OGALに見るモノとコト②　文化を楽しみ交流するまち
——人々が集う場の創出と新たなまちの顔（紫波町情報交流館）の登場——

近年、人々がただ単に「モノ」（＝財・サービス）を消費するよりも、次第に「コト」（＝モノの消費とともに得られる体験や活動など）の消費のほうにむしろ価値を見いだすようになっていることが指摘されている。[10] 例えば、スターバックスコーヒーの成功例に如実に見られるように、人々は洗練された空間で心地よい時間を過ごせるのであれば、通常のコーヒーの値段よりも何倍もするスタバのコーヒーに躊躇《ちゅうちょ》なくお金を出すようになってきているのだ。すなわち、「モノ」そのものの良さとともに、「コト」を味わうことにも人々は価値を見いだすようになっている。既にインターネット通販が普及し、全国津々浦々まで大規模な商業施設が立地するようになっている現在、旧来型の地方の百貨店や商業施設は急速に衰退しつつあり、一部の商業施設ではこうした「コト消費」の要素を取り入れるため、地域コミュニティや住民交流の場の創出といったことにも次第に取り組むようになってきている。そして、以下で見るような紫波町情報交流館の取組は、こうした時代の流れにまさに合致したものだと言える。

紫波町では長年にわたり図書館整備に対する住民のニーズがあったため、駅前再開発事業とともにそれを整備したという経緯があるのだが、図書館ととも

10　ジェイアール東日本企画ＨＰ「コトの時代の生活者にモノが愛されるためのキーワード」(http://www.jeki.co.jp/info/detail/?id=562)（二〇一七年九月二七日最終閲覧）

写真4　紫波町図書館のロゴと図書館内の様子

出所：筆者撮影

に地域交流センターを併設することも相まって、従来のこれらの概念を超えるコンセプトのもとで、この紫波町情報交流館は、魅力的な空間の創出に深い配慮が払われながら運営されている（写真4）。

例えば、情報交流館の図書館部分では心地よいＢＧＭが流れ、一階の閲覧カウンター（写真5）ではドリンクＯＫであるだけではなく、二階の読書テラス（写真6）では飲食もできる。すなわち、先に触れたスターバックスコーヒーに似たような利用の仕方も可能な図書館である。なお、本章の冒頭の写真2で、大人が夜に飲み物を持ち込んで楽しめる「夜のとしょかん」及びドラマライブの宣伝ポスターを掲げたが、これらもこの情報交流館で行われたものである。

また、情報交流館の地域交流センター部分には、音楽スタジオ、キッチンスタジオ、アトリエスタジオ、ＩＴスタジオなどが併設されており、多くの人が普段からバンド練習などの音楽活動、料理教室、絵画教室や語学教室など多様な活動の場として利用している。実際、この情報交流館は町内外の利用者の普段使いの場となっており、その他にも食やクラフト・癒しをテーマとした多様なイベントがここで開催されている。加えて、月一回ここでライブイベント（「サタスト！」（サタデーストリートライブの略）と呼ばれる。）も開催されており、人気を博している（写真7）。

写真5　図書館一階の「閲覧カウンター」

出所：イーハトーブブログHP「【県央】〔紫波町〕Library of the year2016優秀賞！・紫波町図書館」（https://plaza.rakuten.co.jp/machi03iwate/diary/201702240002/）

写真6　図書館二階の「読書テラス」（図書館内の飲食スペース）

出所：岩手の観光スポットHP「岩手県「オガール」ユニークすぎる図書館に潜入！」（https://allabout.co.jp/gm/gc/446392/2/）

写真7　「サタスト！」の様子

出所：新公民連携最前線HP「なぜ『消費を目的としない人』を集めるのか？オガールプロジェクト(2)　仕掛け人・岡崎正信氏に聞く」（http://www.nikkeibp.co.jp/article/tk/20150216/435648/?P=2）

こうした人気は集客にも表れている。すなわち、冒頭の図表1「情報交流館」（図書館＋地域交流センター）の利用者約三五万人のうち、約二〇万人が図書館部分の利用者であるが、約一五万人がこれらの地域交流センター等（各種スタジオやイベントなど）の利用者と考えられるのである。

以上からも分かるとおり、この情報交流館では人々の普段からの文化的な体験、活動、交流（＝コト消費）への深い配慮が払われている点こそが強調するに値する。そのコンセプト（図表3）は同交流館のホームページにも明確に示されているため、以下、少し長いが引用しておこう。[11]

このコンセプト自体も多くの含蓄を持つものであるが、この中でも特に注目されるのは、最後にある部分（「みんなの居場所」）の「どんな動機でも利用ができる施設です。目的を持った人、逆に目的を持たない人や他に行くところが見つからない人など、情報交流館はみんなの居場所になります。」という箇所である。公共施設がその使用目的をこれほど制限しない施設は全国的に見ても珍しいのではないだろうか。なお、先ほども述べたように、この情報交流館の整備・運営は各所管課ではなく、同町の企画課が行っている。このことが、こうした運営の柔軟さにもつながっているものと考えられる。なお、これらのイベントは情報交流館の施設内部だけではなく、オガールプロジェクトの開発区域の中心に位置するオガール広場で開催されることもある。[12]

ここを訪れる人々はこれらを目的に来る人々もいるだろうし、他の施設の利用のついでにこれらに参加する人々もいるだろう。大切なことは、ここでただ

11　紫波町情報交流館ＨＰ（http://studio.town.shiwa.iwate.jp/concept）（二〇一七年九月二七日最終閲覧）

12　なお、この駅前再開発事業の中心部にあるオガール広場でも多種多様なイベントが年間を通じて企画・開催されている。これらは、オガールプロジェクト内部のテナントから持ち込まれることも、外部から持ち込まれることもある。これらについても、企画課・公民連携室がその窓口となっている。

図表3　紫波町情報交流館のコンセプト

コンセプト

基本スローガン

図書館と地域交流センターで構成する情報交流館は、様々な市民活動や個人の知識が行き交う情報接点であり、市民が地域において生き生きと暮らせる状態を築き上げることを目的としています。

1.「まちの文化に出会える場」
文化的活動家による新しい創造がなされ、地域文化ネットワークが形成されるための支援を行います。
2.「協働の推進に寄与する場」
団体間のネットワークなど市民が行う自主的な活動を高めるための環境を提供します。
3.「人に出会える場」
人が行き交い混じり合うことで、融合し発展する情報のオアシスがある場を提供します。
4.「新しい自分を発見できる場」
自己の生き甲斐が見いだされ、健康的な生活が営まれるよう支援をします。

情報交流館という場所

図書館を核とする情報交流館は、図書館機能と交流機能を深く関連づけることで、「情報」を仲立ちとして個々の活動やグループ間の交流を積極的に支援します。交流館には、ミーティングや個人活動ができる小スタジオやアトリエを配置します。常時図書館の学習室として使用するスタジオは必要に応じて中スタジオとして開放。また、大スタジオは講演会やコンサート会場として活用します。

このように、情報交流館は、人々の様々な活動や交流の場を用意します。利用者は、この場所であらゆる情報を活用し、自己の発見ができるようになります。情報交流館は、個々の情報活用能力を身につけるための案内や支援を行うコーディネート役も担います。

みんなの居場所

個人、グループ、親子連れ、ビジネスマン、児童生徒、ボランティア、カップル…情報交流館は老若男女、どんな人でも受け入れる施設です。

調べ物、趣味や教養、練習発表、待ち合わせ、学校帰り、ランチを食べたい、井戸端会議、とにかくゆっくり過ごしたい、暇なので…どんな動機でも利用ができる施設です。目的を持った人、逆に目的を持たない人や他に行くところが見つからない人など、情報交流館はみんなの居場所になります。

出所：紫波町情報交流館ＨＰ（http://studio.town.shiwa.iwate.jp/concept）

単にモノを消費するだけではなく、人それぞれがこの場で思い思いに体験し活動する（＝コト消費をする）ことができるという点なのである。この紫波町情報交流館の創設と運営により、「文化を楽しみ交流するまち」とも呼ぶべき新しい価値（まちブランド）を、紫波町オガールプロジェクトは備えるに至っているものと考えられる。

4　まとめ　オガールプロジェクトに見る新しいまちの価値（モノ・コト）の提供
――「まち　ひと　オガール（おがる＝成長する）」という公民連携の新しい組合せ――

本章では、紫波町における公民連携のまちづくりによる新たな価値の創造が、ここに人々が集う要因になっているのではないかという観点から検討を行ってきた。とりわけ、ここではもっとも集客をもたらしている産地直売所である「紫波マルシェ」及び「紫波町情報交流館」を中心に検討を行ってきた。

まず、「紫波マルシェ」の取組からは、「地域に元々あるいいもの」を「再発見して売り出す」ことの重要性が改めてうかがえた。また、紫波マルシェでは、ただ単によい「モノ」を消費するだけではなく、ここを訪れる人々が思い思いに食事時の過ごし方（＝「コト」）を選択することができる様子も見てきた。次に、図書館と地域交流センターからなる「紫波町情報交流館」では、ここで人々が普段から文化的な体験、活動、交流（＝コト消費）ができるように、深い配慮が払われている点を中心に具体的に見てきた。その意味において、「文化と交流のまち」とも呼ぶべき新しい価値（まちブランド）をも紫波町は備えるに至っている。

人々はただ単によいモノを消費するだけではなく、洗練された空間で心地よい時間を過ごせるのであれば、そうしたコトに躊躇《ちゅうちょ》なくお金を出すようになってきている。すなわち、「モノ」そのものの良さとともに、「コト」を味わうことに人々はより高い価値を次第に見いだすようになっていると考えられる。

紫波町オガールプロジェクトは、新しい形で公と民が連携し、良いモノを提供するとともに、新しいまちで可能となる魅力的な過ごし方（コト消費）の場を全体として提供しているように思われる。今後のまちづくりにとって大切なことは、従来はあまりないモノとコトを組み合わせて、それらの消費の場を提供することで、いかに人々に新しい付加価値を提供するかを考え抜くことではないだろうか。実際、このオガールプロジェクトのキーマンの岡崎正信氏と紫波町企画課公民連携室に共通しているのは、「住んで良かったと思えるまちをつくる」という点を考え抜き、そのための工夫と試行錯誤を重ねているという点なのだ。

オガールプロジェクトでは、全体として公の施設が民の施設にいい影響（＝特に結果としての消費）を与えているとともに、民の施設が公の施設にもいい影響（＝特に都市的な利便性・近接性）を与えているように思われるが、こうした公と民の組み合わせもそのための手段であろう。

地域ブランドとシティプロモーションへの示唆

最後に、以上の紫波町オガールプロジェクトの取組を踏まえて、本書のテーマでもある地域ブランドとシティプロモーションについて一言しておこう。まず、「紫波マルシェ」の取組からは、「地域に元々あるいいもの」を「再発見して売り出す」という地域ブランド化に際して最も重要な要素が改めてうかがえた。もっとも、そもそも多くの地域において、いきなり地域ブランド化を進めるのが合理的なのかどうかという問題を考えることには一定の意味があるように思われる。[13] 少なくとも、地域ブランドは付加価値を追加する一つの有効な手段ではあるが、付加価値を追加する手段（販売の場や生産方法を変えるなど）は他にも無数に存在するため、それらの手段とあわせて地域ブランドの位置づけも工夫する必要があるように思われる。場合によっては、ブランド化に適さない凡庸な「地域」と「商材」についてネーミングやイメージを工夫してブランド化を進めるよりも、ライバルがより少ないところでそれらを売るようにするなど、より付加価値を増すための別の工夫をしたほうがいい場合もあるものと考えられる。

また、地域ブランドという観点から見ても本章のオガールプロジェクト（特に紫波マルシェ）は見事な取組ではあるものの、我々がこの事例から読みとれるのは、個別の特産品ブランドや観光地ブランドといった「モノ」（＝財・サービス）の消費を、「コト」（＝体験や活動）の消費とどのようにうまく組み合わ

13　こうした地域ブランド化の難しさについては、特に木下（二〇一六）を参考にした。

せるのかという視点が、まちの価値の向上、すなわちシティプロモーションを推進していく上でも戦略的に有効なのではないかということである。しかも、それらの組み合わせは、集客を追求する場合は特にそうであるが、実際の消費額や来館者数といった客観的指標（アウトカム）との関係で絶えず問い直すことが求められるように思われる。その際、そのまちで可能となる魅力的な過ごし方（コト消費）を価値として従来のモノに付加するという観点は、今後も一つの武器になるように思われるのだ。

（参考文献）

猪谷千香『町の未来をこの手でつくる』幻冬舎（二〇一六）

木下斉「「地域ブランド化」が失敗に終わる三つの理由　難易度が高い上、凡庸な商品では無理がある」東洋経済オンライン（二〇一六）（http://toyokeizai.net/articles/-/104375）

鎌田千市「官民複合施設「オガールプラザ」が目指す「まち 人 オガール」」『ほくとう総研機関誌　NETT　No.86 2014 Autumn』一般財団法人 北海道東北地域経済総合研究所（二〇一四）

紫波情報交流館ホームページ（http://studio.town.shiwa.iwate.jp/concept）（平成二九年八月二九日最終閲覧）

沼尾波子「持続可能な地域経済構築と「雇用」確保に向けた地方自治体の役割（第二章）」『超高齢・人口減少時代に立ち向かう――新たな公共私の連携と原動力としての自治体――

（地域経済財政システム研究会WG報告書）』（公財）日本都市センター（二〇一七）

岡崎正信（二〇一五）新・公民連携最前線「なぜ「消費を目的としない人」を集めるのか？　オガールプロジェクト⑵　仕掛け人・岡崎正信氏に聞く」（http://www.nikkeibp.co.jp/article/tk/20150216/435648/）（平成二九年八月二九日最終閲覧）

謝辞

本章をまとめるに当たり、紫波町の企画課公民連携室をはじめとするご担当者の皆様にヒアリング調査（二〇一六年六月二二〜二三日）を実施し、ご協力をいただいた。ここに記して感謝を申し上げたい。本章での事例の記述は、ご提供を受けた資料などをもとに筆者が解釈、構成、執筆したものであり、各自治体の公式見解を示すものではない。本章で残り得る誤りの全ての責任は、筆者に帰するものである。

第2部

地域ブランドとシティプロモーションの連携

神奈川県横須賀市
東京都豊島区
京都府南山城村
沖縄県八重山地域

The Local Brand
and
The City Promotion

第3章　横須賀市西海岸地区の体験教育旅行受入れ型民泊の形成過程から見る住民力

——横須賀のもうひとつの魅力——

九州産業大学建築都市工学部建築学科助手　大庭　知子

本章では、横須賀西海岸地区で取り組まれている体験教育旅行受入れ型の民泊[1]を取り上げる。都市農村交流ブームにより様々な農村地域での民泊事例が見られるが、地域住民主導で取り組む神奈川県初の民泊事例として紹介する。

1　豊かな自然に恵まれた横須賀西部

外から見る横須賀市のイメージは、ミリタリーファッションとして幅広い年齢層から愛用される「スカジャン」、ご当地グルメとして定着した「よこすか海軍カレー」、世界三大記念艦「三笠」などが代表するように、東海岸側の海軍文化によるところが大きい。そのため、実は海と山に恵まれた自然豊かな環境にあることはあまり知られていない。

市中央部の山々や丘陵を挟んだ西側は、丘陵部から広がる畑地から相模湾に面する漁港へ続く自然豊かな地区であり、横須賀の第一次産業を担っている（図表1）。しかし近年は、継承者不足や少子高齢化による地域活力の低下に悩む。

1　近年は「農泊」と表現される場合が多い。しかし、正式な名称は今のところ定まっておらず、本章では「体験教育旅行受入れ型の民泊」という表現にしている。

図表1　横須賀西海岸地区

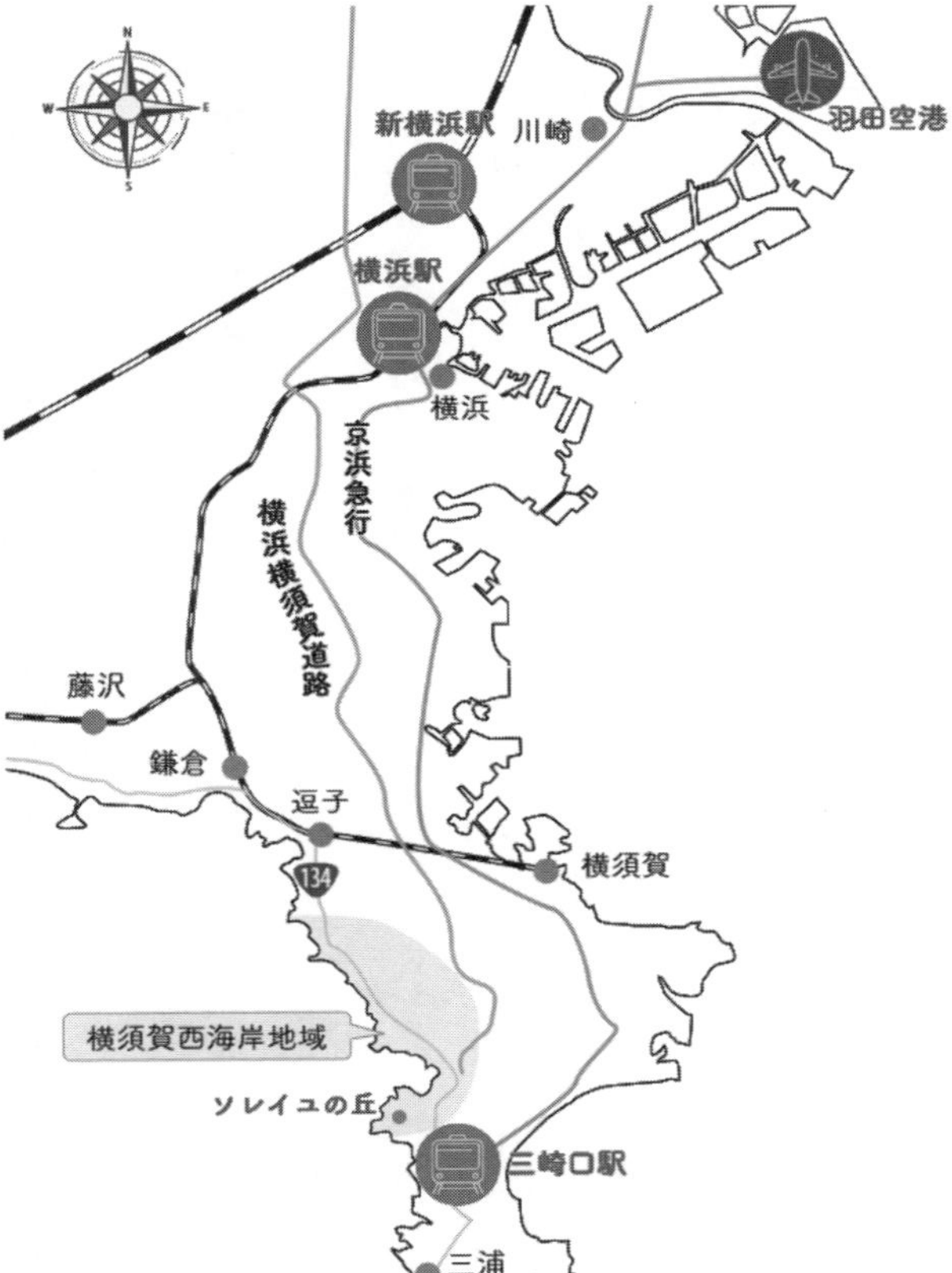

出所：横須賀西海岸地区体験たび推進協議会

この状況下、地域の将来のために住民らが立ち上がり、体験教育旅行受入れ型の民泊に住民主導で取り組んだ地域がある。それは、わずか五年で年間約二〇〇〇人の学生を受け入れるまでに成長した。

本章では、横須賀のもうひとつの魅力である豊かな自然を活用した地域ブランド醸成の過程を把握・整理しながら紹介させていただく。

2 民泊のはじまり

長井漁港からはじまった

現在は西海岸エリアにまで広がった民泊であるが、始まりは横須賀市最大の漁港を持つ、人口約八〇〇〇人、高齢化率三四・五%[2]の長井地区からである。漁業以外に農業も盛んな地域であり、大根やキャベツを中心に生産し、近隣の大型直売所「すかなごっそ」に出品する農家も多い。豊かな自然を活かした観光資源としては、市内集客数第一位の施設である「長井海の手公園ソレイユの丘」や「長井漁港の朝市」などが挙げられ、相模湾越しに見える富士山が堂々たる姿を構える景観は、人知れずの景勝地と言っても過言ではない。

豊かな資源を持つ長井だが、全国の農山漁村地域と同様、少子高齢化により地域の将来に不安を抱えていた。

2　横須賀市住民基本台帳二〇一七年四月一日時点

写真1　長井漁港から見える富士山

出所：受入家庭

外からの視点

きっかけは、株式会社ＪＴＢコーポレートセールス（以降、ＪＴＢ）の鈴木氏の提案であった。当時、都市農村交流を目的とする修学旅行受入れの民泊体験の担当者であった鈴木氏は、長井漁港に訪れた際、夕暮れ時の相模湾越しに映える富士山と漁船が浮かぶ港の美しい景観を目の当たりにし、自身の経験から長井地区での民泊の受入れが可能であると感じた（写真1）。同氏は、横須賀市出身ということもあり、もう一度長井漁港を活性化させたいという気持ちが強かった。早速、連合町内会長の原氏に民泊体験の受入れについて直接申し入れた。

今、やるしかない

原氏は、毎日目にしている見慣れた風景が貴重な観光資源だと鈴木氏から言われたことに驚いた。高齢化の進むまちでの民泊という未知なるものへの挑戦に不安も覚えたが、鈴木氏が熱心であったこと、「長井の五年後、一〇年後を案ずるのであれば、今、何かやるしかない」という地域の将来に対する想いから、民泊事業の立上げを決断した。まずは、日常的なつながりのある自宅町内の家庭から呼びかけた。夫たちの了承は得やすかったが、やはり家庭を管理する妻たちの理解を得ることは難しかった。何度か説得に足を運んだ結果、ようやく二軒の一人暮らし家庭の承諾を得ることができた。

その後、「地域住民のつながりを強め共助力を高める」ことを目的に、原氏主導で現協議会の前身である「長井体験たび推進協議会」が二〇一二年七月に発足した。これは、鈴木氏の申入れから僅か半年後である。

協議会への協力体制として、地元関係者である、長井連合町内会や長井漁業協同組合、観光協会などが加わり、横須賀市も支援する形で始まった。

3　農家民泊の政策的位置づけ

具体的な事例紹介の前に、農山村体験交流の受入主体とされる農家民宿や農家民泊について[3]、政策的位置づけを確認しておきたい。農政における農村振興策と、横須賀市の関連施策の双方から見ていく。

農村振興策としての民泊

農村振興策における取組として「都市と農山漁村の共生・対流」がある。農家民宿や農家民泊を中心に、グリーン・ツーリズム（以下、GT）、農山漁村における定住・半定住等を含む広い概念であり、都市と農山漁村を双方向で行き交う新たなライフスタイルの実現を目指すものである[4]。

図表2は、「都市と農山漁村の共生・対流」の概念図であり、横軸に滞在期間、縦軸に来訪目的を置き、それぞれの事業の位置を視覚的に捉えている。「農家民泊」は、滞在期間は一時的であり、来訪目的は体験要素が強い。また、

3　本章で取り扱う体験教育旅行受入れ型の民泊は、農家民泊に該当する。

4　農林水産省ホームページより

大枠では「都市と農山漁村の共生・対流」の取組の中にあり、さらにはGTの一形態として位置づけられる。

GTとは、「緑豊かな農村地域において、その自然、文化、人々との交流を楽しむ、滞在型の余暇活動」とされ[5]、GT政策は一九九〇年代以降の農政の動きと連動し全国的な展開が見られる[6]。二〇〇〇年代には農家民宿開業に関わる各種規制緩和措置が取られた。関連して、二〇〇八年にスタートした農林水産省・文部科学省・総務省・環境省[7]による「子ども農山漁村交流プロジェクト」では、子どもが農山漁村に関わることで得られる成長効果と受入側の農村の活性化を期待し、小学生の農家での宿泊・農業体験を推進している。

以上、都市農村交流事業を支える中心的役割として、農山漁村での宿泊体験が位置づけられていることからも、農村振興策における民泊の有効性に期待が持たれていることが分かる。

5 日本におけるGTの萌芽は、農林水産省の諮問機関であるグリーン・ツーリズム研究会による中間報告書「グリーン・ツーリズムの提唱―農山漁村で楽しむゆとりある休暇を―」（一九九二）にあり、GTについて定義されている。また、EU諸国における本来のGTと区別し、限定的に「日本型GT」と表現する場合が多い。

6 佐藤真弓『都市農村交流と学校教育』農林統計出版（二〇一〇）

7 環境省は二〇一四年度からの参加である。

図表2　都市と農山漁村の共生・対流

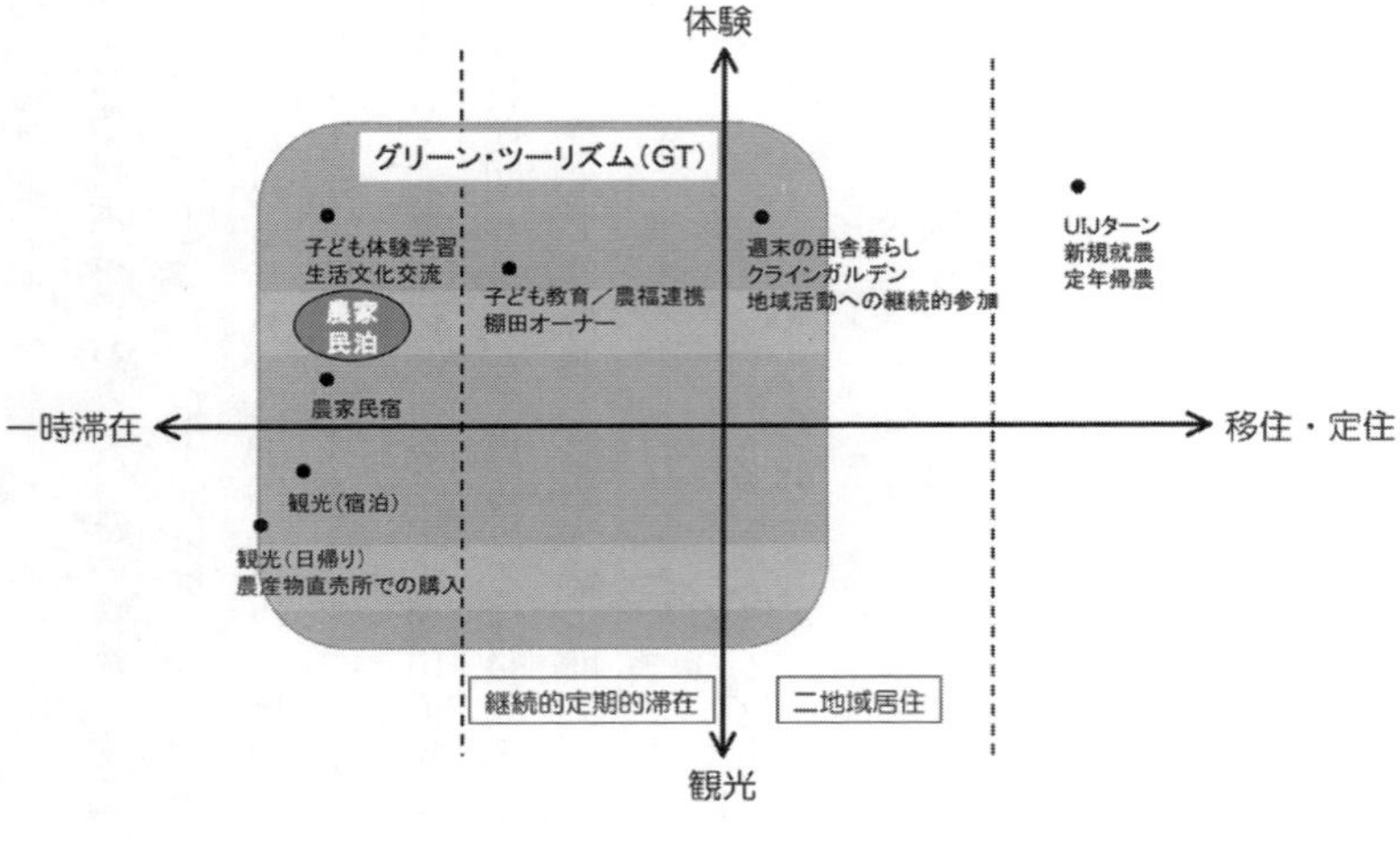

出所：農林水産省農村振興局資料を参考に筆者作成

横須賀市の方針

次いで、体験教育旅行受入れ型の民泊に関連すると考えられる横須賀市の施策について見ていく。

横須賀市の人口は、二〇一七年現在約四一万人だが[8]、二〇二〇年に三〇万人台に割り込み、その後も減少し続けることが予測されている[9]。市は、この事実を真摯に受け止め、様々な分野で対応策を計画・施策展開している。その中には、民泊に関連するいくつもの施策が目に留まる。

市行政の産業振興の基本方針として位置づけられる「横須賀産業ビジョン二〇一一」では、経済の活力を高めるため重点的に取り組んでいく四つの分野の中に、「地産地消」と「観光・集客」を挙げている。これらは、市が保有する資源や特性を活かすことにより成長が期待される分野である。

地方創生の視点では、「横須賀市まち・ひと・しごと創生総合戦略」において、地域の特色や資源を活かした具体的な施策の検討や人口減少における戦略的取組などを基本的な方向性とし、定住促進や交流人口拡大、雇用の創出などを施策の方向性として示している。

また、観光分野においては、観光を産業の柱とする「観光立市よこすか」を目指すため、二〇一四年に「横須賀市観光立市推進条例」を制定した。条例に基づき定めた「横須賀市観光立市基本計画」を遂行するための実行計画として「横須賀市観光立市推進アクションプラン」（二〇一七年二月）があり、東側に

8　横須賀市住民基本台帳人口による。
9　横須賀市都市政策研究所「横須賀市の将来推計人口（平成二六年五月）」による。

集客が偏っている現状から、「ソレイユの丘を拠点とする西側地域資源の活用」を目的に挙げている。
以上、横須賀市は観光・集客や交流人口拡大、定住促進に関する施策を重視していることを確認した。

4　事業実施体制

横須賀西海岸体験たび推進協議会

現在は、エリア拡大に伴い、「長井体験たび推進協議会」から「横須賀西海岸体験たび推進協議会」へ名を改め活動している。協議会は地域住民で運営しており、会長と副会長、事務局のほか、業務分担した七班と地区ごとの意見をとりまとめる地区分会で主に構成されている（図表3）。

業務分担による班は、事業班、経理班、広報班、ホームステイ班、お土産班、輸送班、女性班に分かれる。内容説明について必要な箇所のみ述べる。事業班は、年間事業計画の作成事務や会員の親睦を図る施策等の立案・実施などに関する業務に取り組む。次いで、ホームステイ班は、主に受入家庭増強促進や、受入家庭からの情報収集活動、お土産班は様々な地域資源を発掘し土産品の開発に取り組む。輸送班は、入・離村式会場から受入家庭までの生徒の輸送や、寝具類の運搬などの調整を行う。最後に、女性班は簡潔に述べると雰囲気づく

図表3　横須賀西海岸体験たび推進協議会の組織イメージ

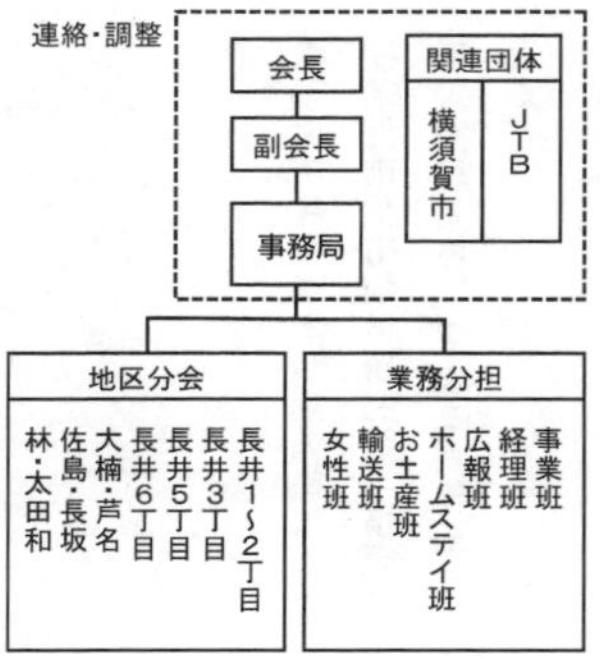

出所：横須賀市資料を基に筆者作成

りが仕事であり、食事に関するアイデア出しや受入家庭の増加を図る施策に関する業務など、ソフト面の体制づくりを担っている。

事業関係者の意思決定や確認の場として、月に一度役員会を開催しており、そこには各班と分会の長、ＪＴＢや横須賀市職員、漁業組合職員といった地域団体も参加する。

住民主導の要

協議会の会長には立上人である原氏が就任した。原氏は、連合町内会長をはじめ、地元小学校の評議員を制度設立当初から務めるなど、地域に関わる仕事を長年にわたり務めている功労者であり、住民からは「原じい」の愛称で親しまれ、登校中の小学生は手を振って挨拶する。原氏は、長井の住民は「土壌愛」にあふれていると言う。実際に筆者も、長井に何度か足を運び、住民の方々と交流する度に感じたことである。

実務的な役割を担う組織の要となる事務局長には、原氏が以前から親交のある龍崎氏に直接依頼した。龍崎氏は、町内会長や長井地区に関わる地域の仕事を担ってきた経歴を持ち、妻は民生委員を務めている。夫婦ともに地域を想う気持ちが強いことを知っていた原氏は、龍崎氏が適任であると判断した。

実際に、受入家庭で何か困ったことや相談したいことが発生した場合、相談先は事務局長の龍崎氏あるいは会長の原氏だとする家庭は多く、強いリーダーシップを持つ会長と、地域を想う気持ちが強い事務局長の下、組織が運営されている。

図表４　事業実施体制

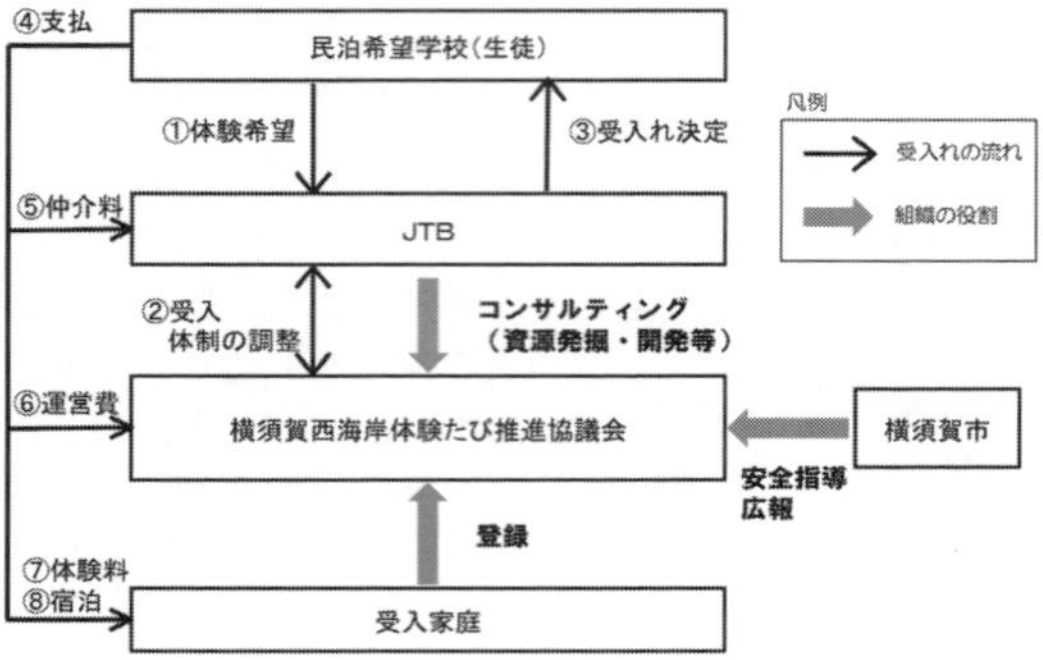

出所：横須賀市資料を基に筆者作成

民泊体験の仕組み

現時点での横須賀西海岸地区における民泊体験の仕組みについて説明する（図表４）。体験希望学校の申込窓口はＪＴＢが担っており、ＪＴＢと協議会で受入体制の調整を行った後、ＪＴＢが学校側に受入決定の連絡とその後のスケジュール調整などを行う。毎月の協議会の役員会にて、学校名や生徒数について受入家庭へ告げられ、四、五人で構成された生徒のグループが各家庭に割り振られる。また、西日本を中心にセールスを展開したため、西日本の都市部に所在する中学校からの依頼が多い。

組織的な役割としては、協議会が事業の中心的役割を担い、住民や受入家庭、ＪＴＢとの連絡・調整役となる。ＪＴＢは資源発掘・開発などのコンサルティング業を担うＤＭＯ的位置づけであり、横須賀市は安全指導や広報などの事業を後方支援する形で関わっている。

地域住民による土産品開発

協議会ではお土産班を組織し、「長井にもともとあるもの」「長井の人」をコンセプトに、商品開発に挑んだ。家庭料理持ち寄り会では天然ひじきのサラダの試作など、試行錯誤を重ねた。また、地元の長井中学校の生徒から募集した長井名物をイラスト化してプリントしたＴシャツやパーカー、方言の書かれた手ぬぐいや湯飲みなどを開発した。

開発したお土産品は、地域のイベント時や入村・離村式の会場である「ソレイユの丘」でも展示販売しており、なかなかの売行きである。また、保護者にも地域の特産物を紹介できるよう、農産物・魚介類を掲載した「長井おみやげカタログ」を作成し、受入時以外の間接的な経済効果も期待できるよう工夫している（写真2～4）。

写真2　長井名物をイラスト化してプリントしたTシャツ

出所：筆者撮影

写真3　方言の書かれた手ぬぐい

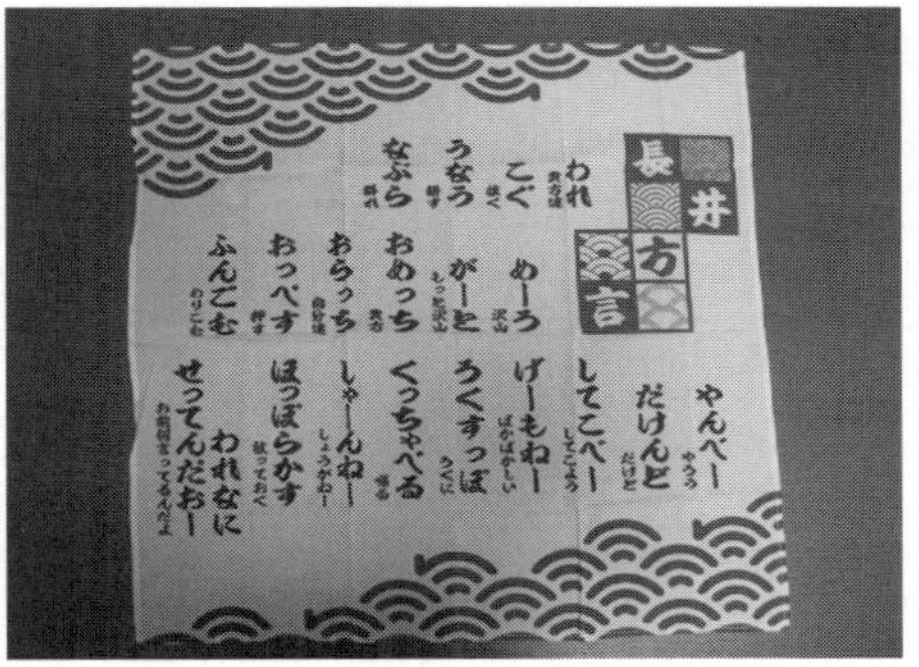

出所：筆者撮影

写真4　長井おみやげカタログ

出所：横須賀西海岸地区体験たび推進協議会

5 活動の変遷

前身の協議会が発足した二〇一二年から現在までの取組を見ると、主に四つのステージに分けることができる（図表5）。

図表5　活動の変遷

ステージ		主な活動・出来事
第Ⅰステージ：発足期	2012年度	㈱JTBコーポレートセールス法人営業横須賀支店から民泊取組の提案 「長井体験たび推進協議会」発足 地域住民向け民泊講演会の開催 受入家庭募集、説明会実施 先行事例の視察 「長井体験たび推進協議会」会員の再構築・活動方針の策定 民泊受入れ第1号中学校の決定（2014年5月受入れ）
第Ⅱステージ：準備・トライアル期	2013年度	第1回「長井体験たび推進協議会」総会開催 受入家庭募集、説明会実施 地元産業体験による長井のＰＲ 長井中学校との連携による土産品開発の開始 先行事例の視察 民泊受入家庭への講習会の開催 トライアル民泊として、近隣の高校生30人と小学生10人の計40人を受入れ （受入家庭登録14軒） 受入家庭増加推進活動（各家庭を直接訪問） 漁業関係者への協力依頼、打ち合わせ
第Ⅲステージ：民泊受入れ初期	2014年度	民泊第1号の受入れ（62人） 民泊第2号の受入れ（105人） 計2校、167人
第Ⅳステージ：実践期	2015年度	近隣他地区が参入し「横須賀西海岸体験たび推進協議会」に改名 （受入家庭登録44軒）
		国内中学校・高校受入れ（3校、337人）、国外高校・大学受入れ（2校、49人） 計5校、386人
	2016年度	国内中学校・高校・大学受入れ（12校、1,724人）、国外高校・大学受入れ（4校、116人） 計16校、1,840人 （受入家庭登録95軒）

出所：横須賀西海岸体験たび推進協議会資料を基に筆者作成

第Ⅰステージ　―発足期―

第Ⅰステージの発足期は、「長井体験たび推進協議会」の立上後に、民泊を住民に周知するための講演会や受入家庭募集の説明会、他地域の体験教育旅行受入れ型の民泊先行事例の視察などを実施した。そして、学んだことを今後どのように活かすべきかをグループワーク形式で議論を重ねた。

視察やグループワークなどの経験を通して、協議会会員の再構築と活動の方向性を定め、第一回目の総会に向けて準備を開始した。この時点ですでに第一号の民泊受入校を約一年後（二〇一四年）に決定している。いまだ受入家庭も十分に確保できていない状況ではあったが、地域の元気を取り戻したいという強い想いが原動力になり、民泊受入れに向けて走り出したのである。

第Ⅱステージ　―準備・トライアル期―

第Ⅱステージは「準備・トライアル期」であり、第一回目の協議会総会を皮切りに、当面は第一回目の受入れに向けて様々な活動を行った。受入家庭の勧誘では、各町内会や漁業組合、農業組合、その他諸活動団体への説明会を実施することで参加を促した。長井地区の広報活動としては、定置網漁やシラス網漁、アカザ海老漁、キャベツ収穫や大根のおろ抜きなど、基幹産業である農漁業の作業体験会を開催した。また、神奈川県の体験学習の冊子に長井民泊を掲載してもらうなどのプロモーション活動にも取り組んだ。

土産品開発の取り掛かりは早く、第一回総会後すぐに本格的に始動した。偶数月には協議会会員の活動進捗報告会を開き、土産品開発班やホームステイ班の活動報告、受入家庭登録推進活動の進捗などを確認し、会員の意思統一を図っていった。

これらの活動が結実し受入家庭の登録数が増え始めた頃、再度、他地域の体験教育旅行受入れ型の民泊先行事例を視察した。視察先の受入家庭からは、主に生徒への対応の仕方や食事のメニューなどを参考とし、受入イメージを明確にしていった。

また、本格的に修学旅行生を受け入れる前に、近隣の高校生と小学生の計四〇人を、トライアル民泊として一四軒の家庭で一泊二日の日程で受け入れた。内容は本番とほぼ同じであり、入村式後に各家庭で家業体験し、翌朝家庭とのお別れ式を行った後、小学生は畑見学、高校生は漁業と魚さばき体験といったものであった。

体験状況は、テレビ局や新聞社のメディア取材により大きく報道された。さらに、受け入れた高校生の生活態度が非常に良かったこともあり、受入れを経験した家庭や協議会会員の民泊に対する不安が解消され始めた時期と言える。この流れに乗り、受入家庭増強運動として、従来は町内会などの組織団体へ勧誘の説明会を開催していたが、各家庭に直接説明に訪れ賛同を得る積極的アプローチへ展開していった。

第Ⅲステージ　―民泊受入れ初期―

第一回目の本格的な民泊受入れは、二〇一四年五月であった。神戸の都市エリアから来た中学生六二人は、相模湾での舟釣りや魚さばき体験、各家庭での地元産の食材を使った調理体験など、都会では経験できない特別授業を受けた。

受入側である協議会は、舟釣り体験の準備にあたり、各漁業関係者との調整に労した。具体的には、修学旅行の体験料金と遊漁船料金の差が大きく、差額分をいかに埋めるかという問題であった。結局、釣り道具・餌は協議会負担とすることで落ち着いた。この時初めて、既存の地域組織との調整が想像以上に大変であることを痛感した。また、漁業関係者もいくつかの組織があり、協力体制を確立し組織を有効に活用するためのシステムの構築が体験プログラム開発における今後の課題であると認識した。

初年度実績は、二校一六七人という走り出しであった。

第Ⅳステージ　―実践期―

二〇一五年には、近隣地区が長井の取組に賛同し協議会に加わることになり、「横須賀西海岸体験たび推進協議会」と名を改め受入エリア拡大が実現した。協議会には、地区ごとの分会も発足した。タイやインドネシアなど受入対象を国外に広げた結果、受入実績は国内三校、国外二校、人数では三八六人となった。

インバウンド体制づくりとして、言語、文化、習慣、宗教などを勉強するための受入家庭向けの講習会を開催した。インバウンド招致の事前準備では、世界各国にネットワークを有するＪＴＢグループのグローバルマーケティング＆トラベル、ＪＴＢアジアパシフィック、ＪＴＢグループ本社が主催した「ＡＳＥＡＮ、オセアニア一〇か国営業担当者視察団」が長井を訪問した。

また、神奈川県初の取組ということで様々なメディアに取り上げられるようになり、大都市近接性による観光・集客施設と組み合わせた教育旅行プログラムの組みやすさもあって、旅行エージェントや学校から直接依頼の電話が入るようになった。

二〇一六年度は、受入家庭の登録が九五軒にまで増え、国内外合わせて約二〇〇〇人を受け入れるまでになった。オンシーズンの五～七月、一〇月、一一月は、協議会や受入家庭は慌ただしい日々を送った。

しかしながら、需要の高まりに伴う受入人数の増加は、一部受入家庭への負担の偏りや、協議会の仕事量の超過など、客数が地域の許容量を超える状況を招いた。この点は反省点として捉え、今後は許容範囲となるよう調整する方針である。

6　体験プログラムの具体例

民泊体験スケジュール

体験プログラムの流れと実際の受入家庭での様子について紹介する（図表6、写真5～7）。

図表6　民泊体験スケジュール

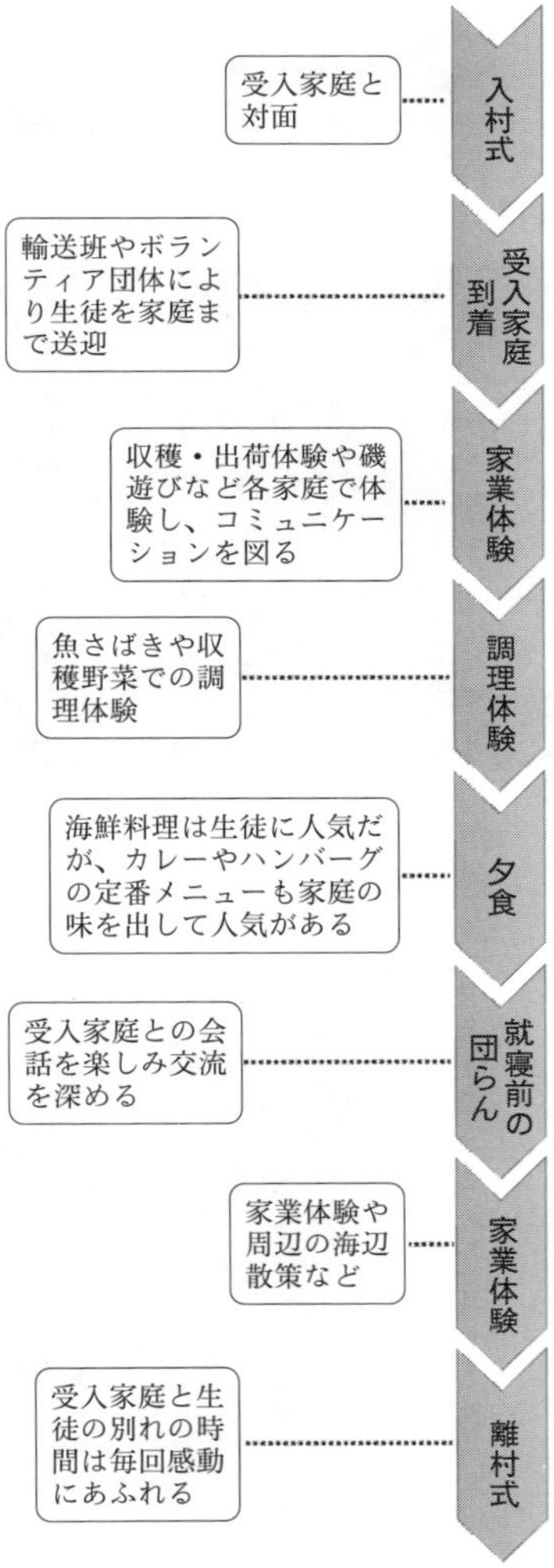

出所：筆者作成

写真5　磯遊び

出所：受入家庭

写真6　食卓風景

出所：受入家庭

写真7　着物を着て散歩するインドネシアの生徒たち

出所：受入家庭

生徒たちは横須賀西海岸地区に到着すると、まず、「長井海の手公園ソレイユの丘」にて、入村式を行う。その後、生徒たちは四、五人のグループに分かれて受入家庭先へ移動する。受入家庭に到着すると、家業体験に移行する。体験内容は、農漁業体験や味覚体験が主だが、家業を持たない一般家庭では海辺散策なども取り入れている。家業体験後は、受入家庭と一緒に夕食作りをする。食事メニューは家庭に任されており、受入家庭は漁家・農家などの特徴や地元食材を活かしたメニューで迎える。[10] 夕食後は団らんの時間を過ごす。翌日午前中には各家庭の家業体験をして過ごし、昼頃に再びソレイユの丘にて離村式を行う。生徒と各家庭との別れの時間は、感謝と寂しさで感動にあふれた光景が広がる。

また、訪れる学校の多くは、横須賀西海岸地区での宿泊の前後に東京観光を旅程に組み込んでいる。東京から五〇キロメートル圏内の大都市近接性が地方都市からの修学旅行の需要の多さにつながっている。

受入家庭の対応事例

受入家庭四軒への個別ヒアリングの結果を記述する（図表7）。受入家庭に登録した動機は、地域活性化や地域とのつながりを強めたいといった内容が挙げられ、少子高齢化による地域の活力の低下という地域課題の認識共有が実現していた一部家庭から始まったと言える。

体験メニューに関しては、漁家や農家は家業体験に取り組み、一般家庭は近隣の畑の見学や磯遊び、水産加工工場の見学など、地域特有のメニューを用意している。

食事に関しては特別なメニューは用意せず、普段のままの生活を体験してもらうことを意識している。体験教育旅行受入れ型民泊では、カレーやハンバーグなどの一般的なメニューではなく、郷土料理を織り交ぜた食事メニューが多い。しかし協議会は、カレーやハンバーグであっても自家製野菜をたくさん使

10　受入家庭は食品衛生講習会を受講しており、食物アレルギーなどの生徒の情報は学校側からＪＴＢを通して事前に報告される。

図表7　受入家庭のヒアリング結果

	漁家A	農家B	一般家庭C	一般家庭D
家族	40代夫婦＋子４人	60代夫婦＋母	60代夫婦＋母	70代単身女性
動機	・2015年から参加。 ・地元青年部経由で勧誘された。 ・隣市からの転入者であることもあり、地域活動への参加意欲が強い。 ・子どもたちにも良い経験になるのではないかと思った。	・トライアルの時から参加。 ・妻が所属する地域の婦人防火クラブ経由で受入家庭に勧誘された。 ・地域のためになるのであればと思い参加した。	・トライアルの時から参加。 ・妻が所属する地域の婦人防火クラブ経由で受入家庭に勧誘された。 ・妻は元教師で子どもと接することに慣れていた。 ・独立した子どもたちの部屋が空いていた。	・トライアルの時から参加。 ・介護ヘルパーとして訪問介護に携わっており、地域活動にあまり参加できていなかったため、地域になじむ良い機会だと思い参加を決めた。
体験	・漁船での相模湾航行。 ・魚さばき体験。	・季節野菜の勉強や収穫体験。 ・畑の草取りなど管理体験。	・プライベートビーチでの海水浴。 ・近隣のしらす釜揚げ工場見学。 ・ソレイユの丘の露天風呂。 ・自宅周辺の環境を生かした体験。	・磯遊びや隣家の蟹販売店見学。 ・近隣農家の畑見学。 ・けん玉やお手玉、羽子板などの昔ながらの遊び。 ・着物の着付け（インバウンド）。 ・手のみ使う鰯のさばき方や、鰹をさばきたたきの刺身にする方法の体験。
食事	・当日獲れた魚介類。 ・タコの塩もみ、刺身、サザエの塩茹でなど。	・収穫した野菜。 ・じゃが芋の素揚げ、キャベツのボルシチ、玉ねぎを入れたシュウマイ、じゃが芋と玉ねぎのカレー、自家製ポップコーン、自家製ところてんなど。	・近隣農家からのいただきものの野菜を使用。 ・地元産キャベツを餡に入れた餃子。	・近隣の鮮魚直売所で購入した魚を主菜にすることが多い。 ・卓上鍋で魚介の天ぷらを揚げながら食べる。
感想	・民泊を通じて地元住民との交流を実感している。 ・生徒を預かることへの緊張感はあるが、受入後も続く手紙やＳＮＳでの交流を楽しんでいる。	・受入頻度が高い時期は大変さを感じることもあるが、その分毎回充実感を得られ、楽しみながら民泊に取り組んでいる。	・民泊を始めたことで、新たに交流するようになった人が増えた。 ・交流した生徒たちとはその後の関係も大切にしている。	・民泊を始めたことで、新たな知り合いが増え、地域住民同士の交流の広がりを実感している。 ・別れ際に多くの生徒が泣いて惜しんでくれ、やりがいを感じている。 ・交流のあった生徒とはその後もＳＮＳや手紙で連絡をとり、良好な関係を続けている。

出所：筆者作成

用した手作り料理は地域の味であり、ありのままの家庭の料理を紹介することで、生徒側も受入側も楽しみながら交流できると考えている。実際に、生徒たちは自ら収穫した野菜がたくさん入った、普段とは違うカレーやハンバーグを喜び、定評のあるメニューとなっている。

また、全ての家庭が受入後も生徒と手紙やSNS等での交流があると回答しており、一泊ではあるが、密度の高い交流をしていることがうかがえる。

以上、ヒアリング家庭に共通して見えたことは、生徒たちとの交流を生き生きと楽しむ様子や、受入家庭間での情報交換や相談などを通じて連帯感が醸成されていく様子である。

共通の意思決定

受入回数を重ねて得られた方針として重要なことは、「コミュニケーションを通しての生徒との心のつながり」である。そして、「特別な体験を用意するのではなく、普段の地域の生活を知り体験してもらう中で、生徒と受入家庭のつながりを大切にする」という共通の意思決定がなされた。

7 本事例から得られる示唆

民泊事業を始めたことで、地域住民同士の交流範囲は広がり、既存の知り合い同士の親睦は深まり、地域住民同士のつながりは着実に強くなっている。また、生徒たちとの交流により得られた非経済効果は受入家庭の活力になっている。協議会発足当時の「地域住民のつながりを強め共助力を高める」という目的は順調に達成に向かっていると言えよう。

当事業の成立要因として、第一に地域の魅力を見抜いた外部の視点、第二に地域キーパーソンのリーダーシップ、第三に地域の将来をどうにかしなければいけないという共通意志を持つ地域プレーヤー（受入家庭）の多さ、第四にJTBという強力なDMO的存在、最後に大都市近接性が挙げられる。

受入家庭に登録するということは、生徒に対し責任を負うことになるため、覚悟と強い意志がなければなされないことであると拝察する。したがって、受入家庭登録数の増加は、熱心な地域プレーヤーの広がりを意味する。体験教育旅行受入れ型の民泊は、その性質的にも地域振興につなげやすい事業と言えるのではないか。

過疎農村地域において、都市農村交流を通じて地域振興を図る事例は多く、その有効性については様々な報告書や論文などで検証・提言されている。しかし、新規交流事業の創出が容易でないことは、自治体関係者をはじめ地域住民の方々も実感されているであろう。長井の場合、「外からの視点」は偶然で「大都市近接性」により有利であると捉えられるかもしれない。しかし、その機会を逃さなかった地域住民の決断力と行動力、活動開始後の連携力から見る「住民力」は全ての地域振興に通ずる重要な要素である。

おわりに

本章では、自然環境や住民力といった地域資源を活用した「体験教育旅行受入れ型の民泊」という地域ブランドの形成過程を紹介した。調査を実施して見えてきたものは、受入れを重ねることで地域の連帯感が醸成され、それにより活力が地域に徐々に広がり循環していく姿であり、住民力を涵《かん》養する環境整備がまちづくりに重要であることを意味している。また、今後は息の長い事業にするため、具体策を検討する段階を迎えていることは、協議会も課題認識している。

本事業は、横須賀市の交流人口の増加、シティセールスにも貢献しており、取組次第では定住人口促進への展開が期待できると考える。したがって、これまで事業の立上げから実践に至る現在までを住民主導で取り組んできたが、今後は、後継者づくりや受入家庭以外の形での地域プレーヤーの幅の広がり、継続性を保つための現事業体制の見直しなど、見え始めた様々な課題に対し、横須賀市としての関わり方を検討する時期にあるのではないだろうか。

最後に、本章執筆に係る情報収集において、「横須賀西海岸体験たび推進協議会」のメンバーをはじめ、長井地区の住民の方々は快く受け入れてくださった。末尾ながら記して謝意を表します。また、様々な情報を提供してくださった株式会社ＪＴＢコーポレートセールス及び横須賀市観光企画課の関係者の方々に、この場を借りて感謝申し上げます。

第4章 「消滅可能性都市からのシティプロモーション」
——豊島区まちが変わる、文化都市戦略——

豊島区政策経営部長　城山　佳胤

はじめに

本章では、豊島区（以下「本区」という。）が現在取り組みつつあるシティプロモーションの動きの一端を紹介しつつ、地方分権や都市間競争が叫ばれて久しい日本にあって、政策主体となるためのプロセスを考察する。

本区のシティプロモーション活動が活気づく端緒として、二〇一四（平成二六）年五月八日、民間有識者組織「日本創成会議」（座長：増田寛也元総務大臣）による「消滅可能性都市」の発表がある。特別区の一つである本区が消滅可能性都市と名指しされたことにより、豊島区長は、即座にこれに対応した。翌週の五月一六日に「消滅可能性都市緊急対策本部」、同年七月に「F１会議[1]」、さらに八月に「持続発展都市推進本部」など次々に対策会議を設置した。F１会議では、市民の参画を得ながら「消滅可能性都市」問題に対峙した。トップと市民の思いがそれぞれ会議体を通じて集約され、区の持続発展戦略が模索されたともいえる。[2] 区の持続発展戦略は、区を象徴する池袋の持つイメージを

1　F1とは、F1層のこと。二〇歳から三四歳までの女性。広告・放送業界のマーケティング用語だったが、二〇〇五年頃から広く使われるようになった。Fはfemaleの頭文字で、以下F2は、三五歳から四九歳の女性、F3は、五〇歳以上の女性を指す（大迫秀樹、『知恵蔵二〇一四』講談社（二〇一三））。

変え、選ばれるまちとしての内実を備えようとするもので、その方向性は、まさにシティプロモーション、シティセールスの内容といえる。

首都に位置する特別区が、地方分権の時代に自らの発展のためのまちづくりをどのように考え、どのように進めようとしているか、実例を紹介しつつ、考察したい。

なお、本章は著者の私見に基づくものであることをあらかじめお断りしておく。

1 豊島区（東京都）と消滅可能性都市

再開発が進む豊島区

本区は、図表1のように東京二三区の西北部に位置している。立教大学、学習院大学、大正大学、東京音楽大学など七つの大学のほか、「おばあちゃんの原宿」として知られる巣鴨、夏目漱石が眠る雑司ヶ谷霊園などを持つ基礎自治体である。池袋駅を中心とする副都心を擁し、サンシャインシティをはじめとする超高層ビルが建ち並ぶ。大学の敷地や高層ビル群から一歩出れば区の周縁に至るまで閑静な住宅街が広がっている。また、二〇二〇年春には旧区役所や旧公会堂を含む一帯の跡地開発により、八つの劇場を含む国際的な「文化にぎわい拠点」が開業予定である。人口は二八万人、面積一三平方キロメートル、

2 豊島区における「消滅可能性都市」に係る一連の事実経過と豊島区の内部の動きや各会議体の設置の経過、運営の中身については、萩原なつ子編著『としまF1会議「消滅可能性都市」二七〇日の挑戦』生産性出版（二〇一六）に詳しい。

図表1 特別区の中の豊島区

出所：豊島区企画課

日本一の人口稠密都市であり、新宿区に次いで外国人の割合が多い（図表2）。ソメイヨシノ（桜の木の品種）の発祥の地でもある。

消滅可能性都市の課題

本区は戦後の人口急増期に三五万人（一九六四年一月一日）を数えたが、東京都の郊外へのスプロール現象と相まって人口減少傾向にあったものの、図表2から分かるように、一九九七年を底としてここ二〇年はおおむね増加傾向にある。

日本創成会議は、国勢調査のデータを用いた独自推計を行い、全国の約半数に当たる八九六の市区町村を「消滅可能性都市」[3]として発表した。本区が二三区で唯一その都市として名指しされたわけであるが、図表2のように近年人口は増加傾向にあるにもかかわらず、なぜ消滅可能性都市なのか。

国立社会保障・人口問題研究所（以下「社人研」という。）では、本区の近年の人口動態（二〇〇五〜二〇一〇年）の傾向が特異であるとして、二〇〇〇〜二〇〇五年の社会移動率を使用して推計が行われた。その結果、二〇一〇年に女性の二〇〜三九歳（Ｆ1層）人口四万九四九〇人は、二〇四〇年に、二万二一七三人へと実に五五・二％も減少すると試算されたのである。

社人研の推計とは別に、本区も独自に将来人口の推計を行っている。二〇一〇年から二〇四〇年のＦ1層をみると社人研の推計よりＦ1層の人口は七〇〇〇人も多く、その減少率は二六・四％にとどまっている。本区が、日本創生会

図表2　豊島区の人口の推移

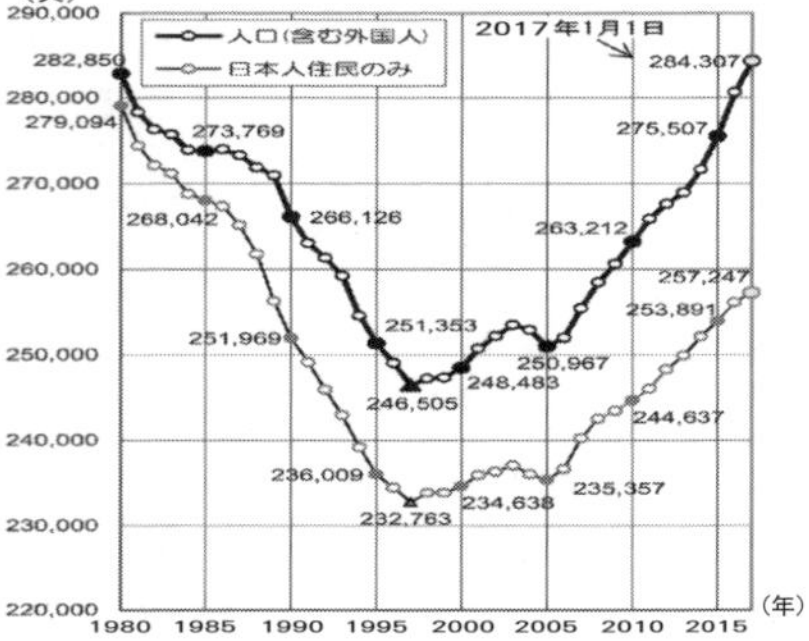

出所：豊島区企画課

3　消滅可能性都市とは、二〇一二（平成二四）年の合計特殊出生率一・四一（全国平均）の九五％以上を占めている二〇から三九歳の女性人口に着目し、二〇一〇（平成二二）年から二〇四〇（平成五二）年にかけて、二〇〜三九歳の女性が五〇％以上減少すると推計した自治体のことを指す。五〇％以上減少すると出生率が上昇しても人口の維持は困難とされている。

図表3

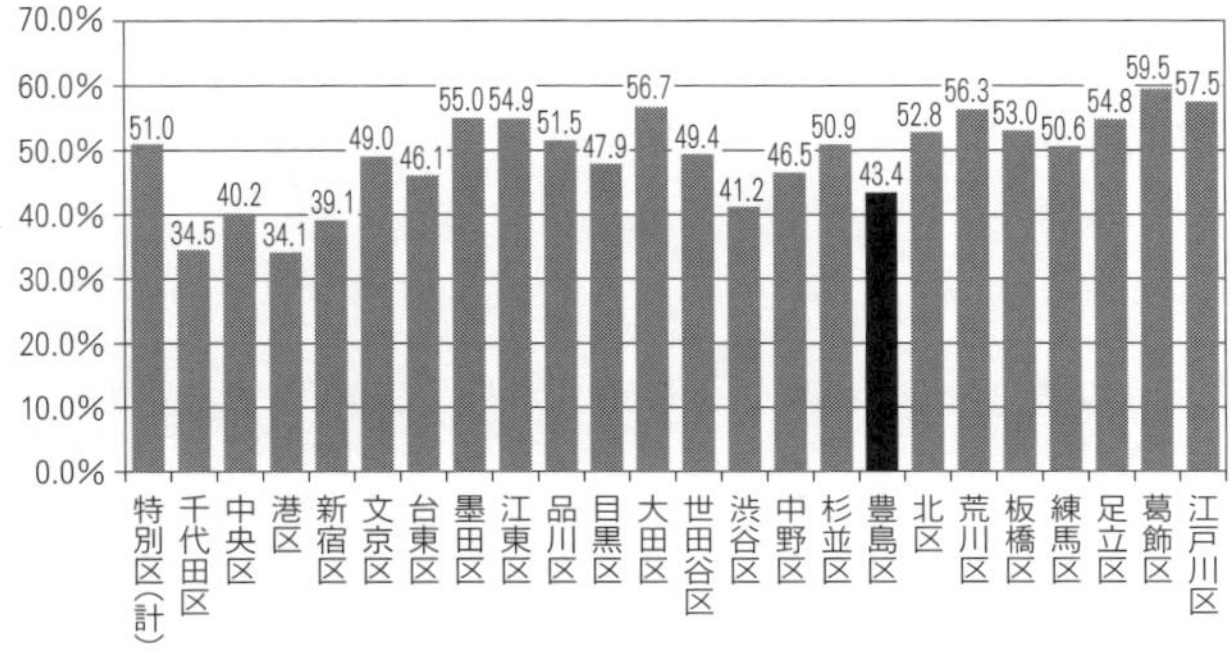

出所：二〇一五年国勢調査結果に基づく東京都データより筆者作成

議がいうところの消滅可能性都市に当たるかどうかの議論はさておき、いずれにせよ、活発な社会動態と低い定住率（二三区で下から六番目）（図表3）の実態と向き合わなくてはならない。本区では、特に二〇～三〇歳台前半の定住率が低く、進学や就職に伴う転入と、結婚・出産に伴う転出がその要因と推測されている。[4]

まち・ひと・しごと創生戦略

人口減少社会は日本全体の問題であることは論を待たないであろう。政府も危機感を募らせている。国は、二〇一四（平成二六）年一一月に「まち・ひと・しごと創生法」を制定し、地方公共団体にも総合戦略の策定を促した。本区では、基本計画の策定と並行して「持続発展都市戦略」へと展望をシフトさせながら「豊島区まち・ひと・しごと創生総合戦略」（以下「総合戦略」という。）をも策定した。中身的には基本計画と重複するが、人口問題への対策を深掘りし、重点的に取り組む施策をくくりだし、五年間（二〇二一年度まで）の目標、方向、具体策をまとめている。

基本目標は四つ。一．子どもと女性にやさしいまち、二．高齢になっても元気で住み続けられるまち、三．様々な地域と共生・交流を図り、豊かな生活を実現できるまち、四．日本の推進力の一翼を担う国際アート・カルチャー都市の四つ（図表4）がそれである。

本章では、女性にやさしいまちづくりを中心に以下に紹介するが、消滅可能

4　定住率の分析を含め、将来人口の推計については、豊島区企画課編集・発行『豊島区人口ビジョン』（二〇一六）を参照されたい。

図表4　総合戦略の基本目標と基本的方向

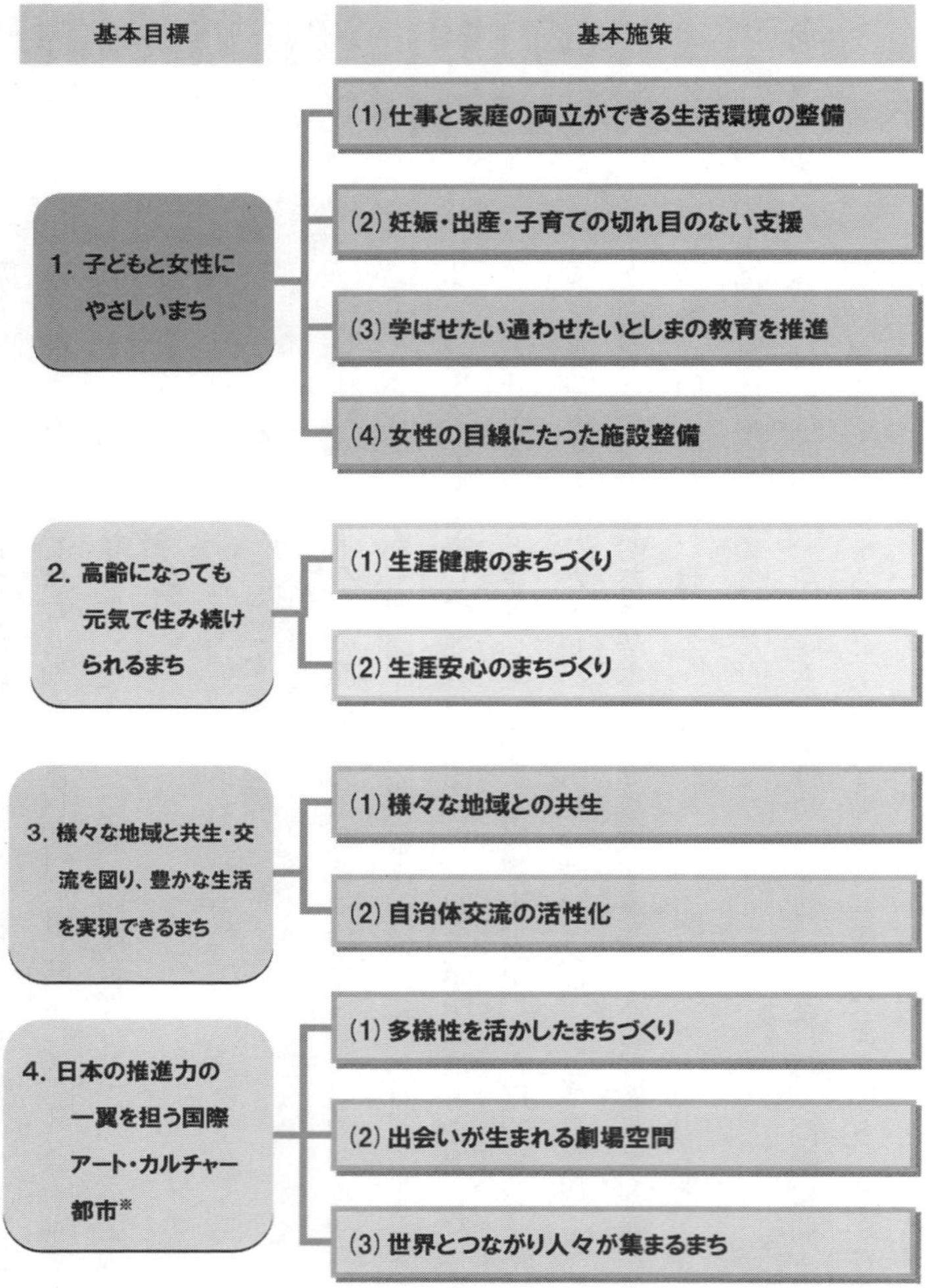

※国際アート・カルチャー都市とは、これまで豊島区が推進してきた「文化創造都市」「安全・安心創造都市」を進化させた都市像で、豊島区が目指す都市像をいう。

出所：豊島区企画課

性都市よりはるかに以前から先行する国際文化都市を目指す取組が脈々と受け継がれており、地域ブランド戦略の背骨をなす国際アート・カルチャー都市構想についても紙幅の許す限り取り上げたい。

2 ブランディングを目指した戦略

女性にやさしいまちづくりとは

「女性にやさしいまちづくり」なる造語は、豊島区のオリジナルなものと思われるが、その出自は、豊島区基本計画における持続発展戦略の四つの柱として、①女性にやさしいまちづくり、②高齢化への対応、③様々な地域との共生、④日本の推進力を掲げたことによる。消滅可能性都市の指摘を受けて始まった政策議論とその結果打ち出した方向性が「女性にやさしいまちづくり」戦略であることは、きわめて自然な流れといえる。

「女性にやさしいまちづくり」が目指すところは、「子育て・ファミリー層の定住化を目指し、出産前から切れ目のない子育てを支援し、女性を応援」[5]することにある。

日本全国どの自治体でも同様な視点で取り組まれているこの課題に対して、本区が「女性にやさしいまちづくり」として期待するゴールは、「豊島区に住んでみたい、住み続けたい」と多くの人々に評価される施策のブラッシュアッ

5　豊島区企画課「豊島区基本計画二〇一六～二〇二五（平成二八～三七年度）」二四頁（二〇一六）

図表5　女性にやさしいまちづくり（ロゴ）

出所：豊島区企画課

プとそれらを含めたまち全体のブランドづくりにほかならない。

豊島区でいう「女性にやさしい」は、「Female Friendly」、つまり、「住みやすい・暮らしやすい」「子育てしやすい」「働きやすい」「自己実現・表現しやすい」などを意味し、「女性にやさしいまちづくり」は、女性に限らず、誰にも friendly であるまちを目指す。図表5のロゴは、「誰もがわたしらしく、暮らせるまち。」を目指す都市の多様性を象徴する概念とも解されよう。

女性にやさしいまちづくり担当課長の新設

本区は、女性にやさしいまちづくり戦略の策定とあわせ行政組織の強化を図るため、政策経営部企画課にスタッフ課長を新設した。二〇一六（平成二八）年四月一日付で課長職一名を公募。多くの応募者の中から宮田麻子氏（民間）が採用された。なお、この四年前にもシティプロモーション担当課長が公募で採用されている（いずれも任期付採用）。自治体のブランド戦略に新風を吹き込み、役人ではなし得ない発想力と機動力の発揮が期待されているが、内部登用の原則をもつ行政にあって大胆な人事戦略であるともいえる。

この新設の課長のミッションは、区のブランディング[6]に向け、ニーズを掘り起こし、それに合わせての情報の構築とその発信の強化、部局間の連絡調整の促進が主な役割となる。区のブランディングには、マーケティングの観点から、①ポジショニング、②ターゲティング、③プロモーション、それぞれの整理と分析など調査力が欠かせない。多種多様なサーベイの手法とじかに多くの市民

6　ブランディングとは、「顧客が簡単に競合他社の商品・サービスと区別できるように、商品・サービスを特徴づける活動のこと」をいう。名称、サイン、シンボルなどの要素の組合せにより、顧客と企業との間で信頼関係を築き上げる活動のこと。サービス、店舗、人、組織、場所、アイデアも対象とな

る。ブランド構築には、顧客の目線から見て、自社の強みや弱みなど、競合他社に対する自社の商品・サービスの差別化要素を明確にする必要があるといわれている。（野村総合研究所『経営用語の基礎知識（第三版）』ダイヤモンド社（二〇〇八））

図表6　としまぐらし会議

出所：豊島区企画課

の声を聴く力（姿勢）を修得していることが重要であろう。

ブランディングのための手法例

女性にやさしいまちづくり戦略の長期的目標をあえて設定するとなれば、F1世代の人口減を食い止めることにあろう。そのためのブランディングを考える場合、視点は、①地域情報の発信、②各種プロモーションの展開、③公民連携の推進の三つである。選ばれるまちとしての認知度、好感度を高めること、各施策をブラッシュアップすること、多様な主体との連携・協働により展開力を高めることが必要だからである。

二〇一七年度から地元の大手百貨店との包括連携協定によるタイアップ事業の展開によりF1層への訴求力を高めるとともに、企業、行政、NPO、市民が連携し、地域課題の解決に取り組む新しい組織化（公民連携）が進行中である。「としまぐらし会議」と銘を打つ連携組織は、前述の「F1会議」の精神を受け継ぎ、更にシビックプライドの醸成に貢献しようとする。そのうえで地域課題の解決と新たな価値創造をも視野に入れる公民連携事業として注目される。このような公民連携は、区のブランドの形成に向けたシンクタンクやトリガーの機能も担い得るであろう。この会議のシンボルマークは、図表6のとおりである。

7　資生堂名誉会長の福原義春氏の文によれば、二〇〇二（平成一四）年当時の高野之夫豊島区長の文化行政に対する意識意欲の高さが分かる（『としまの文化デザイン　これまでとこれから』豊島区文化デザイン課発行、二三頁（二〇一三））。また、二〇一二（平成二四）年五月に豊島区の行政組織に初めてシティプロモーション推進室（室長は課長級）が設置されており、文化行政によるシティプロモーションが明確化した。

8　文化政策懇話会「豊島区文化政策に関する提言」（二〇〇三年）、文化創造都市宣言（二〇〇五年）、文化芸術振興条例施行（二〇〇六年）など豊島区の文化政策に関する初期（二〇〇三年から二〇一二年）の動きは『としまの文化デザイン　これまでとこれから』豊島区文化デザイン課発行（二〇一三）を参照されたい。

3　国際アート・カルチャー都市構想

文化政策の伸展

ブランディングによるシティプロモーションには、その背骨となる都市の未来像が必要となる。区の将来像を示すのは本来基本構想であり、それに向けた基本計画が策定されているものの総合的なものであるがゆえに、個性を際立たせるものにはなりにくい。シティプロモーションという場合には、本区を他の都市から際立たせる都市像が求められることになる。本区のプロモーションを考える場合には「文化政策の推進」による都市の未来像がそれである。先述の女性にやさしいまちづくり戦略に先立つこと一五年以前より本区は、文化芸術によるシティプロモーションに着手していたというべきである。[7]

一九九九（平成一一）年民間出身の高野之夫氏が豊島区長に就任する（現在五期目）。以後区の文化政策は大きく展開し[8]、二〇一五（平成二七）年の国際アート・カルチャー都市構想へとつながる。この構想は、「まち全体が舞台の誰もが主役になれる劇場都市の実現」をサブタイトルに、①多様性を活かしたまちづくり、②出会いが生まれる劇場空間、③世界とつながり人々が集まるまち、の三つのコンセプトからなる。また、アート・カルチャーとは、芸術文化の枠組みを超え、伝統的な文化から先端的な文化まで、さらには、衣食住に関わる生活文化からハードな都市づくりまでを含み、持続発展都市の実現を目指す戦略の中核概念ともなっている。この構想の実現戦略は図表7のとおりである。[9]

シティプロモーションの中核としてのアート

二〇一六（平成二八）年に出された「豊島区国際アート・カルチャー都市構想実現戦略」によれば、文化創造都市と安全・安心都市の追求がシナジーをなして持続発展都市、更にその先の「国際アート・カルチャー都市」の実現を目指すことが図示されている。アート・カルチャーとは、「アートの持つ想像力・創造力で、（中略）まちを耕すこと」と定義されている（実現戦略）。このアートの力で都市イメージの向上を図り、居住者や来街者の増加、地域経済の活性化を図ろうとしている。その中心にはアートの持つ想像力・創造力、あるいは市民の持つ感性の豊かさが措定されている。これらによって、まちはより華やいだ雰囲気を醸し出す。それこそがシビックプライドを形成し、人と産業を惹きつける好循環を創出する基盤と解される。

池袋ブランディング・シティ戦略

国際アート・カルチャー都市構想の策定には、池袋駅周辺地域を対象とする特定都市再生緊急整備地域の指定や国家戦略特区の指定を受けたことも大きく影響を受けている。池袋駅周辺には、東口の旧豊島区役所庁舎跡地に八つの劇

9　この図表7中、東アジア文化都市応募とあるが二〇一七（平成二九）年八月一日東アジア文化都市に内定している。

図表7　国際アート・カルチャー都市構想実現までのロードマップ

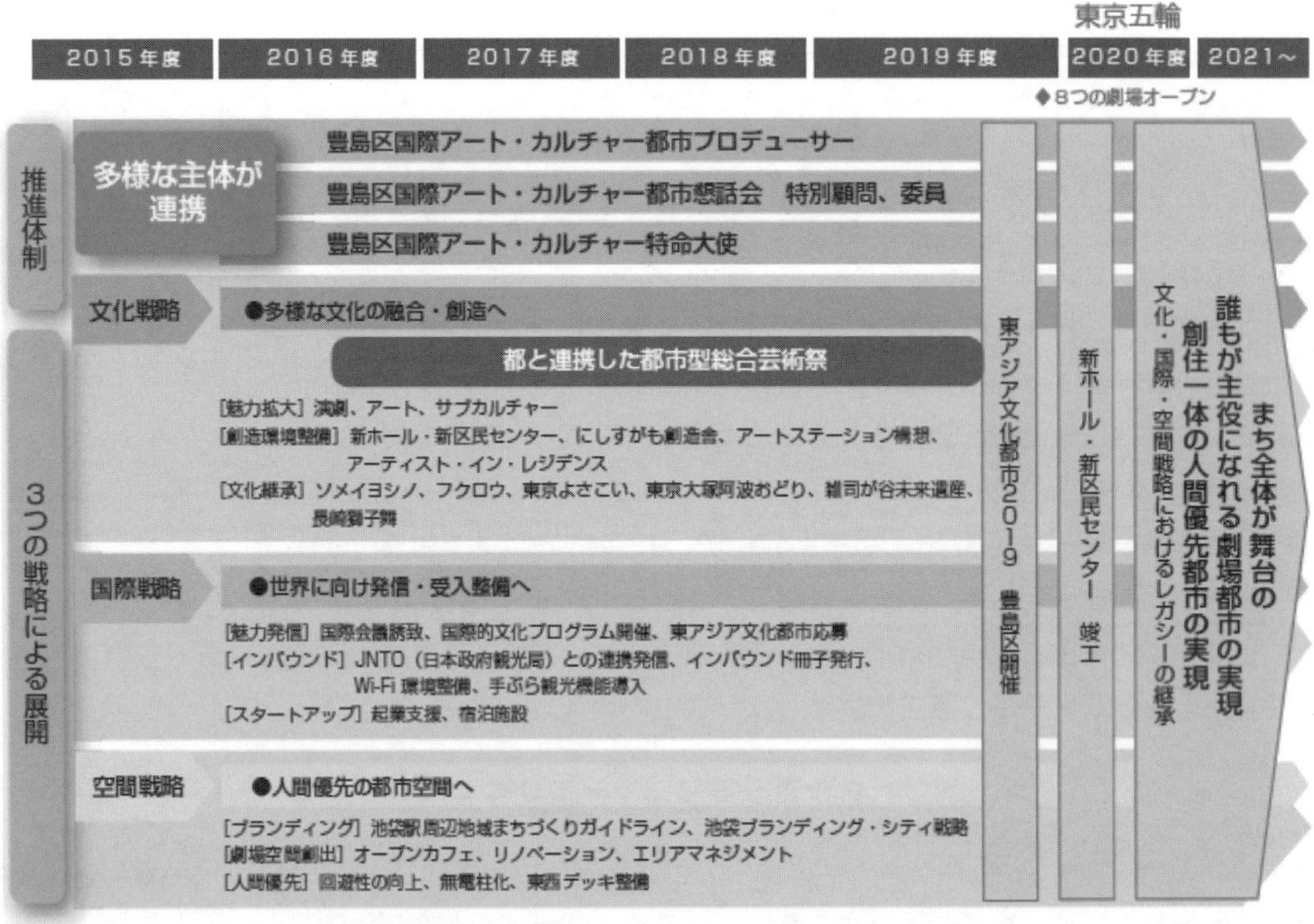
東京五輪
2015年度
2016年度
2017年度
2018年度
2019年度
2020年度
2021～
◆8つの劇場オープン
推進体制
多様な主体が連携
豊島区国際アート・カルチャー都市プロデューサー
豊島区国際アート・カルチャー都市懇話会　特別顧問、委員
豊島区国際アート・カルチャー特命大使
3つの戦略による展開
文化戦略
●多様な文化の融合・創造へ
都と連携した都市型総合芸術祭
[魅力拡大] 演劇、アート、サブカルチャー
[創造環境整備] 新ホール・新区民センター、にしすがも創造舎、アートステーション構想、アーティスト・イン・レジデンス
[文化継承] ソメイヨシノ、フクロウ、東京よさこい、東京大塚阿波おどり、雑司が谷未来遺産、長崎獅子舞
国際戦略
●世界に向け発信・受入整備へ
[魅力発信] 国際会議誘致、国際的文化プログラム開催、東アジア文化都市応募
[インバウンド] JNTO（日本政府観光局）との連携発信、インバウンド冊子発行、Wi-Fi 環境整備、手ぶら観光機能導入
[スタートアップ] 起業支援、宿泊施設
空間戦略
●人間優先の都市空間へ
[ブランディング] 池袋駅周辺地域まちづくりガイドライン、池袋ブランディング・シティ戦略
[劇場空間創出] オープンカフェ、リノベーション、エリアマネジメント
[人間優先] 回遊性の向上、無電柱化、東西デッキ整備
東アジア文化都市2019　豊島区開催
新ホール・新区民センター　竣工
まち全体が舞台の
誰もが主役になれる劇場都市の実現
創住一体の人間優先都市の実現
文化・国際・空間戦略におけるレガシーの継承

出所：豊島区国際アート・カルチャー都市構想実現戦略（二〇一六）

場を含む国際的な文化と賑わい拠点が誕生するほか、西口・南口での建て替え事業や再開発など、まちの様相が一変する変革期を迎えるからである。そこで区は、特定都市再生緊急整備地域の法定整備計画を策定するに当たり、池袋駅周辺地域における国際競争力強化を目的とした地域戦略（池袋ブランディング・シティ戦略）について、多くの企業、NPO、国・都の参加を得ながら、公民連携の会議体で検討している。この戦略は国際競争力を強化するため、①来街者誘客の強化、②スタートアップ機能の強化、③ビジネス環境の高度化の三つを柱に、それに連なる事業モデルの開発や場の整備を有機的に展開して、「文化」[10]をはじめとするクラスター[11]の形成を目指すことになる。

4 選ばれるまちとなるための先行的取組

国際認証セーフコミュニティ

本区は、WHOのセーフコミュニティ認証[12]を二〇一二（平成二四）年一一月に日本で五番目に取得した。日本全体では一六の自治体が認証を取得している。このセーフコミュニティを日本語で端的に表現すれば「安全・安心のまちづくり」ということになる。コミュニティにおける交通事故、犯罪・治安、けが、自殺・うつ病、児童虐待などの課題について、科学的なデータとその分析によりリスクに対峙し、リスクを減殺できるよう地域住民が主体的に取り組むよう

10　二〇〇四（平成一六）年一月の豊島区文化政策懇話会（会長：福原義春）の「豊島区の文化政策に関する提言豊島区における文化政策の方向」では、としま文化特区構想と文化クラスターの形成が提言されている。

11　M．E．ポーターは、クラスターはひとりでにあらわれ、成長を始めることが多いとしながらも、一度クラスターの形成が始まるとどんなレベルの自治体でもそれを強化する役割を果たすことができるという。また、韓国や日本では新たなクラスターを生み出すことに着手しており、新たなクラスターの効果が大きいのは、専門技術の集中を核に新たなクラスターが構築される場合であるという。さらに、「新しい」産業ということばかりにとらわれていると、クラスターは必ず従来の産業新しい産業との混成であるという事実を見失うと注意を促している（土岐坤ほか訳『国の競争優位下巻』ダイヤモンド社三五九頁―三六一頁（一九九二））。

12　現在はＷＨＯによる直接の認証ではなく、ＮＧＯによる認証になっている。

な態勢が求められている。

地域住民と行政が協働して、地域が抱えるリスクを課題ごとに考え、対策を講じる運動を続けていくことで、地域住民のみならず来街者、他都市の人々にも区の安全・安心の取組を認知してもらえれば、これは立派なシティプロモーション活動にもなっている。

多文化共生推進

豊島区自治の推進に関する基本条例（以下「自治基本条例」という。）では、多様性尊重の原則（第四条第四項）を掲げ、多文化共生と同様な価値を重んじる条文を持っている。また、豊島区基本計画では、八つのまちづくりの方向のうち、「多様性を尊重しあえるまち」を掲げ、その下に、①多文化共生の推進、②平和と人権の尊重、③男女共同参画社会の実現といった政策をぶら下げている。図表2でも明らかなように区の人口の一割を外国人が占め、多くの留学生が日本の大学や大学院で学んでいる現状をみるにつけ、外国人における、日本文化（日本語を含む。）理解の促進をはじめ、住宅や教育、医療等生活全般の諸課題において、その改善に向けた系統だった考え方の整理が指摘されてきた。国際都市を目指す本区が外国人の転入転出の課題にとどまらず、住まい方、教育、医療、文化交流など定住することを前提としたまちづくりを模索することは自然なことといわなければならない。インバウンド等の観光促進によるシティプロモーションとは次元を異にするものであり、外国人が多く暮らすまちとして、今後のまちづくりに外国人との共生、外国人の参加・参画、異文化交流といった積極的な展開を図ることが、広い意味でのシティプロモーションにも貢献すると考えられる。

本区では、二〇一七（平成二九）年度から二〇一八（平成三〇）年度にかけて、外国人住民の参加を得ながら「多文化共生推進検討委員会」を組織し、諸施策のブラッシュアップを含めた基本方針の策定に取り組んでいる。

公民連携の推進

区政における協働は、自治基本条例の前文のほか基本原則（第四条）、事業等の役割（第九条）、第四章第三節（協働第二五条から第二七条）において、その推進が図られるよう制度的な枠組みが用意されている。平成バブル経済の崩壊後、自治体の財政困難時には、アウトソーシング等減量経営のための民営化・民間委託・指定管理者の施策が相次いだ。行政評価制度が日本中を席巻したのも同時期である。それ以降、協働は、市民活動、とりわけNPO法人等との連携が主たるものであったといえる。しかしながら、東京、地方を通じて駅周辺から周縁部まで再開発事業の進展とともに、自治体とデベロッパーをはじめ企業との連携は不可避となっている。千代田区における大手町・丸の内・有楽町地区の開発事例がその最たるものといえよう。

本区においても、新庁舎周辺や東京都の木密地域における建物の建て替えを促進する「不燃化特区」における地域など、市街地再開発組合による再開発事業が進む。また、新規道路の都市計画決定に伴う建て替えなど民間事業者と地区計画を策定する行政との協働によりまちの姿は大きく変わる契機となっている。旧庁舎跡地活用事業（国家戦略民間都市再生事業）をはじめ、池袋駅周辺のビルの建て替えに加え、公園の整備事業など、民間事業者との連携はCSV（Created Shared Value）によるPPP（Public Private Partnership）であり、都市の持続発展性を支える大きな要素である。

行政と民間との連携は、多種多様な領域でCSR（Corporate Social Responsibility）を含め、CSVの観点で大いに推進させていく時機を迎えていることに留意が必要である。

5 結語 行政経営からプロダクト・イノベーションへ

本区のシティプロモーションは、国際アート・カルチャー都市を目指す中で、文化のクラスターをはじめ、様々な産業のクラスターを誘発することでプロダクト・イノベーション[13]というべき大きなシナジーを生もうとするものである。多様な人が行き交い、集い、暮らす都市では文化の薫り高く、活気に満ちあふれていると想像できる。その成否は、何年もの長期間の時間軸でのみ評価が可能となろう。

シティプロモーションは、端的には、区域の内外を問わず、持続可能性を持つ都市を評価し、選びかつ選び続ける人たちとの関係性を構築し続けることに

13 吉川洋は、超高齢社会においては、住宅、医療・介護は言うまでもなく、交通、流通、さらには一本の筆記具から都市まで、全てが変わらざるを得ないとして、人々が「人間らしく」生きていくためには膨大なプロダクト・イノベーションが必要だと説く（『人口と日本経済』中公新書、中央公論社（二〇一六））。

（参考文献）
・井関利明・藤江俊彦『ソーシャル・マネジメントの時代——関係づくりと課題解決の社会的技法——』第一法規（二〇〇五）
・後藤和子編著『文化政策学——法・経

済・マネジメント』有斐閣（二〇〇一）
・萩原なつ子編著『としまF1会議「消滅可能性都市」二七〇日の挑戦』生産性出版（二〇一六）
・特定非営利活動法人　都心のあたらしい街づくりを考える会　都市構造検討委員会編『かえよう東京　世界に比類ない国際新都心の形成』鹿島出版会（二〇一七）
・福川伸次・市川宏雄編著『グローバルフロント東京　魅力創造の超都市戦略』都市出版（二〇〇八）
・福川伸次・市川宏雄編著『創発する都市東京　カルチュラル・ハブがつくる東京の未来』都市出版（二〇一七）
・牧瀬稔・中西規之編著『人口減少時代における地域政策のヒント』東京法令出版（二〇〇九）
・トニー・ボベール、エルク・ラフラー『公共経営入門　公共領域のマネジメントとガバナンス』公人の友社（二〇〇八）
・M.E.ポーター　土岐坤ほか訳『国の競争優位　上巻』ダイヤモンド社（一九九二）

尽きるといえる。

そのため都市の経営には、財政状況をはじめ、福祉・教育の水準、安全性などの政策レベルアップに努めるだけでなく、漠然とした暮らしやすさ、あるいは都市のイメージなどといった明確な基準を持たない要素においても評価される努力が不可欠である。

平成バブル経済の崩壊後、長引く経済停滞の中で歳入が激減する苦しみを経て、財政再建を果たした豊島区は、ようやく未来を拓く政策を展開できるようになったといえる。未来を見据えて文化政策を地道に歩み続けてきたところに再開発をはじめとする都市整備事業が絡み合い、自治体としての競争優位性を築きつつある。

それを競争優位と断言できる自信はもとより持ち合わせないが、透明性、参加、説明責任、公平性、多様性の尊重といった価値を自治基本条例に書き込み、グッドガバナンスへの姿勢を堅持し続けた本区には、成熟社会を生き抜くためのプロダクト・イノベーションを生む土壌と風薫るまちの文化を育む土台が形成されつつあると考える。

第5章 「お茶の京都　みなみやましろ村」から見る地域ブランドの可能性

一般財団法人地域開発研究所客員研究員　菅原　優輔

はじめに

本章では、南山城村で二〇一七（平成二九）年四月に開業した道の駅「お茶の京都　みなみやましろ村」を題材に、地域ブランドの可能性について検討を加える。果たして、南山城村に代表される農村地域において、地域ブランド化は何をもたらし得るのか、時代の大きな流れの中で、それはどの程度実効的なのかについて述べるのが本章の目的である。

1　南山城村とは

図表1　南山城村の位置

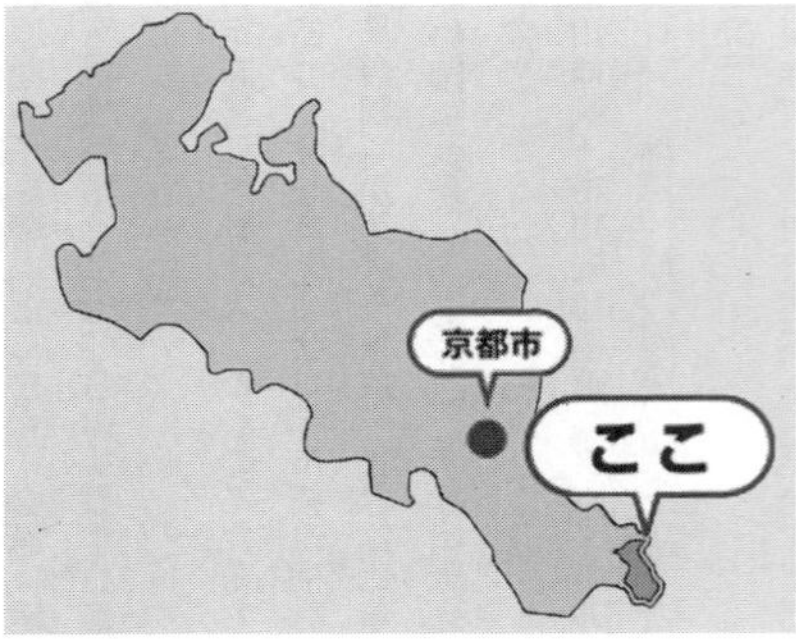

出所：道の駅「みなみやましろ村」提供

南山城村とは、京都府南部に位置する、府内で唯一の村である（図表1）。奈良県・三重県・滋賀県に接しており、奈良県から三重県に抜ける国道一六三号線とJR関西本線が村内を横断している。そのため、京都府にありながら、京都市よりも、奈良県や三重県との結び付きが強い地勢となっている。京都市

写真1　丘に広がる茶畑

出所：道の駅「みなみやましろ村」提供

街からは車で約一時間半かかる一方、奈良市からは約四〇分、伊賀市からは約二〇分であり、その数字を見てもそれが分かる。

そのような結び付きのもととなっているのは、国道一六三号線やJR関西本線と並行する形で村内を横断している木津川である。三重県に端を発する木津川は、奈良県に端を発する名張川と当村で合流し、奈良県を経由して、最終的には淀川に流れ込んでいる。川の流れにある程度沿う形で道ができ、まちが形成されてきた。

木津川から上空に目を向ければ、南北に山が見える。春になれば、一帯は新緑に包まれる。村の標高は低いところで数十メートル、高いところで五〇〇〜六〇〇メートルであり、いわゆる中山間地域となっている。高低差のため、傾斜が激しく、平地はそう多くない。少し歩けば、山林地帯が広がる。実に村域の約七五％を山林が占めている。

一般的な農山村地域同様、近年においても第一次産業、就中《なかんずく》農業が村の主要な産業である。お米やお茶、トマトやシイタケなどの野菜が栽培されているが、その中でもお茶が中心であり、いわゆる荒茶の生産量は京都府の中でも和束町に次ぐ第二位となっている。丘には茶畑が広がり、その風景は生活空間と一体化している（写真1）。当村で作られた荒茶は、宇治茶としてブレンドされ、全国、更には国外に出荷されている。

二〇一七（平成二九）年一月一日現在の人口は二八八二人であり、高齢化率は四二・六％である。二〇一四（平成二六）年に発表された通称「増田レポー

図表2　南山城村の人口の推移

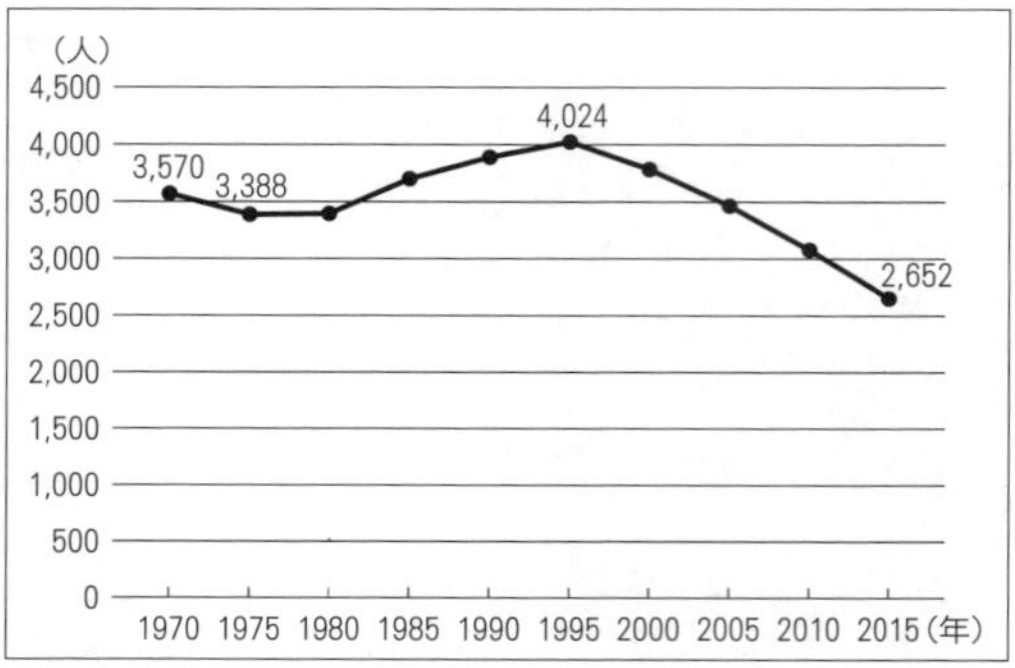

出所：各国勢調査の結果より筆者作成（数字は各年一〇月一日現在）

ト」では、人口移動が収束しない場合の二〇～三九歳の女性人口の減少率が八三・〇%と推計され、全国で一七番目、府内で一番目に消滅する可能性のある市区町村だとされている。まさに、日本で進む人口減少の最先端地の一つである。

もっとも、南山城村の人口は、長期的に見たとき、他の中山間地域同様、減少の一途をたどってきたわけではない。むしろ、近年の減少傾向を別にすれば、長い間、三五〇〇人から四五〇〇人の間で安定していた。例えば、一九〇三（明治三六）年の人口は三五二六人、一九五〇（昭和二五）年の人口は四四二八人、一九七五（昭和五〇）年の人口は三三八八人、一九九五（平成七）年の人口は四〇二四人である（図表2）。戦後すぐに人口のピークを迎え、その後減少傾向にあったが、一九九五（平成七）年には四〇〇〇人台に回復している。近年の減少傾向は一九九五年以降のことである。

一九九五（平成七）年に四〇〇〇人を超えていた人口は、二〇一〇（平成二二）年には三〇七八人となった。わずか一五年で二五%の減少である。さらに、二〇〇三（平成一五）年には一六一戸あった主産業であるお茶の生産農家戸数も二〇一六（平成二八）年には七七戸となり、半減している。このまま何もしなければ、村は衰退していく一方である。それでいいのか。そのような状況を打開するために考えられたのが、「道の駅」の整備であった。

図表3 「道の駅」登録数の推移

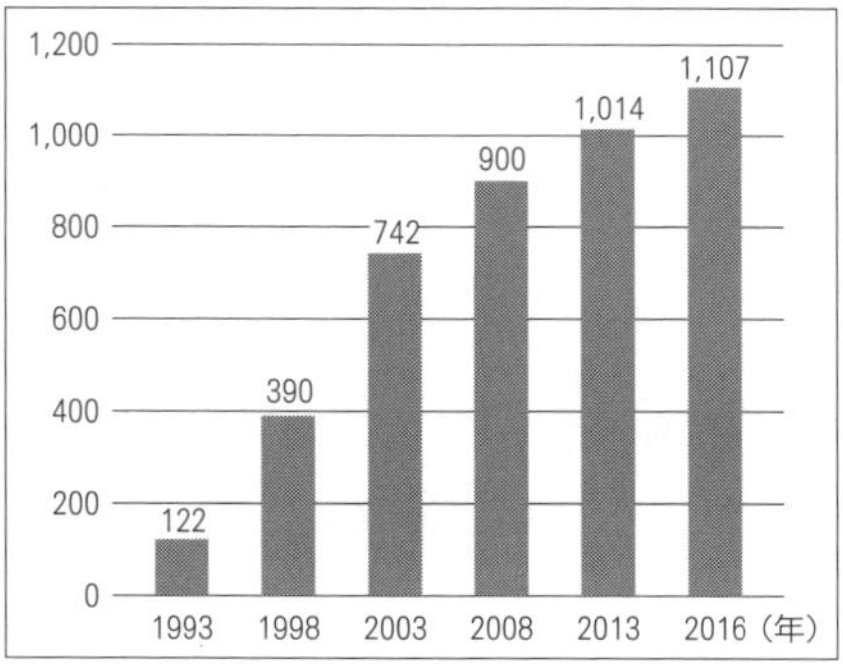

出所：国土交通省ＨＰより筆者作成（数字は各年度末）

2 南山城村における道の駅の整備

道の駅とは

道の駅とは、建設省（当時）に設置された『「道の駅」懇談会』の提言に基づいて、一九九三（平成五）年二月に制度化された複合多機能型休憩施設である。自動車運転時の休憩場所の不足という観点から、高速道路のパーキングエリアやサービスエリアを模して設置が進められることとなった。一九九三（平成五）年の運用開始以来、二〇一七（平成二九）年四月一日現在、全国で一一〇七か所の道の駅が登録されている（図表3）。同時点の市町村数が一七一八であることを考慮すれば、多くの市町村で道の駅が設置されていることが推測される。

「駅」という名称は、鉄道の「駅」や街道の「駅」を連想させる。「駅」という言葉は訓読みすれば「うまや」であり、もともと「馬を乗り換えるための場所」という意味を持っていた。そのため、「駅」には交通手段の結節点という機能が当然のように付随する。結節点には人が集まるため、「駅」は拠点となる。その拠点は、歴史的に見れば、交通手段の発達に伴い、「街道から鉄道へ」、そして「鉄道から国道へ」と移り変わってきた。その国道上の拠点の一つとして構想されたのが「道の駅」であり、その意味で「道の駅」を整備しようとする試みはあくまで拠点形成主義の一つの現れにすぎない。

道の駅は、制度開始以来、「休憩機能」「情報発信機能」「地域連携機能」という、およそ三つの機能を持つものとして設置されてきた。先に述べたように、もともと道の駅は、運転手の長時間運転の防止のために提供される休憩施設として構想されたのであって、その機能が一番にあげられるのは当然である。しかしながら、実態は、休憩よりも、情報発信や地域連携に力を入れる道の駅が多くなっているようである。地元産品の販売所やそれらを用いた飲食店を設置しているところが多いが、美術館や郷土歴史館を設置しているところもある。地域振興やにぎわいの創出、地域アイデンティティの醸成に本制度は活用されている。

先述のとおり、順調にその登録数を伸ばしてきた「道の駅」ではあるが、経営に苦しむところが多いとも言われている。具体的な統計データはないものの、閉鎖・休館する道の駅も一定数あるようである。特に、特産品販売や飲食の提供を主な機能とする道の駅について言えば、市場原理の中で運営することになる以上、商品や料理が売れないということは往々にして起こり得ることである。そもそも、農村部における道の駅は、その地域に購買力がないことがある程度前提とされる。つまり、もともと潰れて当然であるという状況から始まるのである。さらに、近隣市町村に道の駅ができれば、購買力を食い合う結果となり、ますます経営状況は厳しくなる。「地元産品」という名の、実際はどこでも買えるような野菜しか販売していなければ、一層苦しい。黒字経営を続けるのは容易ではない。

このような前提を考慮すれば、道の駅で成功する＝黒字経営を続けることは困難を伴うことが予測される。さらに、登録数を見れば、もう十分に全国に普及しており、飽和状況にあるとも言える。そのような状況にもかかわらず、南山城村は果敢にも道の駅を整備することとした。

道の駅「お茶の京都　みなみやましろ村」とは

二〇一七（平成二九）年四月一五日、南山城村内国道一六三号線沿いに道の駅「お茶の京都　みなみやましろ村」が開業した（写真2）。開業初日は実に五〇〇〇人以上の人が来場した。開業から約一週間後の四月二三日には、駐車場入庫待ちの車により国道沿いに六キロの渋滞が生まれ、五月五日は村民数を優に超える三七三一人がレジを通過した。さらには、六月七日に開業五二日目にしてレジ通過者数一〇万人を、八月一二日に一二二日目にして二〇万人を突破し、順調な滑り出しを見せている。来場者の九割が村外からで、大阪府や京都市から来る人も多いという。

施設内は主に四つの場所から構成されている。中心となるのは、「のもん市場」である。「〇〇のもん（物）」を扱う「のもん市場」は、地域産品の販売所である。南山城村産品のことを意味する「むらのもん」のほか、「一六三のもん」や「山城のもん」「京のもん」「三国のもん」を扱っている。お茶や旬の野菜、パウンドケーキや「茶畑スティック」などのお茶を使ったスイーツやジャ

写真2　道の駅「お茶の京都　みなみやましろ村」

出所：株式会社南山城　森本さん提供

ムなどの自分たちの村の産品（写真3・4）を中心としながらも、村外の産品をも扱っているところが特徴である。歴史的には三重県や奈良県との結び付きが強かった一方、現在は京都府に属するという特性を利用した商品構成である。

写真3　むらちゃパウンドケーキ

出所：株式会社南山城　森本さん提供

写真4　茶畑スティック

出所：株式会社南山城　森本さん提供

次に、南山城村で穫《と》れたお茶を原料にしたスイーツやドリンクが楽しめる「村茶屋」である。先述したとおり、南山城村は京都府下第二位の荒茶生産量を誇っており、村抹茶ソフトクリームやかき氷、冷やし抹茶など、上質なお茶

写真5　村茶屋の商品

出所：道の駅「みなみやましろ村」提供

をこれでもかと使った商品を提供している（写真5）。テイクアウトすることもできるし、その場で座って食べることもできる。目の前には、お茶処らしい野点風の飲食スペースが準備されている。特に、〝一番摘み抹茶〟を使ったソフトクリームは絶品である。一日に一〇〇〇本以上売れたこともあるという。

その横には村風土食堂「つちのうぶ」がある。「つちのうぶ」とは、「その土地で産まれた物」を意味する方言で、南山城村音頭にも「おらが自慢のつちのうぶ」として登場する。その名を借りた、道の駅の「つちのうぶ」は村の旬の食材を用いた食堂である。お膳には茶そばや茶飯など、村に伝わるレシピに基づいて調理された料理が並ぶ。ランチタイムの後には村茶を楽しめるカフェに変身し、お茶の正しい飲み方を教えてくれる。村の食文化を保存し、継承する役割をも果たしている。

最後に、「村民百貨店」である。「村民百貨店」とは、その名のとおり、村民向けの百貨店である。精肉などの生鮮食品を含む食料品や調味料、手作り弁当、日用雑貨などを取りそろえ、更には取り寄せにも対応するなど、村民、特に高齢者の暮らしを支えることが期待されている。開業当初は、村民の利用を期待して、道の駅の中の他の店よりも一時間早く開け、二時間遅く閉めるなど、三時間長く利用できるようにしていた。

もちろん、このほかに、二四時間利用可能なお手洗いなどの休憩施設、村や周辺地域の情報を提供する「むらびぃと情報案内所」も設置されている。先に述べた、「休憩機能」と「情報発信機能」である。もっとも、これまでの説明からも分かるように、あくまで南山城村の道の駅は「地域連携機能」が中心である。むしろ、それが全てであると言っても過言ではない。「道の駅」の整備は、あくまで目的のための手段にすぎないという意図が感じられる。

会社としての「道の駅」の活躍場所は、必ずしも施設としての「道の駅」に限られない。もともとお茶については生産量も多く、各種の品評会で入賞するなど、質も高かった。そのため、村に新しく必要とされていた機能は、販売促進やPRに関するものであった。その意味では、道の駅には、単なる販売場所の提供だけではなく、村（内）外へのPRという役割も期待されている。

その一つはメディアへの露出である。もちろん、これは道の駅という拠点が形成されたことによる。多種多様なメディアに南山城村や特産品であるお茶が取り上げられている。全国紙を含む新聞はもちろんのこと、観光情報誌をはじめとする雑誌、ニュースや情報番組などのテレビ番組など、各種メディアで紹介されてきた。

また、村外におけるイベントや百貨店への出展も進んで行っている。適宜、近隣の百貨店でプロモーションを行い、道の駅で扱っている商品やソフトクリームを販売している。これは、臨時支店の開設であるとも言える。また、「四万十とおわ」「のと千里浜」などの他の道の駅との連携にも取り組んでいる。「四万十とおわ」では、南山城産の抹茶を使った商品を販売している。これはある意味で、常設支店の開設である。

この道の駅を運営しているのは、株式会社南山城である。図表4のとおり、

図表4　株式会社南山城　会社概要・組織図

会社概要

運営方式：第三セクター
資本金：3,000万円（南山城村役場の全額出資）
役員：村長、課長など
従業員数：44名（2017年7月末現在。うち17名が正社員）

会社組織図

- 社長
  - 総務部
  - 販売営業部
    - 「のもん市場」
    - 「村茶屋」
    - 村外のイベント出展
    - デザイン
  - 加工部（※「のもん市場」に出荷するスイーツ等の加工を担当）
  - 食堂部 –「つちのうぶ」

出所：道の駅「みなみやましろ村」提供資料より筆者作成

従業員数は二〇一七（平成二九）年七月末現在、四四名であり、従業員数の約七割が村内の住民である。二〇一五（平成二七）年一〇月一日現在の就業者数が約一三〇〇人であることを考慮すれば、一定の雇用を生み出していることが分かる。

「のもん市場」に農産物を出荷する生産者も組織化されている。道の駅に出荷する農家は全員、出荷者協議会に入会する必要がある。会員の中には家庭菜園程度の規模の人もいるという。この協議会では、会員に対して、出荷時間や出荷方法などの出荷時のルールの説明や生産・加工に関する研修を行っている。農家が「道の駅」に対して委託販売した産品の売上の一部がこの協議会の経費に充てられているという。

道の駅「お茶の京都　みなみやましろ村」ができるまで

全ては、二〇一〇（平成二二）年の「今、手を打たなければ、確実に村は沈む。地域の元気印を作らな」という手仲圓容村長の一言が始まりだった。同年の予算で「魅力ある村づくり事業」が創設され、その中で五つの課題があげられた。そのうちの一つに「国道一六三号線のバイパス工事に伴って発生する残土の活用」というものがあった。すなわち、道の駅の整備である。事業の創設を受けて、当時、総務課におり、現在、株式会社南山城の社長である森本健次さんがその担当となった（写真6）。

写真6　株式会社南山城　森本健次社長

出所：株式会社南山城　森本さん提供

森本さんは、村生まれ、村育ち、国家公務員試験に合格したが、それを知った当時の村長から声がかかって、村役場に就職した。特に、「村に残ってほしい」という祖母からの説得が大きかった。当時、森本さんは茶髪にロン毛で、デキる職員として庁内でブイブイ言わせていたという。もともと地域おこしやまちづくりに興味があったわけではないが、それまでも村の課題に取り組んできていた。例えば、廃校となった小学校の利活用や地デジ化への対応など、何か課題が出てくれば、森本さんが担当となっていた。また、税務担当時代には農家の確定申告書の作成を手伝うなど、村民にもよく知られていた。当時既に、南山城村に森本ありと言われるような存在になっていた。

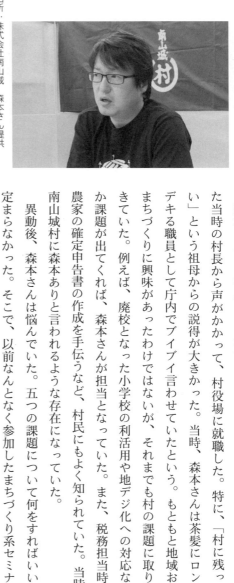

異動後、森本さんは悩んでいた。五つの課題について何をすればいいのかが定まらなかった。そこで、以前なんとなく参加したまちづくり系セミナーの講師に連絡するとともに、村内の農家をまわることにした。セミナー講師からは、彼主催の毎月東京の新宿で開かれていた交流会を案内されたので、早速参加した。片道四時間以上かかったが、半年間にわたり、毎月出席した。また、それまでの取組の中でメディアとの関係を築き、南山城村の中でも随一の発信力を誇るようになっていた森本さんは、農家まわりを通じて発信者として農家を支援しようと考えるようになった。

そのとき、ちょうど交流会で出会った人たちとの共同作業が始まった。例えば、「南山城紅茶プロジェクト」がその一つである（写真7）。交流会で出会っ

写真7　南山城紅茶プロジェクト

出所：道の駅「みなみやましろ村」提供

た宇都宮の紅茶販売者と連携して、南山城産の紅茶を製作・販売することとした。その人のネットワークを借りて、紅茶生産の技術指導をしてもらった。販売やPRにおいては、宇治抹茶の老舗店伊藤久右衛門や、交流会で出会った田舎暮らしを応援するNPO法人代表者の協力を得ることができた。「何かやるならば」と新しい取組に積極的に協力してくれたお茶農家の方もいた。

結果、この紅茶は普通のお茶の二〜三倍近くの値段で、販売することができた。森本さんは、この取組で「自分たちが作った物はそのものの価値で売ることができる」ことを学んだ。南山城村のお茶を南山城村の名前で売ることができ、それを地域商社として支援していくことが重要だということに気付いた。

森本さんは、二〇一一（平成二三）年四月一日に、四四歳で総務課内に設置された「魅力ある村づくり推進室」の室長となった。村長からの発破もあり、二〇一一（平成二三）年度は、「第四次総合計画」と「『道の駅』整備等に関する基本計画」の二つの計画の策定に取り組んだ。二つの方向から南山城村の将来を描くこの計画は、八月の「むらづくりアンケート」の実施などを経て、ともに二〇一二（平成二四）年に策定された（図表5）。

道の駅のコンセプトは、地域商社機能を作ることである。策定された基本計画によれば、「道の駅整備等の目的」は「『村で暮らし続ける』ための仕掛け作り」である。目的の決定に当たっては「『村で暮らし続ける』ということが当たり前でなくなる時代に突入」するため、「『村で暮らし続ける』『村が存続す

図表5　「むらづくりアンケート」結果

「むらづくりアンケート」で村の暮らしへの評価（問12）で「あまりそう思わない」と「そう思わない」の回答割合の合計が50％を超えた設問は以下のとおり。

- 「公共交通の便がよい」（83.7％）
- 「近隣に商業施設があり買い物がしやすい」（77.5％）
- 「若者が生活する場所としてよい」（73.4％）
- 「医療や福祉などのサービスが十分である」（58.5％）

出所：南山城村「むらづくりアンケート調査結果」より

る』ための新たな仕組み作りに取り組むべき」ことが強調されており、あくまでも「村」を起点に事業を組み立てていこうとしていることが分かる。ゆくゆくは村民が出資し、村民が運営する、地域循環型の会社への移行を目指している。

計画策定も終盤に近づいた二月、森本さんの運命を左右する大きな出来事が起こった。高知県四万十町の道の駅「四万十とおわ」を運営する株式会社「四万十ドラマ」の畦地社長との出会いである。「四万十とおわ」は、南山城村同様、中山間地域にあり、限られた状況の中で黒字経営を続けている、珍しい道の駅である。

当時、南山城村では道の駅のコンセプトが決まる中で、責任者が決まっていなかった。視察に訪れてきた森本さんのそのような甘い考えを見透かしたのか、畦地社長は森本さんを叱咤した。「本気でやるなら、お前が腹をくくれ」。森本さんの心に火がついた。

二〇一二（平成二四）年度は試行錯誤の一年であった。今から振り返ると「ブランクの一年」であったと森本さんは言う。紅茶開発の成功体験を受けて、特産品を開発するプロジェクトを実施しており、加工場で試作した特産品を東京で販売することもあった。この時点では、まだ雲をつかむような形で事業を進めていた。

話が進み始めたのは、二〇一三（平成二五）年九月の「四万十ドラマ」との

「運営ノウハウの移転契約」締結後のことである。「四万十ドラマ」から彼らが長年培ってきた道の駅の運営ノウハウを学ぶこととなった。同年二月の畦地社長の南山城村における講演、四月の四万十町における村長と畦地社長の面談を経て、協力を得ることが決まった。

「四万十ドラマ」は、まず、南山城村でワークショップ（以下「ＷＳ」という。）を開催することを提案した。村民の中に道の駅整備に対して懐疑的で、縁もゆかりもない遠隔地の会社との契約締結に反対する人がいたことや間口を広げて多くの村民を巻き込む必要があったことがその理由だろう。村民の理解と協力を得るために、村民同士の意見交換の場としてＷＳを開催したのである。

九月に開かれた第一回目こそ、村職員を中心としたものであったものの、一〇月から翌年一月まで月に一回、計四回開かれたＷＳでは、多くの村民が集まった。この時期のテーマは、村民の道の駅への関わり方を考えるものだった。「村に必要なことを村の人が取り組む」、つまり「村（民）立」の道の駅運営のためには、村民の参画が不可欠である。この際、関わり方の例として、前年の特産品開発プロジェクトの取組が参考にされた。

関わり方を検討する中で、村民たちの間での商品開発の動きとして、「これええなぁ～会議」が発足した。現状の加工品の整理やその試食など、後の商品開発の基礎となる活動が始まった。ＷＳという最初の仕掛けこそ役場が行ったものであったが、民間における検討の場が設けられたのである。森本さんは、村民の巻き込みに成功した。

二〇一四（平成二六）年度は六月から翌年二月まで、五回のWSが開催された。「お茶」を前提としないコンセプトの検討・策定（六月WS）、組織化・地域おこし協力隊制度を活用した人材登用（七月）、「村」意識やビレッジ・プライドの醸成（八月WS）と、年度当初はその後の礎となる重要な議論がかわされた。七月の三室（「商品企画室」「デザイン室」「情報発信室」）設置以降は、各室で活動するようになり、一〇月以降のWSはリーダーやスタッフをどうするかなどの経営に関する話や三室の活動報告がなされる場となった。

この時期の特徴は、地域おこし協力隊制度を活用して商品企画室とデザイン室の担当者にそれぞれの分野で経験のある若者を村外から招いたり、村外からUターンしてきたデザイナーの協力を得たりして、村外の人材を登用していること、「これええなぁ～会議」が商品企画室の活動に吸収され、体制が半官半民に移行したことである。

・六月：コンセプトの策定（「隠れたお茶の里」）
・七月：「道の駅運営準備室」の設置
・八月：「むらふぅど」という考え方の提案（「むら茶」「むら食堂」「むら汁」「むら米」など）
・一〇月以降

写真8　道の駅のシンボルマーク

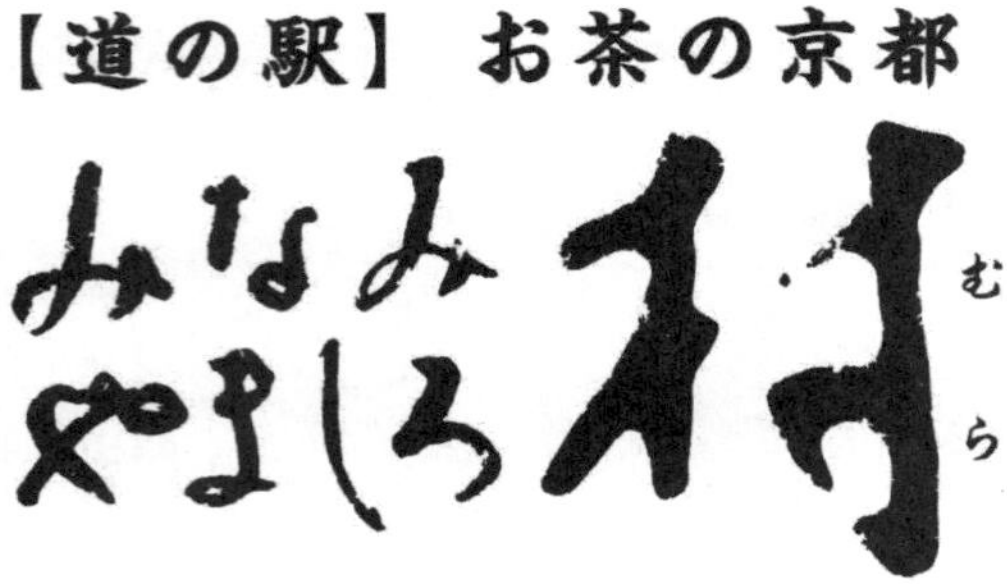

出所：道の駅「みなみやましろ村」提供

［商品企画室］加工品の開発（抹茶スイーツの試作やむら茶プロジェクトの実施による「茶農家ブレンド煎茶」の制作）

［デザイン室］道の駅のコンセプトの捉え直しとシンボルマークの策定（写真8）（南山城村音頭のレコードジャケットの発見と音頭の歌詞「つちのうぶ」との出会いによる）

［情報発信室］村の資源探し・ファン作り（SNS内における道の駅のページの設置（八月）・「月刊むらびぃと」の発行の開始（一一月）・「むら味噌つくり体験」イベントの実施（三月）など）

二〇一五（平成二七）年度は六月から翌年一月まで月に一回、二日連続でWSが開催された。もっとも、村民の参加を広く認めたものは六月の活動の整理と一一月の試食会の二回にとどまり、道の駅運営準備室内の会議が中心となった。村民が参加可能な二回のWSのいずれも一〇名程度の参加にとどまり、村民の道の駅への関わりは低下していったように見えるが、これは内部の体制の整備を優先したことにもよる。

この時期の活動の特徴は、三室の活動に割り当てられなかったものへの対応が増加していったことである。準備室内の会議では食堂の内容や村民百貨店の在り方、仕入れる材料の内容、雇用の方法、必要な設備や備品の内容、収支計画などが議論されることとなった。商品開発の進捗に伴い、必要な材料や人材の数、設備や備品の議論が開始したとみることもできる。食堂や村民百貨店の検討は、商品開発と比べると遅れて始まっている。

［商品企画室］前年度のモデルを基に加工品の開発とイベントへの出展（加工グループとの間の月一回、計七回のWSの開催。「パウンドケーキ」や「おはぎ」などの開発）

［デザイン室］ポスターやイベント用の法被や道具、商品包装のデザイン

［情報発信室］村の資源探し・ファン作り（前年度同様）

一一月に株式会社南山城が設立され、一二月に予定地の造成工事が開始された。森本さんは会社設立当初から代表取締役社長を務めていたが、二〇一六（平成二八）年三月三一日付けで南山城村役場を退職し、四月一日から株式会社南山城の専属となった。実は、森本さんは、先述した「四万十ドラマ」の畦地社長の喝を受けて、視察から帰った翌日に村長に辞表を提出していた。その場では慰留され、道の駅の開業の目処がつくまで、職務を続けることとなった。その目処が二〇一六（平成二八）年だったわけである。

二〇一六（平成二八）年度は六月から翌年三月まで前年度同様、月に一回、二日連続でWSが開かれた。準備室内部での会議が検討の中心的な場となったこと、村民の参加できるWSは年度内に二回開かれただけであることからすれ

ば、そのうちの一回である試食会の参加者が二〇名超と前年度に比べ増加したとしても、村民の参加が限定的であった点は前年度同様だった。

この時期の特徴は、準備の最終年度として、仕上げに向けての作業が増加したことである。六月に商品開発や運営体制、デザイン、情報発信の方針が確認された後、各室で議論が展開された。もっとも、これまで長期間にわたり、議論がなされてきたにもかかわらず、変わらず商品開発に大きなエネルギーが投入された結果、仕入れや食堂など、前年度に頭出しされ、提起されていた項目についても、多忙な直前期にバタバタと決まっていくこととなった。

例えば、仕入れについては、一一月に出荷者協議会が設立されたものの、開店直前の三月のWSで「野菜についてはもっと早く言ってほしかった。」という意見が出たり、食堂については、七月にコンセプトの検討がなされたものの、メニューは新しく着任する料理長任せとなり、準備が直前まで続いたりした。

［商品企画室］加工品の開発、弁当の開発・販売開始とイベントへの出展
［デザイン室］ポスターなどの宣材、商品包装や店舗サインのデザイン
［情報発信室］周知活動の徹底（「月刊むらびぃと」の発行の再開（七月）、プレスリリースの送信や年賀状の配布）
［その他］部の設置、仕入れリストの作成、食堂メニューの決定など

以上のように、数年にもわたる検討を経て、道の駅「お茶の京都　みなみや

ましろ村」は、二〇一七（平成二九）年四月一五日に開業した。

課題

現在の課題は、村民の買い物難民対策として設置した「村民百貨店」の不振である。交通手段がないがために買いに来られないことがその原因であり、今後、道の駅を配送拠点とする配送サービスの展開を検討しているという。拠点整備には限界があり、ネットワーク整備が必要とされるゆえんかもしれない。もっとも、配送サービスは非効率に陥るおそれがある。

そもそも、交通手段が整備されたとしても、うまくいくのかどうかはなお不透明である。人口減少が進む地域においては購買力が減少し、そのために商業施設が撤退したり、出店を差し控えたりする。実際、南山城村にはコンビニエンスストアが一軒もない。そうなると最初から他の部門における黒字でもって赤字を埋めることが前提となる。そのような二重の非効率性に関係者が耐えられるのかどうかが、「村民百貨店」の将来を決めることになろう。

3　特徴の整理

南山城村の取組の特徴は、以下の二点に集約されると考えられる。一つ目は「脱村役場主義を志向していること」、二つ目は「地域特性を活用していること」、である。

一つ目の「脱村役場主義を志向していること」は、村役場以外の主体を重視しているということである。つまり、村民の関与を強調するとともに、外部アドバイザーを招聘し、村外の若者を活用した。箱物の設置に懐疑的な村民もいたが、村の現状に危機感を持っている人も多かったため、特に最初期のWSを通して、村民は主体性や「村」意識を持つようになっていった。WSでの議論を通して「宇治茶」から自立しようとする機運が高まり、「むら茶」という概念が「発明」された。南山城村の道の駅は全面に「村」の字が踊っており、まさに地域ブランドが形成された。合言葉は「むらむらしてる？」であった。

しかし、村内一辺倒だったわけではない。地域住民のみの力ではおのずと限界がある。コンセプトやデザイン、加工品を重視するという点で「四万十ドラマ」の与えた影響は大きかった。森本さんが従来持っていた、積極的に外に出ていく姿勢が活かされたとも言えるが、村外からの移住者の受入促進という、道の駅設置以前の小さな取組が外部に対する排他的な意識を和らげた部分もあるだろう。[1]

1　外部者の協力を得るためには、外部と内部をつなぐ人間の存在と実際の受入経験の蓄積が重要である。NPO法人グリーンバレ・信時正人『神山プロジェクトという可能性』廣済堂出版（二〇一六）も参照。

村役場、村民、村外の人をつなげたのは森本さんである。村出身でありながら、外部とのネットワークを築こうとする彼の資質が、大きな影響を及ぼしている。「村で暮らし続ける」ための仕掛けを作りたいという、もともと彼が持っていた思想が少しずつ周囲の人たちに伝播し、活動の方針となっていった。

南山城村の道の駅は、もともと村役場が中心となって主体を設立し、その後、「村（民）立」会社に移行するという計画だった。実際に、当初こそ村役場が中心となっていたが、途中半官半民のような組織形態を経て、森本さんの退職後、一応の民間化を果たした。まさに「官から民へ」であり、資本上はともかく、構成員はみな「民」となったのである。農村部の限られた資源の中で、「民間」人材による経営を可能としたことには一定の意義があるだろう。

もっとも、本事業が、どこまで「村民」中心で進められてきたかどうかはなお議論の余地がある。まず、「村（民）立」の会社設立に失敗している。更に、二〇一五（平成二七）年の村長選挙で、現職はわずか七〇票差で勝利している。この結果からもなお反対が多いことが示唆されている。WSの運営を見ても、二〇一五（平成二七）年以降は村民の巻き込みに失敗していたように見える。なお、対応の必要がありそうである。

二つ目の「地域特性を活用していること」は、南山城村の持つ「道」性と「山」性という地域特性を活用したということである。彼らは自分たちの持っている資源に基づいた政策を形成した。

南山城村内は、国道一六三号線や関西本線、木津川が横断している。陸路については、江戸時代に加太越大和街道（伊賀街道）と呼ばれた街道がもとになっている。さらに歴史を遡れば、村域内には、平城京への移転に前後して、大和から伊勢国、更には東国へ向かう道として整備された旧東海道がはしっており、この街道は京都遷都後、東海道としての地位を失ったものの、なお、奈良や大阪と東国を結ぶ近道（バイパス）として重要性を保持し続けた。木津川についても、古く、奈良時代から木材を運ぶのに利用されており、鉄道が整備される明治期に至るまで重要な物資輸送手段であった。

街道にせよ、川道にせよ、道が整備されれば、人や物資の往来が増加し、時に拠点が形成される。特に、旧大河原村は、木津川の状況から、水運の終点とされていたため、物資や人が多く集まった。江戸時代には「大河原宿」が設置されていたほどである。そのような拠点として発展してきた歴史が南山城村にはある。

さらに、南山城村の特徴は、標高五〇〇～六〇〇メートルの山部を抱えていることである。歴史を遡れば、奈良時代、木津川上流の村々は、平城京の官舎や大和の諸大寺の杣山となっていた。その頃の村域の実態は不明であるが、平安時代の頃には、大和の諸大寺の杣山《そまやま》が村域周辺にあったとされている。それ以外には最低限必要な農業を営みながら、生活を送っていたと考えられる。このような状況は江戸時代まで続いた。

明治時代に入ると様相は大きく変わった。士族の移転先として童仙房が開発された際、茶の生産が奨励された。その方が生活の安定につながると考えられためである。南山城村はもともと、「土は稲粱に宜からず」「茶に適す」とされていた。童仙房地区以外の、旧高尾村、田山村、大河原村でも多くの茶が栽培され、大坂や神戸に出荷されていた。

昭和期の亜炭の発見・採掘の増加や戦時期における廃園による一時的な茶生産高の減少こそあったものの、戦前期・戦後期一貫して、茶の生産は増えていった。特に生産量の多い「茶」「米」「生シイタケ」「トマト」の四品目の生産額における割合の推移を見ると、一九七〇（昭和四五）年に約五一％であった茶の割合は、二〇〇三（平成一五）年には約八七％に増加している。完全に「茶」に特化し、モノカルチャー経済となっていった。

「道」性と「山」性という二つの地域特性を十分に活かした結果が、「道の駅」という拠点によるお茶を中心とした「山の幸」を通じた産業振興である。

4 展望

果たしてこのような取組はうまくいくだろうか。ジェイン・ジェイコブズ[2]によれば、輸入製品を自前の生産に置換し、そのような置換をもとに域内の生産を多様化させ、それにより輸出製品を創出するというサイクルをまわし得る経済を持つ地域が生き残っていく。そのような地域は都市と呼ばれ、都市は都市外の地域に対して「市場」「仕事」「技術」「移植工場」「資本」という五つの機能を提供しているという。

2　ジェイン・ジェイコブズ（中村達也訳）『発展する地域・衰退する地域——地域が自立するための経済学』筑摩書房（二〇一二）

ジェイコブズは、その五つの機能が均衡を持って働く地域を「都市地域」と呼び、相対的に望ましいものとしている。一方、その五つが不均衡に――しばしばそのうちの一つが大きく影響を与えている地域に対しては厳しい視線を向けている。五つの機能が不均衡に影響を与える場合について、それらの地域をそれぞれ「供給地域」「労働者に見捨てられた地域」「住民が排除された地域」「工場移植地域」「資本を向けられた地域」と名付ける。

南山城村はどの地域に当たるのだろうか。先述してきたように、南山城村は戦後期を通して「茶」への依存度を高めてきた。宇治茶の原料として荒茶を提供するのであれ、自前のブランドで製茶済みのものを販売するのであれ、その購入者は主に域外の住民である。つまり、その地域の農産品を輸出することで外貨を稼いでいるのである。これは都市に市場（=製品の販売先）を依存していることを意味し、そのことから南山城村は「供給地域」に当たると言える。

「供給地域」の経済構造について、ジェイコブズは、一時期のウルグアイや石油供給地域である中東を例にあげながら、「本来供給地域はあまりに特化され、あまりに不均衡な経済であって、遠方の市場を少しでも失ったときには弾力性がなく、脆くて無力なのである」と述べている。さらに、市場が各国にわたろうが、一つの市場として左右する限り、それは変わらないともいう。

地域ブランド化はそのような脆弱性を解決するのだろうか。確かに、自分たちの名前・ブランドで産品を売ることができれば、域外への輸出は増加し、その地域は資金的に潤う。しかし、それ自体は「供給地域」としての先鋭化を目指すものにすぎず、経済構造を変えるものではない。つまり、地域ブランドの有無に関係なく、輸出に頼る経済構造は温存され、経済は脆弱なままに残る。その意味で地域ブランド化には一定の限界があるし、むしろ、ブランド化による限られた産品への傾倒は事態を悪化させる可能性があるとすら言える。

もちろん、南山城村で「むら」意識が高まったように、「自意識」が醸成されることはあり得るし、それがその地域にとっていい効果をもたらす可能性はある。しかし、そのような意識の向上が、産業経済に対して具体的にどのような影響を与えるかはなお未知数である。

それでは、南山城村はどのような戦略をとるべきだろうか。およそ二つの方向性が考えられる。一つは「供給地域」として生き延びること、もう一つは「都市地域」ひいては「都市」を目指すことである。もっとも現状を考えると、「都市」になるのには時間がかかるものと考えられる。そのため、どちらの戦略をとるにせよ、しばらくの延命は必要であり、その意味では、当面の間、「供給地域」としての自身を受け入れる必要がある。

そもそも、「供給地域」であることは資金的に豊かになれないことを意味するわけではない。先にあげたジェイコブズの例によれば、石油産出国は供給地域でありながら、豊かな経済に支えられてきたし、一時期のウルグアイも同様に大きな繁栄を実現したのである。つまり、経済構造の脆弱性は資金の豊富さとは無関係である。その意味では、経済構造の脆弱性を保ちながらも資金を稼得することは可能である。しばらくの間は特化した産品で資金を得ていくこと

3　ジェイン・ジェイコブズは前掲書において、「成功につながる経済発展は、その本性から言って、目的志向型であるよりは修正自在型にならざるをえ」ないと指摘し、その「漂流」性を主張している。

がまず重要になる。

そのうえで、一つ目の戦略は、いざという時に、うまく産品を乗り換えていくことで経済的豊かさを享受し続けるという「したたかな」ものとなる。これもある種の「漂流」である。[3] しかし、このような戦略をとるためには、産品の乗り換えを実現するための相対的な多様性が土壌として存在していること、またはそのような土壌を育てていくことが必要である。木材や炭の生産といった来歴を想起すれば、このような漂流もあり得ることだろう。

また、二つ目の戦略は、あえて繁栄の象徴である都市を目指すという「大胆な」ものとなる。そのために必要なことは、ジェイコブズの所論に従えば、自分たちと同じような環境にある後進地域との間の交易を増やしたうえで、お互いの地域においてお互いの輸入品を自前の生産によって置換することで、生産を多様化していくことである。先進都市との交易はそのためのスプリングボード（跳躍台）にすぎない。

以上の整理を前提とすれば、本章で取り上げた南山城村における道の駅の整備やそれに伴う地域ブランド化の推進には、さしあたり「茶」に続く産品が生み出されるまでの延命装置としての位置づけを与えることができる。そこでは、「茶」をより稼げる産品に成長させるとともに、「茶」が代替され輸出額が減少する場合に備えて、その稼得資金や道の駅という場所の提供、他の地域との連携により、「他の産品」を育成することが期待される。

果たして現在の南山城村の取組がどの程度それらを実現し得るものであるか

は、ここでは問題としない。本章では、本取組が、南山城村に限らず、モノカルチャー的な観光産品に特化してきた農山村地域に共通する課題に対して、地域資源・地域特性を活かしながら果敢に挑戦したものであることを指摘するにとどめておく。そのような挑戦が後世において、より有効な先例として評価されるようになることを期待したい。

第6章 交流人口の拡大を持続させる「攻守」のシティプロモーション
――沖縄県・八重山地域――

直方市役所総合政策部人事課長　杉尾　正則

はじめに

「人口減少」という社会的潮流がある。人口減少という波は、全国一律でなく、都市部では緩やかで都市部以外の地域では速い。人口減少が急速な地域ほど、生活利便性の低下や雇用機会の喪失等の問題が悪化し、社会経済的な衰退の速度が加速する。そこでは、急速な衰退を回避すべく（むしろ社会経済的な発展を取り戻すべく）、様々な政策が取り組まれている。地域政策の方向性は、「人は減るが地域の魅力は高まる」方策を模索することになるが、高まった魅力は地域内外へ発信し続けていくことになる。この魅力の発信こそが「シティプロモーション」である。

効果的なシティプロモーションの実践は、地域のイメージや認知度を向上させ、地域愛着度を高め、交流人口や定住人口を増やすことに結び付く。[1] ただし、限りある（減少している）人を呼び込んで定住人口を増やすことは容易ではないため、「交流人口」を増やすことで、人口減少による社会経済的な衰退を緩

1　シティプロモーションの他の効果として、「情報交流人口の拡大」「シビックプライドの醸成」「企業誘致の推進」などが考えられている。

和させる試みが注目される。地域と交流する人の目的は、観光、通勤・通学、ショッピング、レジャーなど多々あるが、これらのうち「観光」をターゲットに、地域特性（自然、史跡、都市、文化、食など）を活かした交流人口の拡大策を展開する地域は多い。観光が選ばれる理由は、多くの人が余暇を観光に使う傾向があること、[2]インバウンドが近年増加していること、観光客の消費行動による観光収入が期待できることがあげられる。

よって本章では、観光による交流人口の拡大に成功している好事例を沖縄県「八重山地域」に見つけたので、同地域での取組を参考にしながら、交流人口の持続的な拡大に資するシティプロモーションについて考えていきたい。なお本章は、筆者の個人的考察であり、取り上げた行政機関や団体の見解でないことを記しておく。

1　八重山地域における定住人口と交流人口の増加

八重山地域は、東京から約二〇〇〇キロメートル、沖縄本島から約四〇〇キロメートル、台湾から約一〇〇キロメートルの距離に位置する日本最南西端の島々である。石垣島、竹富島、西表島、与那国島などの一一の有人島と複数の無人島からなる（図表1）[3]。気候は亜熱帯海洋性気候に属し、気温は一年を通して暖かい。

原生的な亜熱帯林の西表島、石垣島の一部、両島に挟まれたサンゴ礁の海域

2　公益財団法人日本生産性本部『レジャー白書二〇一七』において、日本人の余暇活動は、国内観光旅行がトップになっている。

図表1　八重山地域の島々

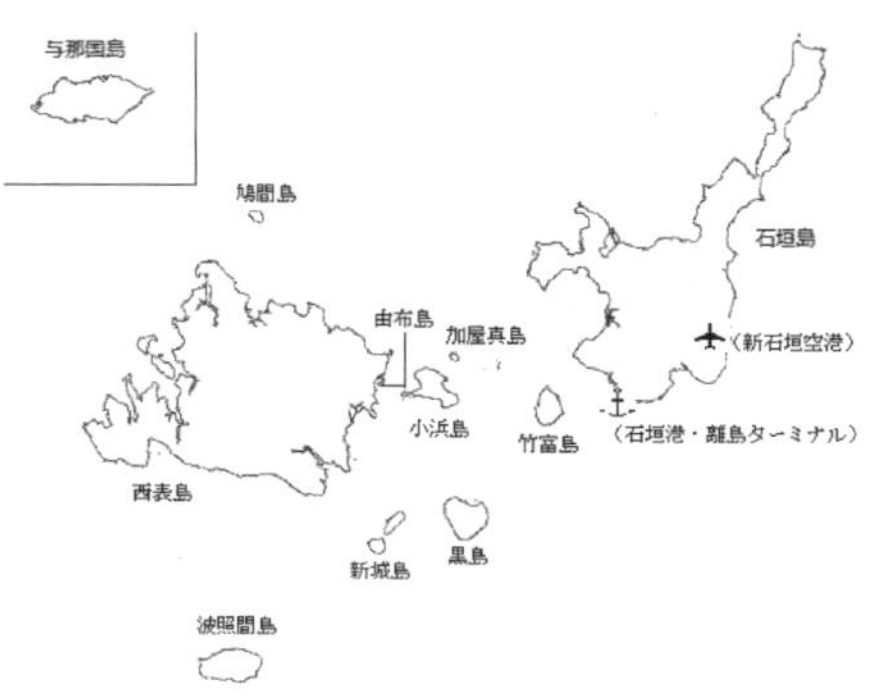

出所：筆者作成
注：図中、石垣島（石垣市）と与那国島（与那国町）を除く全ての島の行政区は竹富町となる。

3　海洋部を含めた面積は、約五九一一平方キロメートルと東京二三区に匹敵する広さである。

図表2　八重山地域の人口推移

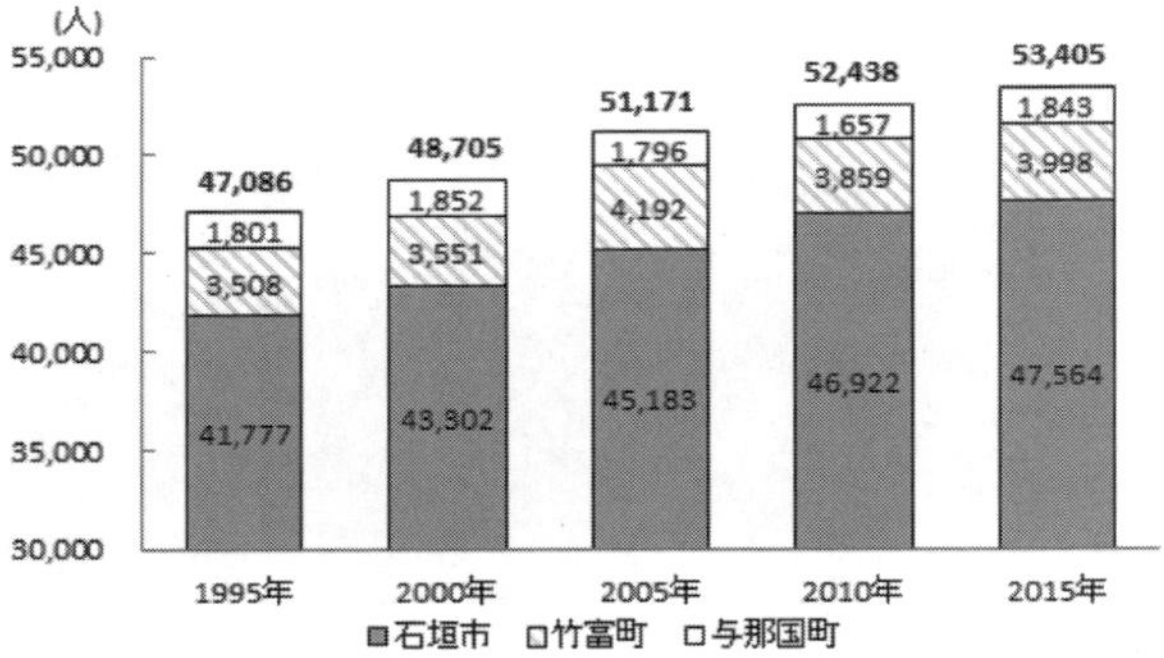

出所：総務省統計局「国勢調査」

という自然景観を持って国立公園（以下「西表石垣国立公園」という。）に指定されており、竹富島は、赤い瓦葺きの民家が建ち並ぶ農村集落が重要伝統的建造物群保存地区に指定されている。与那国島は、絶壁に囲まれた日本最西端にある絶海の離島で知られている。このように八重山地域は、豊かな自然や魅力ある歴史的・文化的特性を有する観光リゾート地域である。なお同地域は、石垣市、竹富町、与那国町という一市二町の行政区で構成されている。

次に、八重山地域の人口推移を示したのが図表2である。地域の人口は、一九九五年の四万七〇八六人から二〇一五年の五万三四〇五人まで六三一九人（一三・四%）増加している。市町別に人口増加状況（九五年~二〇一五年）をみると、石垣市は五七八七人（一三・九%）、竹富町は四九〇人（一四・〇%）、与那国町は四二人（二・三%）の増加となっている。都市部以外の地域で人口減少が進む中、離島地域（竹富町・与那国町は過疎地域指定）であるにもかかわらず、定住人口が増加している。

八重山地域は、定住人口だけではなく、観光による交流人口が破竹の勢いで増加している。図表3は、一九九六年以降、八重山地域に訪れた観光客数の推移を示したものである。観光客数は、リーマンショック（二〇〇八年）に起因する景気低迷の影響により減少傾向になるが、二〇一三年以降持ち直し、二〇一六年に一二〇万人超をマークしている。また、八重山入域観光客数統計概況（沖縄県八重山事務所（二〇一七年））では、交流人口の増加に伴って、年間観光消費額は、九六年の四四八億円から二〇一六年の七八八億円までの約一・七

図表3 八重山地域への観光客数の推移

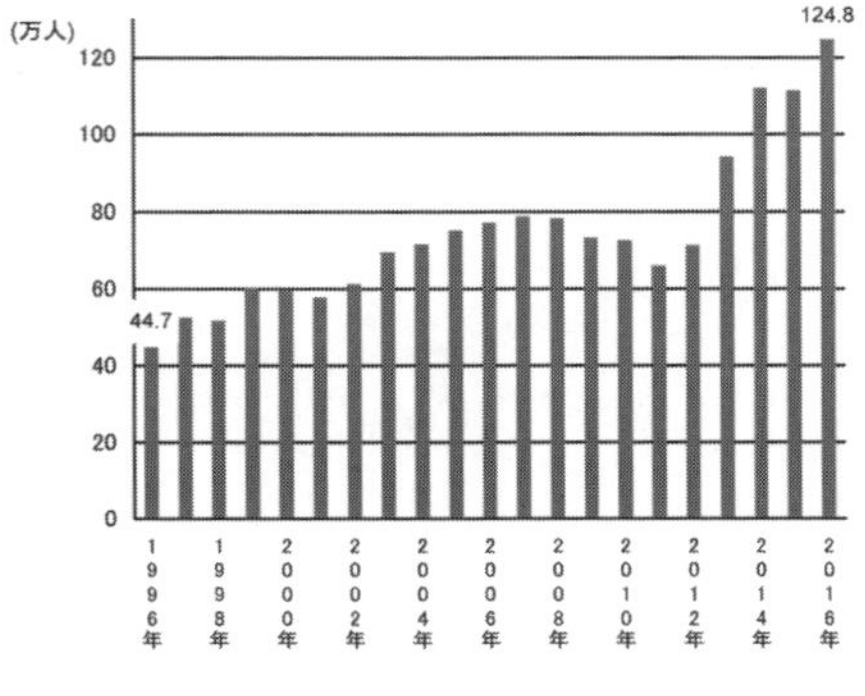

出所：沖縄県八重山事務所「八重山入域観光客数統計概況」

倍に上昇したとされている。このように、八重山地域への観光による交流人口は良好な状況にある。

八重山地域への交流人口が良好な理由には、石垣島の空路・海路の港（新石垣空港、石垣港（離島ターミナルを含む。））へのアクセシビリティが向上したことがあるが、観光を主要産業とする地域ならではのプロモーションが存在するはずである。次節以降は、八重山地域でのシティプロモーションを見ていきたい。

2 交流人口の拡大を狙う「攻」のシティプロモーション

八重山地域の魅力を丸ごと、国内外にプロモーション

八重山地域を訪れた観光客は、行政区を意識することなく行動する。一方、行政機関は、自らの行政区を越えて活動することは難しい。この観光客の行動範囲と行政機関の活動範囲の間に生じるギャップを埋める、つまり広域的な観光促進活動が可能な組織が求められる。その組織は、市場調査、戦略策定、地域ブランディング、プロモーションといった観光地域づくりの舵取りができれば望ましい。それは観光庁が進める「日本版DMO（観光経営組織（Destination Management / Marketing Organization）の略）」[4]に近い組織となる。欧米の先進的観光地では、国・州・地域レベルで設置させたDMOが活躍している

4 観光庁の定義では、「日本版DMOは、地域の『稼ぐ力』を引き出すとともに地域への誇りと愛着を醸成する『観光地経営』の視点に立った観光地域づくりの舵取り役として、多様な関係者と協同しながら、明確なコンセプトに基づいた観光地域づくりを実現するための戦略を策定するとともに、戦略を着実に実施するための調整機能を備えた法人」とされている。

ことを受け、観光庁は日本版ＤＭＯに期待を寄せている。[5]

八重山地域を網羅する（行政区を越えた）観光促進活動が可能な組織が二つあり、それぞれが観光庁から「日本版『地域連携』ＤＭＯ候補法人」に登録されている。一つは、八重山地域に「一般社団法人八重山ビジターズビューロー（以下「ＹＶＢ」という。）」があり、もう一つは、沖縄県に「一般財団法人沖縄観光コンベンションビューロー（以下「ＯＣＶＢ」という。）」がある。両組織は、国内外の観光地との誘客競争に備えて設置され、ＯＣＶＢは沖縄県全域、ＹＶＢは八重山地域の観光促進に向けて取り組んでいる。

ここでは、八重山地域を拠点に活動しているＹＶＢについて述べたい。ＹＶＢは、「八重山は一つ」という考えのもと、石垣市、竹富町、与那国町、沖縄県八重山事務所、八重山広域市町村圏事務組合、八重山地域内の市町の観光協会を支持母体に組織化されている。ＹＶＢには、八重山地域の魅力を国内外に伝える役割がある。国内では、石垣市と直行便で結ばれている空港を有する四都市（東京、名古屋、大阪、福岡（季節運航））を最重要市場と位置づけ、そこで開催されるフェアへの出展を通して、旅行事業者や学校（修学旅行担当者）への宣伝活動を展開している。加えて、観光客を石垣市から竹富町・与那国町の島々への周遊につなぐ取組も行っている。

ＹＶＢは、直航便がある香港や台湾、チャーター便の実績がある韓国という諸外国にも八重山地域の魅力を発信している。多言語でのパンフレット制作はもちろん、就航する航空会社やクルーズ船社と連携したプロモーションの実施、

5　観光庁「国内外の観光地域づくり体制に関する調査業務」（二〇一七年）

写真1　川平湾（石垣市）

出所：筆者撮影

各国での観光博覧会等への出展に取り組んでいる。また、海外メディアの招《しょう》聘《へい》や取材受入れにも積極的である。

ＹＶＢ（やＯＣＶＢ）の積極的なプロモーションは、国内外からの八重山地域への観光促進（空路において国内直行便や海外チャーター便の維持・増加、海路において海外クルーズ船の増加・大型化）に好影響を与えている。

皆で探した「地域の宝」を地域内外へプロモーション（石垣市）

ＹＶＢは、国内外から八重山地域への交流人口を増やすためのプロモーションに取り組んでいる。同時に八重山地域内の市町は、それぞれの行政区への交流人口を増やすためのシティプロモーションを行っている。

石垣市は、サンゴ礁と透明な海で国の名勝に指定された「川平湾」（写真１）をはじめ、観光名所が多々あり、数多くの観光客を魅了している。また同市では、年間を通して温暖な気候を活かし、「トライアスロン大会」等のスポーツイベントの開催や、「千葉ロッテマリーンズ」等のスポーツチームの合宿地誘致が進められている。

これらの情報は、石垣市ホームページのサイトの一つである「地域から最新の魅力を届ける・石垣市のプロモーション事業一覧」[6]から発信されている。サイトマップとしては、「石垣市公式フェイスブック」「ISHIGAKI NOW」「島人ぬ宝さがしプロジェクト」「USIO DESIGN PROJECT」「石垣島クリエイティブフラッグ」「SPORTS!WELCOME!石垣島！」「石垣空想旅行社」「石垣

6　http://www.city.ishigaki.okinawa.jp/promotion_summary/

写真2　「島人ぬ宝さがしプロジェクト」での名所の一例　～キジムナーの宿る森～

（紹介文）「街中で見つけた神秘。保育園の前に悠然と座する大ガジュマル。その威容、木というべきか、森と呼ぶべきか。精霊キジムナーは今もみんなを見守っているに違いない。」
（発見難易度）★★★

出所：紹介文・発見難易度はホームページ、写真は筆者撮影

市ふるさと納税特設サイト」がある。それぞれが魅力あるサイトだが、紙幅の都合上、「島人ぬ宝さがしプロジェクト」に絞って紹介する。

石垣市は、魅力的な地域資源を多数有するが、更なる地域資源を発掘するために「島人ぬ宝さがしプロジェクト」が企画された（事務局・観光文化課）。この「石垣島の新しい名所を探す」というプロジェクトは、石垣島出身のアーティストが発起人となり、島人限定の応募企画として二〇一六年八月に始められた。呼びかけに応じた島人は、各々の心に思い浮かぶ、身近な自然に名前をつけ、それらを名所にすべく応募している。事務局は、多数寄せられた応募内容を審査し、二〇一六年一二月、二二か所の新たな島の名所を誕生させている。

認定された名所は、海、木々、石等の自然そのものが対象となっている（例・キジムナーの宿る森（写真2））。これらの名所は、同サイトで閲覧可能であり、個々の名所コンテンツにアクセスすると、写真、紹介文、場所という詳細情報を入手できる。加えて、名所を発見する難易度が「星の数」で記されており、観光客の探索意欲を刺激する仕掛けが施されている。

このプロジェクトは、地域外の観光客に向けて、名所情報を提供するだけでなく、地域内の住民に向けても新たな名所（地域の宝）の存在に気付いてもらうためのメッセージを送っている。このように、地域資源の発掘と地域内外へのプロモーションが一体となった好事例といえる。

観光リピーターと観光収入を増やす「ポイントカード制度」（竹富町）

竹富町の行政区には、竹富島、小浜島、黒島、西表島、波照間島、鳩間島、新城島、加屋真島、由布島という有人島が存在し、それぞれの島に自然・文化面において素晴らしい特色がある。美しい竹富町の島々は、年間一〇〇万人を超す観光客を引き寄せる。一方、観光客は、交通の利便性から石垣島（石垣港の離島ターミナル）を拠点に、日帰りで竹富町の島々を巡る周遊型観光（いわゆる「駆け足観光」）を行う傾向がある。結果として、観光客は増加しても宿泊客は伸び悩むことになる。このことは、観光消費額に占める宿泊費の割合の高さ[7]から考えると、竹富町における観光収入の伸び悩みへとつながる。

そこで竹富町では、観光リピーターと観光収入を増やすことを目的に、同町観光協会が中心となって、竹富町島々サポーターズ・カード（以下「ピカリャ～・カード」という。）を導入している（写真3）。ピカリャ～とは、竹富町のマスコットキャラクター（イリオモテヤマネコの雄）のことである。二〇一七年一一月時点、ピカリャ～・カードの発行枚数は三六三一枚となっている。

このカードは、全国共通ポイントカード機能を搭載しており、カード利用者が、全国のポイント取扱加盟店やポイントモール（インターネットショップ）で商品を購入した際、ポイントを貯めることができる（購入額一〇〇円につき一ポイント）。貯めたポイントは、主に竹富町内のポイント取扱加盟店（スー

7 沖縄県文化観光スポーツ部「平成二十八年度観光統計実態調査」によると、二〇一六年度の国内客消費単価（七万四七六四円）に占める「宿泊費」が最も大きく二万四七六七円となっている。

写真3　竹富町島々サポーターズ・カード「ピカリャ〜・カード」

出所：筆者撮影

パー、飲食店、宿泊施設等）での代金支払の一部として使うことができる。なお、八重山地域のポイント取扱加盟店は、来店者が簡単な申請を行えば、ピカリャ〜・カードを即日発行している。

貯めたポイントは、付与一年経過後の一二月末日までに使用しないと失効することになるが、失効ポイントは、竹富町への寄付金として町の振興に活用されていくことになる。二〇一六年一二月末日に発生した初の失効ポイント（三万五七六八ポイント）は、三万五七六八円分のごみ袋の購入費用として活用され、竹富町の環境美化に役立てられている。

このようにピカリャ〜・カードには、竹富町への観光リピーターを増やすと同時に、地域振興を図るという二つの仕組みがあるが、更にもう一つの隠された仕組みがある。それは、観光客（カード利用者）のポイント加盟店での消費行動という情報を取得・蓄積する仕掛けである。今後、カード発行枚数が増加していけば、自ずと多くの情報が蓄積され、これらの情報を分析することによって観光客の動向把握が可能となる。観光客の動向を的確に把握することは、プロモーションを含めた観光戦略の策定と実践に当たって重要な取組である。ピカリャ〜・カードを活用して観光客動向を的確に把握できれば、竹富町観光協会では、有効なシティプロモーションが展開でき、また個々のポイント加盟店では、顧客動向に応じた宣伝が実践できるようになる。このようにピカリャ〜・カードは、観光リピーター獲得、地域振興、そして観光客の動向把握までも視野に入れた好事例である。

3　地域の宝を守りながら活用する「攻守」のシティプロモーション

守りながら活用する「美しい星空」（石垣市・竹富町）

八重山地域の夜は、美しい星空に包まれる。美しい星空は、プロモーション次第で観光の目玉になる。ただし、都市部以外の地域で美しい星空が見られることは珍しくないので、八重山地域は、「『南十字星』輝く島」に代表される独特なキャッチフレーズで差別化されてきた。これに加えて八重山地域は、星空保護を強化することで「『世界が認めた日本初の』美しい星空」という強烈なインパクトのキャッチフレーズを誕生させようとしている。星空保護について世界基準の評価を受けるには、「ダークスカイプレイス・プログラム」が活用できる。

ダークスカイプレイス・プログラムとは、国際ダークスカイ協会（以下「IDA（International Dark-Sky Association の略）」という。）が二〇〇一年に始めたもので、暗く美しい夜空を保護するための優れた取組を称える制度である。ダークスカイプレイスには、認定対象等の違いによって「ダークスカイ・コミュニティ（認定対象・自治体）」「ダークスカイ・パーク（認定対象・自然公園等）」といった五つのカテゴリー[8]に区分されている。

ダークスカイプレイスの認定には、屋外照明に関する基準[9]への適合や地域で

8　他に「ダークスカイ・リザーブ（認定対象・七〇〇平方キロメートル以上の面積を持つ公有地・私有地）」「ダークスカイ・サンクチュアリ（認定対象・周囲に屋外照明がほとんど存在しない場所であることから、非常に暗い環境と美しい星空が保たれている地域）」「ダークスカイ・ディベロップメント（認定対象・街の一区画・マスタープランを有するコミュニティ・自治体単位でない複数の区画や地域の融合体など）」がある。

9　重要な基準に「上方光束ゼロ、色温度三〇〇〇ケルビン以下」がある。

の教育啓発活動の実施が求められる。また、認定の継続には、認定基準を満たす水準で星空保護の取組が維持されていることをＩＤＡが年一回確認することになっている。つまり、ダークスカイプレイスとは「優れた星空保護が維持されている地域」という認識が正しいが、その認定情報は、ＩＤＡから世界に向けて発信され、メディアに取り上げられる機会が増えるため、認定地域は、「星空が美しい地域」というイメージが定着し、星空観光が促進する。代表的な認定地域には、ニュージーランドのアオラキ・マッケンジー[10]（デカポ湖を含む。）等があり、そこでは星空観光が促進されている。

二〇一七年七月、石垣市と竹富町は、西表石垣国立公園を国内初のダークスカイプレイス（「ダークスカイ・パーク」カテゴリー）認定に向けてＩＤＡに申請している。[11]石垣市と竹富町が、国内「初」のダークスカイプレイスに認定されれば、「『世界が認めた日本初の』美しい星空」という地域イメージを作る好機となる。同時に、星空を守る取組自体（ＩＤＡ基準に適合した屋外照明の設置推進等）が「世界水準の取組」に認められたことを地域内にプロモーションすれば、星空保護に向けた意識を高める契機にもなる。このように、世界水準で保護された美しい星空を地域内外に宣伝することによって、八重山地域への星空観光による交流人口が持続的に拡大する可能性が増す。

10　認定カテゴリーは「ダークスカイ・リザーブ」

11　屋外照明の一部がＩＤＡの認定基準を満たしていないことから、三年以内に段階的な屋外照明の基準を満たすことを条件とする申請となっており、認定されても「暫定認定」となる。暫定認定後三年以内に基準を満たせば本認定となる。

写真4　西表島（竹富町）マングローブの林

出所：筆者撮影

守りながら活用する「原始の大自然」

西表島（竹富町）は、イリオモテヤマネコなどの天然記念物やマングローブ林が広がる大自然の島である（写真4）。この島は、多くの観光客を魅了する地域資源としての実績が積み重ねられている。

二〇一七年二月、西表島を含め、沖縄島北部、徳之島、奄美大島の四島一括での世界自然遺産登録に係る推薦書が、ユネスコ世界遺産センターに政府により提出されたところである。世界遺産に登録されれば、その情報は、ユネスコから世界に向けて発信され、メディアに取り上げられる機会も増え、地域の認知度が高まり、国内外からの交流人口の拡大が期待できる。反面、過剰な観光客の流入に伴う環境負荷の高まりが起因し、自然環境が劣化する恐れがある。そこで登録後は、地域資源の観光利用の適正な管理や行政・事業者・住民が一体となった環境保全活動が必要となる。日本では、知床、白神山地、小笠原諸島、屋久島の四地域が世界自然遺産に登録されているが、それらの地域では、将来にわたって自然環境を維持していくために、地域の実状に応じた適切な環境保全活動に取り組まれている。このように世界遺産登録は、環境保全負担と観光収入との兼ね合いから賛否両論あるが、環境保全の観点に限って言えば、魅力的な地域資源を守る意味において正しい方向といえる。

竹富町では遡ること約一五年前の二〇〇三年五月の琉球諸島の世界自然遺産候補への選定から、二〇一七年二月の推薦書提出までの間、行政・事業者・住民による協議や勉強が重ねられ、自然を守りながら活用していく西表島行動計画がまとめられている。また、二〇一七年三月には竹富町自然環境保護条例が改正され、希少野生動植物の保護対策が強化されている。

今後、西表島が世界遺産に登録されることになれば、そのインパクトの大きさゆえに、観光資源として活用されるイメージが先行するが、本来の魅力が劣化しては意味がない。未来の人類に残すための環境保全に取り組みつつ、原始の大自然を「守る」重要性をプロモーションすることで、地域内外の人々の環境保全に対する意識が高まる。世界遺産に推薦される水準の素晴らしい地域資源（西表島）を地域・日本・世界の宝として「守りながら活用する」視点でプロモーションしていくことで、八重山地域への良好な交流人口は安定度を増す。

おわりに

本章では、交流人口の拡大に成功している八重山地域（都市部以外の地域）でのシティプロモーションを紹介した。先進的観光地の事例から、交流人口の拡大に資するシティプロモーションのポイントを、次の三点にまとめた。

㈠　地域資源の発掘とブランド化

八重山地域に優れた地域資源が数多く存在することは、筆者をはじめ、多くの読者が知るところである。地域資源に関して優位性がある八重山地域ですら、その発掘に余念がない。見いだした地域資源は、個性を前面に打ち出すことで差別化され、地域内で合意を経ながらブランド化が進められる。石垣市の「島人ぬ宝さがしプロジェクト」では、島の名所の再発掘が進められ、また「ダークスカイプレイス」認定への取組では、星空のブランド化が図られている。つまり、地域の良さ・美しさ・魅力を探す努力、それらを地域ブランドに高める努力が、シティプロモーション実践に向けた第一歩になる。

㈡　役割分担・連携のプロモーション（攻のシティプロモーション）

八重山地域は、魅力的な地域資源を複数有する資源立脚型の観光地である。また、空路・海路の港を有する石垣島という観光地を拠点に、竹富町・与那国町の島々が結合した複合型の観光地でもある。このような型の観光地は、それぞれの資源を有する地域が長所を持ち寄って連携することで、他の地域の魅力を凌駕《りょうが》する、一つの観光地域が形成される。その舵取り役として期待されるのが、ＹＶＢのような日本版ＤＭＯである。日本版ＤＭＯが主導する国内外へのプロモーションは、観光地域の交流人口を拡大させる有効な一手となる。

そして行政機関は、観光地域を訪れた観光客を自らの行政区に引き寄せるため、行政区ごとにシティプロモーションを展開する。石垣市では、「島人ぬ宝さがしプロジェクト」等のＷＥＢサイトでの情報発信が行われ、また竹富町では、観光リピーターの獲得と観光客の動向把握を目指して「ピカリャ～・カード」が導入されている。このように、日本版ＤＭＯに代表される観光地域全体を網羅する組織と行政機関が、役割分担・連携しながらプロモーションを実行すれば、国内外からの誘客成功率が高まる。

(三) 地域資源の保全と活用の調和(攻守のシティプロモーション)

最後は、観光収入を生み出す地域資源を「宝」として地域一体で「守る」ことである。例えば、「ダークスカイプレイス」や「世界遺産」の事例では、星空や西表島という自然を保全することで地域資源の質の維持が図られている。地域の宝を未来に残すため、行政機関が啓発や制限という手法を用いることで、その実力を発揮する。適切な保全の結果、競争の源泉である地域資源の寿命は延び、地域に長く恩恵がもたらされる。加えて、保全そのものをプロモーションすれば、地域イメージの良さと地域資源の質の高さが地域内外に伝わり、観光客や地域住民への環境保全に向けた意識醸成につながる。このように地域資源の保全と活用の調和を図ることは、シティプロモーション実施における重要ポイントになる。

景勝地や温泉などの観光資源を持たない地域は、観光による交流人口を微増させることですら困難と感じるかもしれない。しかしながら、個人観光客の増加や観光立国に向けた国家戦略の追い風に乗り、地域ならではの資源の発掘とブランド化を進め、観光地域を網羅する組織と行政機関が役割分担・連携しながらシティプロモーションを実行すれば、国内外からの集客も夢ではない。そして、地域に恩恵をもたらす資源の保全と活用のバランスを図れば、観光による交流人口の拡大が持続するだろう。本章の事例が、観光による交流人口の拡大を目指す地域のシティプロモーションのヒントになれば幸いである。

本章の執筆に係る調査に関し、竹富町政策推進課の通事太一郎氏、同町総務課の新城賢良氏、ＹＶＢの濵田智佳子氏に大変お世話になりました。この場をお借りしてお礼申し上げます。

第3部

認知度拡大の視点

青森県弘前市
千葉県松戸市
兵庫県篠山市

The Local Brand
and
The City Promotion

第7章 地方創生と連動したシティプロモーション戦略
――青森県弘前市――

弘前大学客員研究員　橘田　誠

はじめに

本章では、シティプロモーションの定義を「地域再生、観光振興、住民協働など様々な概念が含まれる中で、地域住民の愛着度の形成、自治体の知名度向上、経営資源の獲得など多方面に広がる能動的な活動」であると捉える。[1]

その前提で、従来のシティプロモーション施策に加え、行政、市民、コミュニティ、民間事業者が協力・連携して推進する「新たなシティプロモーション戦略」を積極的に展開する青森県弘前市の事例を紹介する。

青森県の西部に位置する弘前市は、一八八九年に全国三〇の市とともに、日本で最初に市制が施行された市で、津軽藩の城下町、陸軍第八師団の軍都、旧制弘前高等学校を中心とする学都としても栄えた。現在は、全国の二〇%を占める日本一の生産量を誇るりんごや日本一の桜の名所と言われる弘前城の桜、百名山の岩木山などの地域資源により、全国的なブランド力を持つ東北地方の中核的な観光都市である。[2]

1　シティプロモーション自治体等連絡協議会ホームページ（http://www.cityromotion.jp/）参照。

二〇一七年八月現在の人口は、一七万四三六六人で、三市三町二村で形成する弘前圏域の人口は約三〇万人である。

人口減少・少子高齢化の進展や過度な東京一極集中により、地方においては、創意工夫による地方創生・地域活性化が一層求められる環境にある。その中で、弘前市が先進的に推進してきたシティプロモーションの取組をみていきたい。

1　弘前市のシティプロモーションの取組の経緯と推進方針

まず、東北地方において仙台市に次ぐブランド都市である弘前市が、近年シティプロモーションに積極的に取り組んできた経緯と取組を概観する。

取組の経緯と体制の構築

弘前市がシティプロモーションに積極的に取り組んできた経緯として、弘前市のシンボルでもある弘前城の存在が大きい。弘前城は、二〇一一年に築城四〇〇年を迎えた。弘前市は二〇一〇年をプレイベント期間とし、二か年にわたり「弘前城築城四〇〇年祭」を開催した。イベント総数は一一九〇事業に達し、大変なにぎわいをみせた。弘前城築城四〇〇年祭を開催することにより発生した「市民による地域振興の機運の向上」や「観光客誘致」などの効果を持続させるため、二〇一二年度から本格的にシティプロモーションに取り組むこととなった。

2　株式会社ブランド総合研究所が実施した「地域ブランド調査2016」によると、弘前市は全国四〇位で、東北地方では、二五位の仙台市に次いで二位にランクされている。本調査は、調査対象を全七九〇市（二〇一五年四月末現在）と東京二三区、及び地域ブランドへの取組に熱心な一八七の町村を加えた計一〇〇〇の市区町村とし、各地域に対して魅力度など全七七項目の設問を設け、地域のブランド力を、消費者が各地域に抱く「魅力」として数値化したものである。詳細は、株式会社ブランド総合研究所のホームページ（http://www.tiiki.jp/）参照。

二〇一二年四月には、市の企画部（現在の経営戦略部）広聴広報課内にシティプロモーションの専任組織となる「シティプロモーション担当」（職員二名）を設置し、同年五月には、全庁を挙げたシティプロモーション推進のため、副市長をトップとする庁内推進組織である「ひろさき魅力発信プロジェクトチーム」を設置した。プロジェクトチームは、市の施策推進調整を担う政策推進課、経営計画や定住・移住促進を担う行政経営課、文化スポーツイベントを担う文化スポーツ課、企業誘致を担う産業育成課、観光振興を担う観光政策課など一一課が参加する庁内横断組織である。さらに、プロジェクトの作業部会として「ワーキンググループ」を設け、定期的な庁内調整を図る組織を構築した。

弘前市シティプロモーション推進方針の策定

「ひろさき魅力発信プロジェクトチーム」によるシティプロモーション推進方策検討の結果、二〇一二年八月には、「弘前市シティプロモーション推進方針」が策定された。「弘前市シティプロモーション推進方針」では、弘前市の実行計画である「弘前市アクションプラン二〇一二」（二〇一三年三月二一日改訂）で位置づける個別施策として、「弘前シティプロモーション推進事業（都市の魅力度向上活動）」を追加し、シティプロモーションの推進施策が市の方針であることを明確にした。

「弘前市シティプロモーション推進方針」を策定した背景としては、①全国的な人口減少・少子高齢化の中で、定住人口の確保や交流人口の拡大を図る必要があること、②厳しい経済雇用情勢が続き、今後の大幅な回復が望めないことから、都市のブランドイメージの確立や魅力度のアップを図り厳しい都市間競争に勝ち抜く必要があること、③持続的な市の発展のために、市民自らが暮らすまちの価値を再発見し誇りを持つ必要があること、④弘前城築城四〇〇年祭などの展開による効果として、弘前市の全国的な認知度が向上してきたことから、これらの事業の成果を一過性で終わらせることなく、全庁的な取組により、より戦略的に推進する必要があること、の四点をあげている。

そして、弘前市が持つ桜やりんごをはじめ、白神山地や岩木山に代表される自然資源、弘前城などの歴史・文化資源さらには、先進的な市政運営など、弘前市ならではの魅力資源を組み合わせて相乗効果を生む関係を築き、全庁的な推進体制による展開を図るための方針として明確にしたものである。

さらに、シティプロモーション推進の基本的な視点として、①都市イメージ・認知度の向上、②戦略的な情報発信、③推進体制の構築、の三点をあげている。

主な取組事例

「弘前市シティプロモーション推進方針」に基づく主な取組の第一は、「全体事業」として、ポスターやパンフレットの作成である。弘前市の歴史や食、文化等のテーマで構成された「日本版ＰＲパンフレット」や、英語、韓国語、中国語による「外国語版市政要覧」を作成し、国内はもとより台湾や韓国でのエージェント訪問や旅行博等での配布用として活用している。また、弘前市の

ＰＲに協力する市民や県外在住者がサポーターとして登録し、市が提供するパンフレットやチラシの配布に協力する「弘前市ＰＲサポーター制度」の創設などがある。第二は、「動画製作と活用」である。祭りや風景、イベント、文化財、食など、弘前の魅力一〇〇テーマを「ひろさき一〇〇ストリート」とし、その中から三〇秒のＣＭを制作し、パート一は、二〇一二年「ふるさと自慢わがまちＣＭ大賞」で審査員特別賞を受賞した。また、弘前大学の「学生企画コンテスト」（テーマ　弘前大学の魅力を最大限アピールしたＣＭ企画）で優秀賞を獲得した学生による、弘前の魅力をテーマとした動画を製作した。第三は、ホームページやＳＮＳの活用である。二〇一二年八月からシティプロモーション「ホームページ」、「フェイスブック」、「ツイッター」での情報発信を開始し、二〇一三年六月からは「ライン」でも情報発信を開始している。「ホームページ」のアクセス数は六万五二四五（二〇一五年度実績）、「フェイスブック」の「いいね！」数は一万四〇〇〇人、「ライン」登録ユーザー数は約二五〇〇人、「ツイッター」のフォロワー数は約二五〇〇人となっている。第四は、特色ある情報発信事業の展開である。例えば、桜を活用した事業として、「さくら前線おっかけたい情報発信事業」がある。この事業は、弘前公園の桜の知名度の高さを活かした新たなプロモーションとして展開したもので、東北地方の桜の名勝で弘前市や弘前さくらまつり等のイベントＰＲを行うことにより、さくらまつりの更なる来場者と観光客の誘客促進のほか、取組自体の話題性による市の認知度及び魅力度の向上を目的としている。具体的には、青森県以外の東北五県である、秋田県角館桜まつり（仙北市）、岩手県北上展勝地さくらまつり（北上市）、山形県霞城観桜会（山形市）、宮城県おおがわら桜まつり（大河原町）、福島県鶴ヶ城さくらまつり（会津若松市）、首都圏の東京都隅田公園桜まつり（台東区）、中部圏の愛知県小牧山さくらまつり（小牧市）など、人出が見込まれる桜の名所において「弘前さくらまつり」や「りんご花まつり」などのイベントPRや弘前のPR等のプロモーションを実施している。さらに、城を活用した事業として、「現存一二天守PRプロジェクト」がある。弘前城は現在、一〇〇年ぶりの大工事である石垣修理事業を行っている。この一〇〇年ぶりの大工事をチャンスと捉え、二〇一五年三月にグランドオープンとなった「姫路城」、二〇一五年七月に国宝に指定された「松江城」など、全国にわずか一二しかない現存天守を、日本のみならず広く海外へPRする発信力を強化するため、連携している。具体的には、①弘前城石垣修理特設ホームページ内に「現存一二天守特設ページ」の開設、②お城イベント等の情報を共有し、各市のSNS・ホームページに発信、③各市で行われるイベントへのブース出展、④現存一二天守巡りなどの旅行商品の開発、⑤お城・公園等の情報共有（桜の管理など）などである。

2　地方創生と連動した新たなシティプロモーション戦略の展開

本節では、前節で紹介した従来のシティプロモーションをパワーアップさせた弘前への郷土愛を育む市民運動（ムーブメント）である「弘前デザインウィーク」をはじめとした新たな取組を紹介する。

取組の経緯・目的

二〇一六年三月の北海道新幹線の開業や二〇一四年から一〇年間にわたる弘前城の石垣修理工事を要因に、交流人口の減少により地域経済への悪影響が懸念された。これを受け、新たな観光資源を創出するとともに、国内外への積極的な情報発信により課題解決を図るため、新たなシティプロモーション戦略の展開が必要であった。そのような中で、デザイン力や創造力、そして、強力な情報発信力で地域を成長させていくためのプロジェクト「JAPAN DESIGN WEEK」を全国一〇〇都市で展開していくという構想が「TOKYO DESIGN WEEK」から発表された。[3]

弘前市は、これまでにない新しい切り口で施策を展開するため「新たなシティプロモーション戦略」について検討していたこと、さらに、工芸品などの職人、芸術家など、多くのクリエイターが存在していたことから、デザイン力や創造力、強力な情報発信力による地域創生プロジェクトを、新たなシティプロモー

3　「JAPAN DESIGN WEEK」は、クリエイティブによる地方創生を目指す、中長期にわたるプロジェクト。首長の強いリーダーシップのもと、活動を継続的に取り組める組織をつくり、新たな魅力（商品・観光）を生み出し、地域を全国へ、そして世界へ発信していく。各地域の感性資源を活用し、その地域オリジナルのデザインウィークを自治体が主導となり開催。市民が地域に誇りを持ち郷土愛溢れる人材を育むことを目指している。
「JAPAN DESIGN WEEK」は（https://japandesignweek.jp/）を参照。

「TOKYO DESIGN WEEK」は（http://tokyodesignweek.jp/）を参照。

ション戦略「弘前デザインウィーク」として展開していくことを決定したのである。

「弘前デザインウィーク」のコンセプトは、「弘前への愛」で、将来的には「市民全体がクリエイター」となって、市民が主体となり郷土愛、そして市民の想像力を育む市民運動と市全体の活性化と成長を目指していこうとするものである。具体的には、「TOKYO DESIGN WEEK」と連携し、地元クリエイター及び小中高生の人材育成を行い、新たな製品及び観光コンテンツの開発を促し、その製品及び観光資源などを積極的に情報発信することにより、弘前市の認知度の向上及び観光入込客数や観光消費額の拡大を目指そうとするものである。

「弘前デザインウィーク」の推進体制

「弘前デザインウィーク」の推進に当たっては、行政機関、経済団体、大学、金融機関及び報道機関が連携して、将来を担う人材及び地元クリエイターの育成、市民全体での弘前の魅力創出、国内外への積極的な情報発信、クリエイティブによる地方創生の実現を目指すため「弘前デザインウィークコンソーシアム」を二〇一六年五月に設立した。

「弘前デザインウィークコンソーシアム」は、弘前観光コンベンション協会、弘前物産協会、弘前青年会議所、弘前大学、地元金融機関、新聞社など一三の機関で構成し、会長には弘前市長、副会長には弘前商工会議所会頭が就任した。

五つのプランと三つのプログラム

「弘前デザインウィーク」では、五つのプランと三つのプログラムを提示している。五つのプランとは、「市民参加」「融合」「サブカルチャー」「世界基準」「発信力」である。「市民参加」では、地元のクリエイターはもとより、市民全員が参加し、長く親しまれるプログラムを展開する。「融合」では、地元クリエイターと市外・国外のクリエイターの融合や、伝統文化と最先端の文化やテクノロジーの融合を進めて、新しい価値を作る。また、「サブカルチャー」では、城ロボ「タメノブーン」やアニメ、ご当地アイドルなどのプログラムも進め、プロジェクトの幅を広げ、また新たな弘前ファンの獲得を進める。「世界基準」では、全世界を対象とした公募プログラムや世界中の人が参加するコンテストに出展するなど世界基準の取組を展開する。さらに、「発信力」では、WEBやSNSを活用して情報を伝えるとともに、新たなロゴを作るなど、「弘前デザインウィーク」を世界に発信するというものである。

三つのプログラムとは、まず第一は、「未来の弘前の土づくり＝人材育成」である。弘前の未来を担う若者の育成と同時に、子どもたちの感性を磨く教育を行う。また、クリエイティブ発想を持ち、郷土愛にあふれた人材を育成していこうとするものである。第二は、「弘前商品開発とブランディング」である。弘前の地場産業や伝統産業の活性化、新たな産業の創造などを目指し、日本、

写真1　弘前デザインウィークロゴマーク

出所：弘前市経営戦略部広聴広報課

世界市場に通用するモノやサービスを開発するというものである。第三は、「PRイベント」である。弘前デザインウィーク「SAKURA」（二月〜七月）、弘前デザインウィーク「RINGO」（八月〜一月）を年間通して開催し、各プログラムの発表の場を作るものである。PRイベントには、ロゴマーク（写真1）も活用していこうとするものである。

　次に、「弘前デザインウィーク」を中心とする新たなシティプロモーション戦略の象徴的な三つの取組事例を紹介する。

弘前城天守の石垣修理事業に伴う「曳屋プロジェクト」

　弘前市のシンボルである弘前城は、二〇一四年から一〇年間にわたる石垣修理工事が行われることになった。工事期間中は、天守などが仮囲いで覆われ、工事期間も長期間にわたることから、観光客の減少などの危惧があったが、このようなピンチをチャンスと捉え、仕掛けたイベントの一つが曳屋プロジェクトをはじめとした弘前城の石垣修理工事を「見える化」した試みである。このイベントは、二〇一四年度から始まった本丸石垣修理事業の中で、二〇一五年度には天守曳屋工事が進められることになったことから、複数年にわたる石垣修理、天守曳屋事業を中長期的な視点で捉え、多年でPDCAサイクルを回し、その時々の状況に見合った適切な施策を効果的に実施することで、持続的な展開を目指していこうとする一環で実施されたものである。

写真2　曳屋ウィーク

出所：弘前市経営戦略部広聴広報課

「曳屋ウィーク」（写真2）は、シルバーウィークにあわせて、二〇一五年九月二〇日から二七日までの八日間、市民や観光客に曳屋体験をしてもらうもので、一日目はふるさと納税寄付者、二日目は公募並びに観光パッケージで弘前を訪問された方を対象に実施された。

「曳屋ウィーク」の効果についてみてみると、弘前城本丸（有料区域）への入園者が三万五五八人で、前回の大型連休の同時期二〇〇九年と比較し一万九〇〇〇人増となった。また、曳屋体験者は三九〇一人、期間中の宿泊客数約一万三〇〇〇人、メディア露出効果は全国ネットで報道されたほか、イギリスのBBCやニューヨークタイムズなど海外メディアからの取材もあり、弘前市の試算では広告費換算で二五億円以上の効果が出ている。

さらに、弘前城天守の石垣修理に伴う「曳屋プロジェクト」が、全国的な話題となったことにより、観光面の効果のみならず、市民の盛り上がりにも貢献し、市民プライドの醸成につながったことも計り知れない効果である。

津軽塗デザインプロジェクト事業「ミラノ・サローネ」出展

「弘前デザインウィーク」の取組の一つとして、「津軽塗デザインプロジェクト」がある。これは、津軽塗業界と世界の第一線で活躍するデザイナーがコラボレーションして、津軽塗ブランドの再確立を図ろうとするものである。このプロジェクトの中で、津軽塗をはじめとする弘前の工芸品を世界に通じるブランドとして確立し、販路開拓・拡大につなげるため、「TOKYO　DES

写真3　ミラノ・サローネ

出所：弘前市経営戦略部広聴広報課

IGN WEEK」の国内外ネットワークを駆使して情報発信を行い、世界最大のデザイン見本市である「ミラノ・サローネ」（写真3）に出展した。

出展期間は、二〇一七年四月四日から九日までで、場所はミラノのトリエンナーレ美術館である。来場者は五万七七七〇人、デザインプロジェクト開発商品は二四点一六種で、約六〇件の商談のうち、トリエンナーレ美術館内のショップ、同ショップのミラノ市内系列二店舗の計三店舗での販売が決定するという成果も出た。

プロ野球公式戦の実現

二〇一七年六月二八日、ゴールデンタイムのスポーツニュースで、弘前市の「はるか夢球場」で、青森県内では二九年ぶりとなるプロ野球公式戦が開催されたことが全国に報道された。青森県内におけるプロ野球一軍公式戦は、一九八八年に青森県営球場で開催されて以来、過去二八年にわたり開催されておらず、弘前市民のみならず、青森県民が待ち望んでいたプロ野球一軍公式戦であった（写真4）。

プロ野球一軍公式戦が弘前市で開催されるまでの経過は、図表1のとおりである。葛西憲之・弘前市長が二〇一四年四月に「プロ野球一軍戦誘致につながるはるか夢球場の改修」をマニフェストに掲げ再選されたことが大きな要因であるが、その前後数年にわたる市民を巻き込んだ取組にも注視する必要がある。例えば、二〇一一年にソフトボールの全日本監督を務めた齋藤春香氏を市職員

写真4　プロ野球公式戦

出所：弘前市市民文化スポーツ部文化スポーツ振興課

図表1　弘前市におけるプロ野球一軍戦開催までの主な経過

年月	事項
1979. 4	現在の弘前市運動公園に野球場が開場
1988. 7	青森県では最後となっていた広島カープ対ヤクルトが青森県営球場で開始
2009. 8	東北楽天ゴールデンイーグルス対千葉ロッテマリーンズ（二軍）
2011	齋藤春香氏を市職員として採用
2012	市民の公募により「はるか夢球場」の愛称が決定
2014. 4	市長がマニフェストに「プロ野球一軍戦誘致につながるはるか夢球場の改修」を掲げ、再選
10	市内野球関係団体から、プロ野球一軍戦開催ができるような野球場改修の要望書が提出
2015. 1	今関勝氏を市職員として採用
2	弘前市プロ野球一軍戦誘致実行委員会が設立
4	1000人規模で仙台に行く楽天イーグルス応援バスツアーを実施
9	楽天イーグルス応援パブリックビューイングを開催
11	弘前市運動公園「はるか夢球場」の改修工事が開始
2016. 3	楽天野球団と弘前市が「ひろさき地方創生パートナー協定」を締結
4	1000人規模で仙台に行く楽天イーグルス応援バスツアーを実施
6	楽天野球団へ要望書を提出する（弘前商工会議所・弘前市野球協会・弘前市）
11	プロ野球一軍戦開催が決定
2017. 5	弘前市運動公園「はるか夢球場」の改修工事が完了
6	プロ野球一軍戦が開催

出所：弘前市文化スポーツ振興課提供資料を筆者が編集

として採用し、翌年には市民公募によって、弘前市運動公園野球場の愛称が齋藤氏にちなんだ「はるか夢球場」に決定した。また、二〇一五年には、元プロ野球選手で、楽天ゴールデンイーグルスのジュニアコーチを務めた今関勝氏を市職員に採用している。さらに、「弘前市プロ野球一軍戦誘致実行委員会」の設立や一〇〇〇人規模による「楽天イーグルス応援バスツアー」を二回にわたり実施している。多くの市民のプロ野球一軍戦の開催への思いが実を結んだと言える。

その他にも、「ひろさき地方創生パートナー企業協定」に着目したい。協定は、民間企業と市が連携して同一の目的に向かって取り組み、効率的・効果的に地方創生を推進し、市民により有益なサービスを提供しようとするもので、二〇一六年三月に、弘前市と株式会社楽天野球団の間で締結している。協定では、野球を中心としたスポーツ交流活動等を通じて、弘前市のスポーツ振興と青少年の健全な育成を図ることを目的とし、主な連携事業として、(一)楽天野球団が実施する試合興行及び地域貢献活動への支援に関すること、(二)楽天野球団と弘前市の住民・企業等との交流活動への支援に関すること、(三)青少年の健全育成に向けた取組に関すること、(四)弘前市民のスポーツ活動促進に関すること、などを盛り込んでいる。

図表2　弘前市の観光入込客数

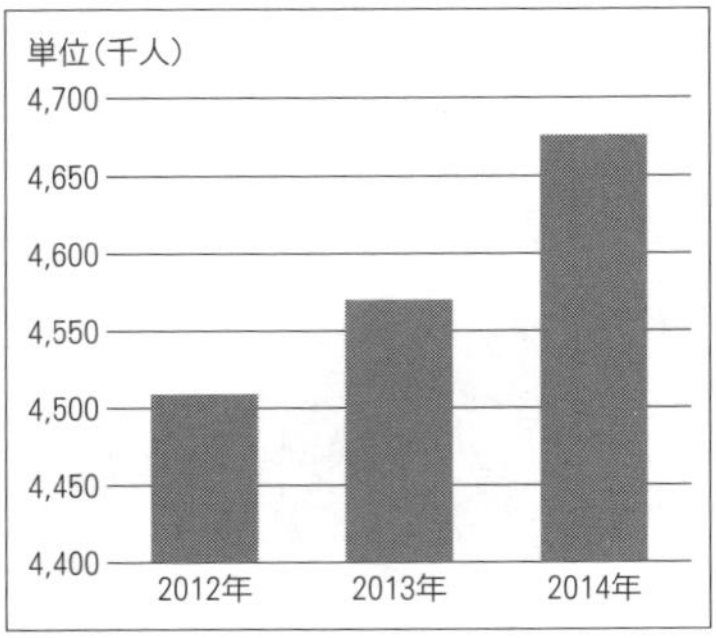

出所：弘前市観光振興部

図表3　弘前市の宿泊者数

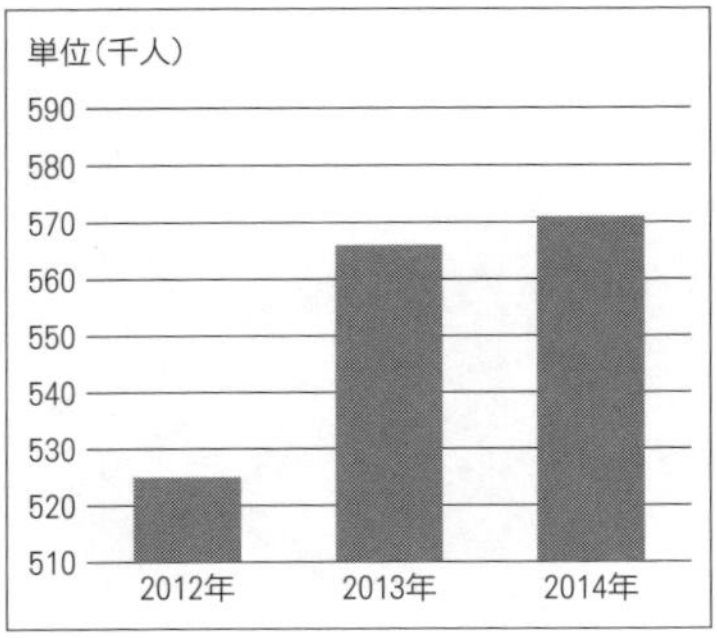

出所：弘前市観光振興部

3　戦略的シティプロモーションは地方創生の処方箋

弘前市は、東北を代表する観光都市の一つであるので、交流人口の増大、観光誘客は、シティプロモーションの成果を判断する上で、重要な指標となる。弘前市が公表している二〇一二年から二〇一四年までの三か年の観光入込客数、宿泊者数は、ともに増加傾向にある（図表2・3）。このことからも、弘前市のシティプロモーションの効果が上がっていると捉えることができよう。

しかし、これまで概観してきたように、弘前市は、シティプロモーション事業を実施することを目的として捉えるのではなく、都市経営・地方創生の一つの有力な手段として展開するなど、多方面に広がる能動的な活動として捉える「新たなシティプロモーション戦略」が成果を上げている。このことは、全国の地方自治体が、今後、地方創生・地域活性化を進めていく処方箋の一つとして、「戦略的シティプロモーション」の推進が有効な手段であることを示しているのではないかと思う。

最後に、「戦略的シティプロモーション」の取組が地方創生の処方箋になり得る三つの視点を、弘前市の事例を通して指摘しておきたい。

第一は、市民、コミュニティ、民間事業者、行政が一体となった地域経営をベースにして「戦略的シティプロモーション」を推進する視点である。弘前市は、「オール弘前」をコンセプトに様々な取組を推進している。市の総合計画で

図表4　地域経営のイメージ

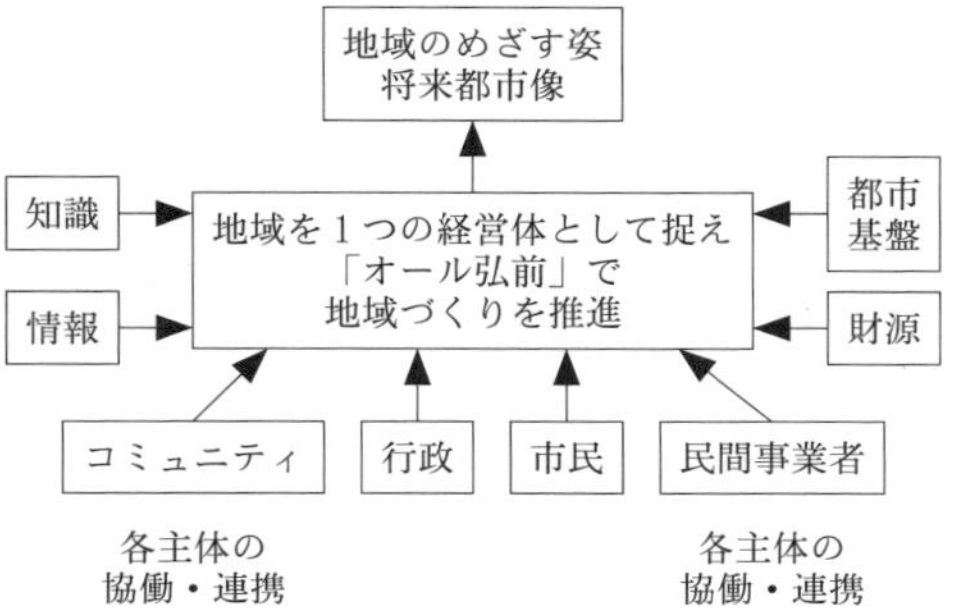

出所：「弘前市経営計画」二〇一七（平成二九）年度改訂

ある「弘前市経営計画」は、地域経営を、「行政だけではなく市民やコミュニティ、民間事業者等も含めた地域全体を一つの経営体として捉え、各主体が協力・連携し合いながら、地域の目指すべき具体的な目標や解決すべき課題を定め、その実現に向けて持ち得る資源を効果的・効率的に活用し、計画的に地域づくりを行う」と定義し、地域を一つの経営体として捉える「オール弘前体制」を施策展開の基本的な考え方としている（図表4）。

人口減少の抑制や地域経済の維持・成長など、地方創生の実現は地方自治体の首長や行政体だけで対応していくことには限界があり、市民や企業との連携・協働は不可欠である。そのような意味でも、シティプロモーションに地域経営の視点を持つことは重要である。

第二には、市民プライドの醸成を目指すシティプロモーションの視点である。弘前城と桜は弘前市民のシンボルであり、誇りである。弘前城天守の石垣修理事業に伴う「曳屋プロジェクト」は、観光産業育成のみならず市民プライド醸成の効果もあった。二〇一四年六月に実施された「弘前市市民評価アンケート」でも市民の八割が弘前市に対して愛着を感じていると回答しており、市民プライドの醸成は進んでいる。葛西憲之・弘前市長は、二〇一七年二月の市議会における施政方針演説の中で、「市民の活力と誇りの復活、このことが第一と考え、弘前城天守の曳屋という公共事業をイベントにデザインするなどのシティプロモーションをはじめ、様々な取組を創意工夫しながら進めてまいりました。その結果、県内外はもとより国外からも高い評価を受け、その外部からの評価を受けることで市民が自信を持ち、弘前への愛着や誇りが高まり、そして市民自らが地域で活動をすることにより、全体として地域力・市民力が上がってきたものと考えております。」と述べ、新たなシティプロモーション戦略が市民プライドの醸成につながったと評価している。シティプロモーションの成果を市民が実感できるようにするためにも、市民プライド醸成の視点は重要である。

第三には、既存のシティプロモーションの枠組を超え、シティプロモーションを地方自治体の地方創生・地域活性化を推進する多方面にわたる施策と連動させていく視点である。

弘前市の「戦略的シティプロモーション」は、シティプロモーションを担当する広聴広報課という一つのセクションで完結させるのではなく、産業振興、スポーツ・文化振興、観光振興、市民協働など、行政の縦割りを排除した「オール弘前」体制による施策展開となっている。市の重要施策を実現するため、シティプロモーションを担当する広聴広報課が横断的な取組の接着剤の役割を果たしている。

まさに、この取組は、「オール弘前体制で重層的に連携させることで、地方創生の全国の先進モデルとして取組を加速させる」（葛西憲之・弘前市長）ものである。今後の弘前市の新たな施策展開に注目していきたい。[4]

4　本章の執筆に当たっては、二〇一七年八月一八日に弘前市へのヒアリング調査を実施した。調査に御協力いただいた経営戦略部広聴広報課デザインウィーク担当、市民文化スポーツ部文化スポーツ振興課の皆様には、公務御多忙にもかかわらず、貴重な情報・資料を御提供いただいた。また、弘前大学大学院地域社会研究科の佐々木純一郎教授には、ヒアリング調査に御同行いただき、貴重な示唆をいただいた。ここに記して感謝を申し上げたい。なお、本章の内容は、弘前市から御提供いただいた情報・資料などをもとに、筆者が解釈・構成・執筆したものであり、本章における誤りは全て筆者の責任である。

（参考文献）
弘前市ホームページ（http://www.city.hirosaki.aomori.jp/）

第8章　「MAD City（マッドシティ）」民間ベンチャーによるまちづくり
――松戸市におけるクリエイティブを介した好循環――

株式会社まちづクリエイティブ代表取締役　寺井　元一

1　MAD City のまちづくりとエリア

千葉県松戸市は人口約四九万人を抱える、東京近郊でも有数のベッドタウンである。歴史的には、江戸期に現在の松戸駅前周辺に松戸宿の宿場町を擁し、水戸と江戸をつなぎ多くの人々が往来する水戸街道の拠点として、そして、銚子と日本橋をつなぎ鮮魚を配送する下総鮮魚街道《しもうさなまかいどう》の要衝として、大いに栄えたという。

その後、この宿場町を中心に合併した松戸町が、更に昭和期の周辺町村との大合併を経て松戸市となり、複数の大規模団地の造成もありベッドタウンとして知られるようになった。この合併の過程で多くの生活文化圏が混在する形となっており、松戸市の資料内でも七から一一程度の地区に分けて様々な分析や施策が行われている。

本章で取り上げる MAD City は、この松戸市内のうち、旧宿場町にほぼ相当する松戸駅周辺、本庁地区の全域及び明第一地区の一角を対象に、民間のベ

図表

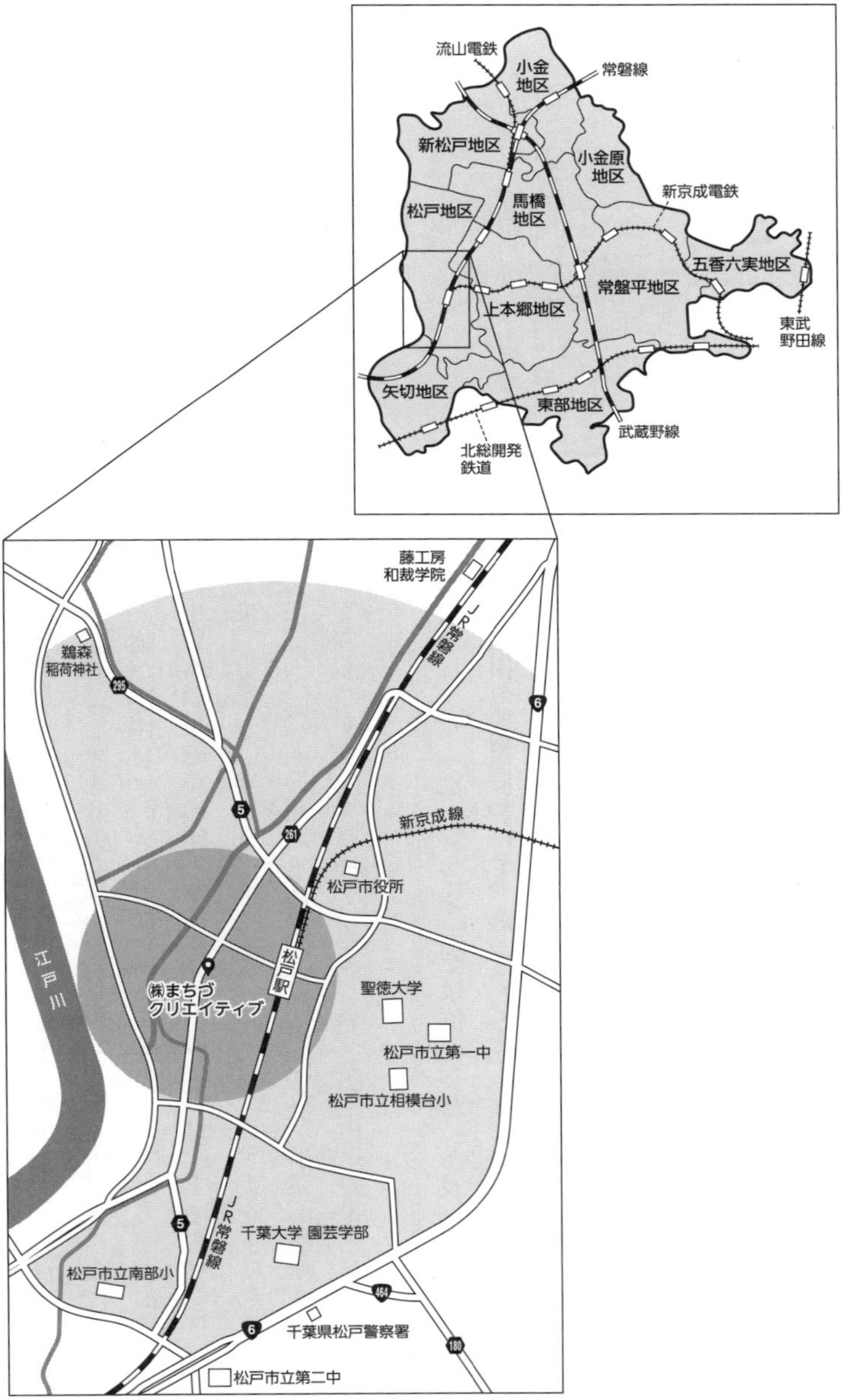

は MAD City のロゴと対応したコアエリアを示しており、まちづクリエイティブ社から半径 500 メートル圏内。
また　は不動産物件を扱っているエリアで、松戸駅から最大で 1,600 メートルまでの区域を設定している。

ンチャー企業である株式会社まちづクリエイティブが独自に設定したエリアである。狭義には松戸駅西口を中心とする半径五〇〇メートルの円形のエリア、広義には松戸駅を中心とする半径一六〇〇メートルの円が変形したエリアとなっており、後者には二〇一七年九月一日現在の松戸市世帯数人口表によれば、おおむね二万人強が定住していることになる（図表）。ベンチャー企業の主導ゆえ、小規模小資本の組織が端緒となって持続可能を目指すまちづくりのモデルケースとして、二〇一〇年以来、多くの空き家、空きテナントの利活用を実現するとともに、二〇〇人を超える住民の移住定住及び事業所移転を誘引し、市とも連携してまちづくりのプロモーションとなる芸術系のイベントなどを展開してきた。

この原動力となった「MAD City」を単位としたシティプロモーションや、地域ブランド創出の取組について、本章で記述する。

写真1　MAD City ホームページ

出所：㈱まちづクリエイティブ

2　MAD City の設立

MAD City は、株式会社まちづクリエイティブの起業とともに、同社のモデルケースとして立ち上げたまちづくりのプロジェクトである（写真1）。

同社は、「クリエイティブな自治区」の事業化を目指すベンチャー企業であり、本章執筆者の寺井が代表を務めているが、寺井をはじめ創設メンバーには松戸市の出身者や地縁者が全くいない。地縁血縁その他何も縁のない松戸駅周辺にて、民間企業発の独自の地域ブランドを、全く新たに創出することを想定してプロジェクトを開始した。

また、その際の手法として、芸術家やデザイナーなど、クリエイティブクラスにターゲットを絞って誘致と集積を目指した点が特徴である。多くのまちづくり事案ではカフェをはじめとする高感度の店舗誘致や、若いファミリーや夫婦の誘致を目指しがちであるが、そもそもカフェもファミリーも集積しない原因がある以上、その手前に必要な人材層にターゲットを絞ることにした。

このため、このプロジェクトの最初の目標は、エリアを独自に設定することに加えて、そのエリアに名前を付け、ロゴマーク等を策定し、また、そのエリアがどうなるかを示すビジョンを策定して、そのことだけで尖った層のクリエイティブクラスから一定の注目や期待を集めることであった。その際、基本方針にあったのは、他のまちとの差異化を徹底する、ということであった。

現代社会で求められているライフスタイルにおけるニーズが個性や独自性の希求にあり、特にクリエイティブクラスにはその点が顕著であると推察されたためである。よって、そもそも地域資源に乏しいことが明らかな「まちづくりが必要そうなまち」において、いわゆる（プラスの）地域資源ではなく、マイナスの地域資源を価値転換して活用することを当初からの方向性とした。こういった方向性は、国内外の現代アートの作品制作手法や、現代アートプロジェクト（芸術イベント）及びクリエイティブシティとして知られる事例等に散見されていたものでもある。

その後、「松戸」について調査を進めると、特に昭和以降に暴走族の大量発生や、傷害や殺人及び発砲事件などの発生、「にちゃんねる」などインターネットにおける「炎上」事案をはじめ、自虐的な意味合いとカタカナ表記の見た目を踏まえて、松戸市を「マッドシティ」として揶揄《やゆ》する記載が多々あることが分かった。

またその一方で、「クール」といった表現にも見られるように、海外ではマイナスの意味合いを持つ単語をむしろプラスの意味を持つ隠語・スラングとして使用することがある。このような用法から着想を得て、「MAD City（マッドシティ）」をエリアの名称として採用することとなった。松戸市の読みの音や、松戸のカタカナ表記のそのままの要素を活かしながら、直訳で「狂ったまち」を意味するネーミングは一部のクリエイター等から驚きとともに注目を集め、複数のウェブメディアに取り上げられることとなった。行政主導や地域住民主導ではこのネーミングが実現しなかったことは疑いなく、このような突き抜けたネーミングの実現自体に価値があったと考えられる。

その後、自社の事務所兼イベントスペースを松戸駅西口に開設することとなり、その地を中心に半径五〇〇メートルのエリア（前述の狭義のエリア）を設定し、その地図をかたどってロゴデザインを制作した。自治区を名乗り衣食住の全てをカバーしようというまちづくりの取組として、徒歩圏に絞り込んだエリア設定は、当時、全国でも有数の「狭さ」であった。加えてビジョン策定に当たり、多くの他市町村の既存の市民憲章を収集して分析したところ、約一〇

○程度の主だった事例は全て総花的で、多くの行政施策をカバーするように記載され、また、誰にとっても好ましい内容が書き込まれているものであった。つまり、何となく良い文章だが、似たり寄ったりで差異化が見られない内容ばかりであることが分かった。

そこで策定されたのが、多くの人には眉をひそめられても、一部のクリエイティブクラスから強い共感や関心を得ることを目指して策定された、次に示す七箇条からなるビジョンである。

- クリエイティブな自治区をつくろう。
- 刺激的でいかした隣人をもとう。
- 地元をリスペクトし、コラボを楽しもう。
- 変化を生み出そう。新しいルールを発明しよう。
- 仕事場も住居も、ＤＩＹ精神で自由に創造しよう。
- 河辺でも通りでも駅前でも、まちを遊びつくそう。
- 東京のみならず、世界とどんどんつながろう。

二〇一五年時点でこの七箇条は全て、一定レベルで実現することとなり、今では新たなビジョンを再策定する時期を迎えているが、このように短期間でビジョンが実現したことは、MAD City という地域ブランドの構築によるものであると考えている。

3　MAD City の地域ブランドと地域アートプロジェクト

広義と狭義、地域ブランドについて二つの分類があるとしたとき、MAD City において実現したのは広義の地域ブランドである。

それは松戸市の一角、面積にして数％にしか満たない MAD City なるエリアが、クリエイティブクラスに対して、都内では成立しないほどの自由度や寛容性にあふれたライフスタイルが可能となる場所であり、今まさに感度の高いクリエイターたちがこのエリアに集まりつつあるのだ、という印象を実感してもらうという試みであった。

このため、まちづクリエイティブ社は MAD City の中で実際に、様々な事業やイベントに取り組み、地域ブランドの可視化に努め、また、その実態を生み出し維持するために収益源の創出に取り組むこととなった。具体的には、地域アートプロジェクトのイベント実施及び日常事業化、空き家、空きテナントの利活用と絡む不動産サブリース事業、そして MAD City に拠点を移したクリエイターの支援活動である。

時系列で端緒となったのは、クリエイティブクラスの中でも特に先鋭的な存在とされる芸術家にターゲットを絞った活動、具体的には地域におけるアートプロジェクトの開催であった。

松戸で活動するＮＰＯ団体と関わり、二〇一〇年初春にＮＰＯと松戸市、更

写真2　MAD WALLの壁画

出所：㈱まちづクリエイティブ

写真3　アートプロジェクト展示

出所：㈱まちづクリエイティブ

に地域の町内会を関係者としながら、松戸駅周辺にて約一五〇平方メートルと大規模な屋外壁画の制作を行い（写真2）、その一定成功を受けて二〇一〇年から同じく松戸駅周辺で複数の芸術イベントを束ねた形式のイベント、松戸版のいわゆる地域アートプロジェクトに取り組んだ。

初期には、空き家、空きテナントを会場として若手芸術家たちが展示やパフォーマンスを行う形式でイベントを実施、その過程でそれまで世に開かれていなかった古民家や雑居ビルの一角などが利用可能な中古ストックとして可視化され、多くの芸術家やクリエイターが松戸駅周辺にアトリエを構えようとする契機となった（写真3）。

また、このアートプロジェクトは二〇一二年以降、一か月程度に期間を絞ったイベント形式から、年間を通じて活動する形態へと発展した。この変化は、実現可能性を担保するには適したイベント形式が、実際には開催期間が終われば参加した芸術家が離散する契機にもなってしまうことや、一方で期間中に来場者がどのような経済効果をもたらすかを検証した際、効果が薄かった反省に基づいている。

来場者の経済効果については、他地域の地域アートプロジェクトには一定の成功を収めているものもある。多くの場合、観光産業と結び付いており、宿泊・飲食・土産物購入といったビジネスによってエリアに経済的なメリットをもたらしている。

ところが東京近郊の松戸の場合、来場者のほぼ全てが宿泊せず、飲食におい

写真4　アウトドアウェディング

出所：㈱まちづクリエイティブ

写真5　高砂通り酔いどれ祭り

出所：㈱まちづクリエイティブ

ても他駅に移動するか松戸駅前に多数散見されるチェーン店に訪問し、また、土産物についても購入しない、という結果であった。

考えてみれば、松戸市が観光地ではなくベッドタウンとして成立していることからもごく自然な事象であり、このことから住宅産業に結び付けて、路上や公園、空き地、河川敷といった公共空間の利活用に伴うクオリティアップ、地域活動の充実を目指した取組に転換したわけである。この取組はそもそも地域の受け皿がないことに向き合うこととなり、MAD City のエリアをぐるりと取り囲むように存在していた、一〇の町会自治会及び一つの町会連合会の代表者を募って再組織化に取り組むところから始まった。

この結果、生まれた団体が今も松戸駅周辺で活動する「松戸まちづくり会議」である。二〇一二年から二〇一三年まで、まちづクリエイティブ社は同会議の事務局として団体の組織化を推し進め、また、アートプロジェクトを引き継いだ公共空間利活用のアート活動を芸術家とともに実施した。

この間、江戸川河川敷を活用して参加アーティストが実際に大量の参加者を募って結婚式を開催するアウトドアウェディング（写真4）の開催のほか、公園そのものを現代アート作品と変える取組、はたまた狭小飲食店が軒を連ねる横丁のある一角を一五〇メートルほどぐるりと道路占用して路上が周辺飲食店からの名物料理を食するフードコート化するイベント（写真5）の定期開催などが実現した。

いずれも半年以上の期間をかけたり複数回実施するなど、日常的な取組として実施したものである。取組の企画はどれも非日常的な内容であるが、それらを日常的に行う状況は、関わる芸術家やクリエイターにとって一時的な展示会場というより、日常的な制作現場や寝泊まりする拠点としてエリアを認識する機会となった。

さらに、二〇一三年の後半からは、まちづクリエイティブ社が物件をマスターリースし、松戸まちづくり会議が店子という形をとり、新たに外国人芸術家向けの滞在施設の運営を開始することになった。

これは、元ラブホテルの跡地に当たる物件が全国チェーンのパチンコ店にオーナーチェンジした後、使われず放置されていた中高層階を活用する取組の一環で、松戸市及び文化庁の助成を受けて展開された。

地域の町会などと構想を固める中で、宿場町の歴史の中に、かつて街道沿いの家々が文人画人を宿泊させ、その際に金銭ではなく書画や器をはじめとする作品現物を宿代代わりに預かっていた過去があることを見いだし、水戸と江戸ならぬ、成田空港と東京をつなぐ新たな宿場町の取組として無償宿泊の代わりに作品やライブパフォーマンスを地元に遺してもらおうというアーティスト・イン・レジデンス（写真6〜9）を実現したわけである。

今では三部屋が滞在部屋として活用されており、日常的に一〜二週間程度の無償宿泊ができるほか、年に一度は渡航費や制作支援金の支給まで行う公募が行われて数組が選ばれるようになっている。年間で五〇組近くが滞在する、つまり、毎週のように外国人の芸術家が集う場所になっているほか、前述の公募

写真6　ライブパフォーマンス

出所：㈱まちづクリエイティブ

写真7　オープンスタジオ

出所：㈱まちづクリエイティブ

時は三〇〇倍強の倍率で申込みが殺到する人気プログラムに成長している。

　このような、短期イベントから長期的な地域活動への展開や、国内から海外の芸術家への広がりなど、芸術・現代アートに絞った諸々の取組によって、コアターゲットであった芸術家層に対してMAD City なる地域ブランドを認知いただくことに一定の成功を収めることができた。

写真8　展示①

出所：㈱まちづクリエイティブ

写真9　展示②

出所：㈱まちづクリエイティブ

写真10　リノベーション事例

出所：㈱まちづクリエイティブ

4　MAD City の地域ブランドと不動産サブリース

地域アートプロジェクトにまつわる諸々の活動は、芸術家たちには一定の影響を与える。しかし、MAD City が目指した観光客によらない、居住者によるまちづくりの方向性において、芸術家の存在はあまりに少数で、まちという巨大な存在に大きな影響を与えるものとは言えない。

そこで、より実効性のある地域ブランドの創出に向けてまちづクリエイティブ社が行ったのが、空き家、空きテナントを活用するサブリース事業である。この取組は、前述した地域アートプロジェクトとごく密接に接続しているのは言うまでもない。松戸市や地域住民、町会自治会などを通じて、まちづクリエイティブ社と地主や物件オーナーが接点を持ったことが、その後に古民家から集合住宅、更に元ラブホテル跡地に至るまで、多様な物件をサブリースすることにつながっている。

そしてこのサブリース事業は、巷間話題になっているリノベーションと呼ばれる一連の流れともまた違う特徴を持っている。それは、リノベーションを行う事業ではなく、リノベーションが自然発生的に起きる事業である、ということである（写真10）。

そのために、まちづクリエイティブ社は本当にまるで廃墟としか思えない不動産物件であっても借り上げ、その物件を活用する意欲と能力にあふれるクリ

写真11　リノベーション事例

出所：㈱まちづクリエイティブ

エイティブクラスに物件を転貸している。つまり、たくさんマイナスがある不動産物件に望んで関わっているということである。その際に重要となるのは、一般的にはマイナスだが、特定のクリエイティブクラスにとってはプラスに転化し得る要素の発掘や発想転換である。

具体的には、例えば、壁紙がボロボロになってしまった部屋があったとき、一般的には壁紙を貼り直す等の追加投資をしなければ入居者が存在せず、そもそもそうでなければ一般の不動産事業者も仲介してくれない。

こういった物件について、本来必要な追加投資を不要としてその代わり、低賃料を承知いただいて借上げを行う。入居見込者はキレイな壁紙を求めている層ではなく、壁紙を剝がしてでも自分の絵画作品を壁に直接描きたい画家などである。彼らにとっては壁紙は無用の長物で、むしろ好きに絵を描き続けることができ、その後も現状回復を請求されることがないことが付加価値である。オーナー側のマイナスを、入居者をごく特殊な層に絞ることでプラスに転化させることで、サブリース時の満足度や粗利益を向上させるわけである。

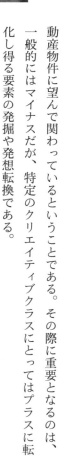

また、壁一面に絵が描かれた部屋は、一般的に入居者を相当に選ぶが、逆に言えば前入居者の絵のファンや愛好家にとっては一点ものの部屋になり、むしろ価値が上がることになる（写真11）。画家を入居させ、退去しなければサブリースの差益が安定して生まれ、退去すれば彼のファンや愛好家がこれまで以上の価値を認めて入居することで利益率が上がる。

実際にこの手法で、MAD City では契約数に直して約九〇の物件を再生し、利活用してきた。そのほぼ全てがまちづクリエイティブ社が借上げをしており、原状回復義務を負担する形で入居者側は原状回復が免除となっている部屋である。

結果として、入居者にお支払いいただく賃料は当初からの平均でも約一〇％賃料上昇しており、部屋によっては二〇〇％以上の賃料になった部屋もある。賃料上昇は定期的にオーナーにも還元するため、このような中古ストックの活用はオーナーにも入居者にも、そしてまちづくり事業者にもプラスであろう。

こう書くと理想的な関係に思えるが、当然に難しいポイントがある。それは、入居者たるクリエイティブクラスへの評価、目利きである。廃墟にも似た空き物件をクリエイティブクラスに預け、その後の改装やリノベーションを彼らに徹底的に委ねることで個々の物件を個性化・独自化して付加価値を創出するというとき、つまるところそのクリエイティブクラスの才能や価値が物件価値に直結するからである。

実際、まちづクリエイティブ社では入居審査時、収入証明等よりも、これまでの制作作品や展示等の実績資料をもとにして可否を決めている。この点、不動産サブリースと並行して、長年にわたり地域アートプロジェクトを運営してきたまちづクリエイティブ社でなければ成し得ない強みが蓄積されていると感じられる。

一般の仲介事業と異なり、サブリース事業において重要なのは、入居時よりも入居後の営みである。これは前述したように、借りた部屋を入居者が改装したり彩ったりと、どう使用するかもそうであるが、その場所を拠点に暮らすとき、その周辺たるエリアでどのような活動や仕事をするかが重要である、ということである。

クリエイティブクラスの特筆すべき要素は、能動的かつ自発的に、自分がやりたいから何かをする、といった起業家的なマインドがあることである。こう書くとクリエイティブクラスと起業家を対置したように思われるが、そもそも起業家はクリエイティブクラスの一部であり、特にビジネス領域に特化した存在である、というのが実態であろう。

いずれにせよ、クリエイティブクラスは入居した部屋を改装するだけでなく、エリアで様々な企画を妄想し、あるいは実践しようとする。彼らを支援し、その力を最大限引き出すことで、エリアの中で新たな魅力につながる活動を生み出すことが不動産サブリースを通じた地域ブランド構築のポイントである。

MAD City においては、地域アートプロジェクト以外に、クリエイティブクラスの入居を契機にしたイベントや活動が多々生まれている。

例えば、古民家は一般的に中庭や裏庭など、敷地面積をぜいたくに利用していることが多いが、MAD City では入居者にクラフト作家がいたことで、周囲の作家に呼びかけて庭にテント等で作る簡易な店舗を連ねるマーケットイベントが始まり、今では隔月で約四〇店舗が集まる市が実現している（写真12）。

写真12　古民家でのクラフトマーケット

出所：㈱まちづクリエイティブ

写真13　マンション屋上でのビアガーデン

出所：㈱まちづクリエイティブ

あるいは、某マンションの屋上が入居者間の広場的な使われ方が進んだことでイベント会場化し、料理人が主催者になっての会員制ビアガーデンの開設（写真13）や、あるいはヨガ講師が主催者になって新月を眺めながらのヨガ講習会が開催されるなど、一風変わった企画が次々と開催されるに至っている。

また、数十を超える部屋が思い思いにリノベーションされ、工房やアトリエとして使われるに至っては、それらの部屋を日時を決めて一般公開してツアー的に眺めて巡れるようにすることや、更にそれらの部屋で作り溜めた作品やプロダクトを展示したり、入居者本人が講師となって様々な体験型のワークショップや教室を行うだけで、まちぐるみのイベントが実現することになる。

クリエイティブクラスの誘致だけでなく、その後の日常にコミットすることで、芸術家のみならず様々な領域のクリエイティブクラスがMAD Cityで自分の可能性を試すことができるのだと、触れたり体験できる形で可視化が進んでいくのである。

ただしそのためには、入居者たるクリエイティブクラスに対して、様々な支援が必要になる。

具体的には、個々のクリエイティブクラスの相談相手になることや、各々のスキルや方向性を把握した上で引き合わせてコラボレーションを誘発すること、物件オーナー側と調整して物件の利活用の幅を広げたり、スポンサーになる民間企業への営業を代行してあげることまで、多岐にわたる。まちづクリエイティブ社は、まさにこの点の専門性を更に高めるために、実践を重ねているところである。

結局のところ、こういった知見は机上で学ぶことが困難で、実際に多くのクリエイターと接したり、活動に進行形で関わることでしか学べないことが多い。そのいわば実験場として、一面では仮想のまちでありながら、実際に存在するまちを運営していて経済的にも持続可能にたどり着いているということがMAD City の特徴であろう。

いずれにせよ今この瞬間も、サブリースの事業成立と、その収益を転化した支援への投資、MAD City に拠点を構えて日常的に活動する芸術家やクリエイターたちの自主的な企画などによる連鎖が、MAD City の地域ブランドを生み出し、高め続けているのだ。今では住居、アトリエ、工房の集積が、路面のカフェ店舗など飲食店の誘致、更には若いファミリー層の誘致を実現する段階に至っている。

5 MAD City とシティプロモーション

ここまで書いてきた様々な取組は、実は誰もかれもが知っているわけではない。なぜなら、MAD City を実現するために最小の投資や労力で、最大の成果を得ようとすれば、世の全員に知られる必要はないからである。

MAD City の情報については、これまで広告宣伝費をかけることなく、ウェブサイト（madcity.jp）及び紐づけたSNSへの投稿（Facebook 及び Twitter、 instagram）を通じて外部に情報発信してきた。この間、発信の核となっているウェブサイトは二〇一〇年から大小リニューアルを繰り返して現在の形となっている。これはエリアのネーミング、ロゴデザイン、ビジョンしか発信できる内容がなかった設立当初から、イベント企画や物件・入居者などの充実を受け、ターゲット設定を順次切り替えながら改善を多段階で図ってきたことによる。

初期は特に尖ったクリエイターや芸術家を想定したウェブ構成であり、会社概要のページについても、実際のオフィスの壁面に概要を掲示してそれをウェブカメラで撮影して、実は画像でなく放送しているといったトリッキーなページを用意していたり、スタッフがTwitterで街中の様子を撮影して投稿するとウェブサイトのトップページの地図に反映されていくなど、機能性以上にコンセプトやウェブの作り方自体の面白さをアピールする内容であった。

その後に、多様なイベントが起きていることをアピールするようにイベント情報がタイル状に入り混じるデザインなどを経て、現在ではエリアの様子を示す写真画像、運営中の施設情報、物件情報、イベント情報、入居者紹介や入居者執筆なども含めたコラム記事、といった幅広い情報を掲載する内容となっている。

芸術家、イベントや展示が好きなクリエイター、もの作り系のクリエイター、若いファミリー層など、ターゲット層を微調整しながら行ってきたリニューアルは五回にわたっている。

この間、地域アートプロジェクト、あるいはアーティスト・イン・レジデンスに滞在する外国人芸術家の取組、入居するクリエイティブクラスによる活動等、エリアで起きる具体的な出来事や人々をコンテンツに情報発信を図り、また、イベントを開催あるいは支援してきた。対象は少しずつ段階を追って変わっているが、初期であればあるほど、自発性と独自性のあるクリエイティブクラス、つまり芸術家に近い層を想定して、彼らの仲間に当たる人材や、彼らの実現したいことが成立する環境、その根拠となる事例を発信してきた。

本来、狭義の地域ブランドとして、地域名が冠された加工品やプロダクトなど、より分かりやすい商品やサービスがあればプロモーションはより容易であっただろう。残念ながら、松戸駅周辺、MAD City にはそういった商品は見当たらず、そこにいる人々や、価値観、文化、雰囲気を売り込んできた。

結果として、集まったクリエイティブクラスが様々な形で引き起こした出来事が、新たなコンテンツとなり、改めてウェブサイトを通じてプロモーション活動が続いている。今や、初期に入居していたクリエイティブクラスの中から、ニューヨークで活躍する現代アーティストや、アジアで招聘《しょうへい》される音楽家、イギリスに移住した家具職人なども輩出され、今後は、現在の MAD City にいないものの、彼らの足跡が新たなシティプロモーションのコンテンツとなることを想定している。考えれば、全てはエリアに魅力的な住民を誘致するという、定住人口の増加を目指した取組であった。

結果として、そのための取組がインターネット上の発信を通じて情報交流人口の増加、イベント参加などを通じて関係人口の増加にも寄与したが、一方で重要だったと感じられるのは、いかなるときも最終的な目的である定住に向けて、具体的な物件情報をあらゆる情報の脇に提示し続けたことである。情報交流人口が増え、交流人口が増えれば定住人口の増加につながるというのは確かに妥当に感じられる。

しかし、そういう理論とともに、定住人口を求めながら、ずっと情報交流人口と交流人口を増やしているだけに堕してしまう取組もあるように思われる。どこかで、定住人口が実際に一人でも二人でも増えているという事実こそが、一〇人や二〇人の定住人口を実現するのではないかという直感がある。そのとき、実は最も大切なのは、数少なくとも彼ら移住定住者こそがシティプロモーションのコンテンツそのものであり、そうであればこそ狭いエリアであってもシビックプライドを醸成するということなのではないか。

現在のMAD Cityでは、入居するクリエイティブクラスと業務委託を結び、新たな商品開発や他企業とのコラボレーション案件を受託することも増えてきた。本章では、MAD Cityには狭義の地域ブランドはないと書いたが、近い将来、何らかの商品やサービスを生み出す日も近いと考えている。

数えれば設立から八年目となり、筆者もそうだが古参の入居者たちも年を取った。団地の社会問題ではないが、ボリュームゾーンの年齢が三〇代中盤と、少しずつ高齢化が進んでいると感じられる。新陳代謝し続け、ありもしない地域資源に頼らず、自ら無形の資源、つまりマイナスを転化するかのような地域資源を生み出し続ける。そして文化を創り、プロモーションし続け、ブランド価値を高め続けて、いる人々の新陳代謝と日常生活の豊かさを支え続けることを今後も目指していきたい。

第9章　「丹波篠山」——既存ブランドの活用と新たな価値の創出

公益財団法人日本都市センター研究室研究員　加藤　祐介

1　「地方公共団体の名称」≠地域のイメージを抱かせるツール

自治体名などの「公的な地名」は、行政区域や住所を識別する記号にすぎない。市町村合併や市制施行、住居表示の実施などに伴って（時にはその地域にゆかりのない）全く新しい名称が付けられることがあるが、それは単に「公的な地名」が変わっただけであって[1]、そのこと自体によって、その地域がその地域でなくなるわけでもなければ、地域が育んできた歴史や文化が消え去ったりするわけでもないし、地域で行われる諸活動に極端な影響を与えることも、（基本的には）ないはずである。

とはいえ、自治体名をはじめとする「公的な地名」が、地域に対する「イメージ」に大きな影響を及ぼすことは否定できない。本書で取り上げている「地域ブランド」として、地域に対する何らかのイメージを人々に抱かせ、他との差別化を企図するのであれば、他の地域と識別可能な何らかの名称を付与しなければならない。要は、名前がなければ具体的なイメージを持つことができない、

1　例えば、多くの人は、「御徒町駅」のある東京都台東区上野五丁目あたりのことを、かつての地名である「御徒町」だとは認識しても、住居表示後の公的な地名である「上野（五丁目）」だとは認識していないのではないか。

ということである。

とりわけ、その地域に詳しくない地域外の人々にとって、自治体名は通用性が高く、当該地域を認知するきっかけとしては便利である。もちろん、多くの消費者や観光客は、購入するモノや訪れる場所自体に興味があるから買ってみたり行ってみたりするのであって、その産地や行き先が「何市町村なのか」という自治体の〝くくり〟はどうでもよいことであろう。とはいえ、地域外の人々に対して地域の特産品や地域自体を売り込もうとする場合には、自治体名がその地域を認知させる有力なツールの一つとなる。すなわち、本来は、単に「地方公共団体の名称」や住居等の「表示」にすぎないはずの「公的な地名」が、地域に対するイメージ形成に大きな影響を与える存在になり得るということである。そうであるからこそ、各自治体は自らの自治体名の認知向上を目的に[2]、様々なプロモーションを行っているのであろう。

また、自治体名などの「公的な地名」は、当該地域に暮らす（暮らしていた）人々の地域への誇りや愛着、いわゆるシビックプライドにも何らかの影響を及ぼすだろう。だからこそ、市町村合併の際に新市町村に冠する「地方公共団体の名称」の決定過程や、住居表示前の「旧町名復活」[3]の運動などを通して、日本各地で様々な議論が巻き起こってきたのである。

本章で紹介する丹波地域は、もともと地域資源が豊富にあり、これらを活かした新たな取組が注目を集めている地域である。特に篠山市においては、主として地域ブランドの観点から、この市名「篠山市」をめぐって議論が行われている。

2　さらにその先の目的が重要であることは言うまでもない。
3　なお、旧町名の復活については、「主計町」（一九九九年一〇月一日復活）ほか計一一町名を復活させた金沢市では、「地域における住民相互の連帯意識の醸成及び住民によるまちづくりの活性化を図り、もって良好な地域社会の形成に資すること」を目的に、条例（金沢市旧町名復活の推進に関する条例（平成一六年三月二五日条例第三号））によって旧町名の復活を推進している。

いるところである。そこで、本章では、篠山市や同市を含む丹波地域の様々な地域資源やこれを活かした取組を紹介しつつ、同市での地域ブランドに関する動きとして、市名変更問題を追うこととしたい。なお、特に市名をめぐる動きはまさに現在進行中であるため、本章の執筆時点と刊行時点とで状況に変化が生じている可能性があり、また、情報を十分に把握しきれていないおそれもあるが、本章はこうした動きの紹介ということで、ご容赦願いたい。[4]

2　「丹波」ブランド

「丹波」＝丹波国（丹波地域）

現在の篠山市の位置する地域は、かつての令制国の一つである丹波国の南部に当たる。丹波国は、主に現在の京都府中部と兵庫県東部に該当する。[5] 廃藩置県の際に、氷上郡と現在の篠山市に該当する多紀郡が兵庫県に、桑田郡・船井郡・何鹿郡・天田郡が京都府にそれぞれ編入されて以来、この両府県に分断されている。現在の主な市町としては、兵庫県の篠山市と丹波市、京都府の亀岡市、南丹市、綾部市、福知山市（旧大江町を除く地域）、京都市の一部、そして京丹波町がこれに相当する（図表1）。

なお、両府県では、府県内の広域的な地域を管轄する部局として丹波県民局（兵庫県）、南丹広域振興局、中丹広域振興局（京都府）を置くなど、現在も丹

4　なお、本章の内容は、各自治体等の資料、ホームページや報道記事等の公開された資料等をもとに、筆者が解釈・構成・執筆したものであり、篠山市をはじめ各自治体等や筆者の所属する組織の見解ではない。また、本章に残り得る誤りは全て筆者の責任である。

5　このほか、現在の大阪府の一部も含まれる。

図表1　おおむね丹波地域に相当する「大丹波エリア」

出所：大丹波観光推進委員会事務局ウェブサイト（http://marugoto-daitamba.jp）

波地域を一定のまとまりのある地域として扱っている。

ブランドとしての「丹波」

「丹波国」の語源にはいくつかの説があるが、「赤米の稲穂が波を打っているように実る国」（この場合の「丹」とは赤系の色の意）という説は、丹波地域が非常に豊かな地域であったことを想像させる。現在でも、豊かな自然に恵まれ、様々な農畜産物（後述）などの食材の宝庫として全国的に知られている。「丹波」と言えば、黒豆（黒大豆）、松茸、栗、大納言小豆といった農産物や、日本六古窯の一つ「丹波焼」などが有名である。左党の方なら日本三大杜氏といわれる「丹波杜氏」をご存じかもしれない。京都や大阪（大坂）といった大都市に比較的近いこともあり、古くから様々な産品の供給地であったほか、大都市部の住民にとっては、身近な田園、「田舎」としておなじみの地域でもあろう。

「丹波」というだけでこのように様々なものが連想されるということからも、旧丹波国に当たるこの地域が、豊かな地域資源に恵まれていることが分かる。「丹波」は、単にもともとのこの地域の名称であるばかりでなく、それ自体がまさに「ブランド」としての価値、「大きな力」[6]を有していると言ってもよいだろう。

図表2で示すように、丹波地域の多くの市町では、それぞれこの「丹波」ブ

6　京都新聞二〇一七年六月五日「『丹波』は京都?それとも兵庫?　名称巡り綱引き」（http://www.kyoto-np.co.jp/top/article/20170605000073）（最終閲覧日二〇一七年九月一四日）。篠山市創造都市課のコメントとして紹介されている。

図表2　各市町の「丹波」ブランドとその位置づけ

市町	篠山市	丹波市
ブランド	丹波篠山ブランド	丹波ブランド
計画等	「第２次篠山市総合計画」p.33	「丹波市丹（まごころ）の里創生総合戦略」p.12，17
ブランドの位置づけ等に関する主な記述	○丹波篠山ブランドの維持・拡大と交流促進 篠山を訪れる観光客の多くは、篠山の歴史・文化・景観などとともに「食」を楽しみに来られている。その「食」とは、地元市民に親しまれてきた伝統の食とともに、篠山の地で起業された新しい食であり、本物の地元産品やそれらを使った加工品などが篠山ファンの心を捉えている。 伝統的な食文化を継承する皆さんや新たな食を創造する皆さんとともに、全国に自信を持って発信できる丹波篠山ブランドをしっかりと守り育みながら、都市住民との「食」を通じた交流を促進する。	○基本目標１　魅力的なしごとを創造する～丹波ブランドを活かした産業の創造・継承と、活躍人口を生み出す創造的なしごとをつくる～ ○自然エネルギーの推進や、Ｕ・Ｉターン者による新規就農や多様な農業の在り方への総合的な支援、丹波栗や丹波大納言小豆といった購買需要が高い作物のブランド化等、本市の地域資源を活かした産業を集中的に後押しすることで、丹波市らしい産業の活性化に取り組む。
市町	福知山市	綾部市
ブランド	丹波福知山ブランド 丹波ブランド	－
計画等	「福知山市まち・ひと・しごと・あんしん創生総合戦略」（2015年10月）p.12	「綾部市まち・ひと・しごと創生総合戦略」（2015年10月）p.22
ブランドの位置づけ等に関する主な記述	○丹波福知山ブランドとして、茶やソバ、山ぶき、みょうがなどの地元特産品の量と質の確保 ○丹波くり・丹波松茸の振興による丹波ブランドの普及	○丹波くり、丹波まつたけなど地域特産物の生産振興
市町	亀岡市	南丹市
ブランド	京都丹波ブランド	京都・南丹ブランド 南丹ブランド
計画等	「第４次亀岡市総合計画～夢ビジョン～後期基本計画」p.108	「京・南丹ブランドアクションプラン～京の台所！なんたん～　～概要版～」p.16
ブランドの位置づけ等に関する主な記述	○京野菜、丹波大納言小豆など京都丹波ブランドの特産品の生産振興と販路拡大を図るため、関係機関等と連携し生産者を支援する。	○南丹市ブランド戦略とは、「京都・南丹」という地域のブランド価値を向上させるための戦略である。 ○自然、伝統文化、丹波ブランドの食材などが豊富で、京阪神の大都市に近接しているという強みを活かして人と物の交流を促進することにより、経済効果を創出し活気あふれる「南丹市」にするため（略）
市町	京丹波町	
ブランド	京丹波高原ブランド	
計画等	「京丹波町総合計画」p.38，40，43	
ブランドの位置づけ等に関する主な記述	○高原の「風土」や、丹波黒大豆、丹波大納言小豆、丹波松茸、丹波栗などの丹波ブランド産品に代表される「食」周辺には、競争力の高い文化的価値がまだまだ眠っている。 ○京丹波町には、丹波ブランドに代表されるように、古くからの京の都との強い結び付きの中で培われ、京の生活文化・食文化と密接に結び付いた、実体と歴史のある“丹波高原文化”が息づいている。 ○生産～加工～流通・販売の連携強化による「京丹波高原ブランド」の創出	

（参考：篠山市議会事務局「『丹波』・『丹波篠山』ブランドの現状について」（https://www.city.sasayama.hyogo.jp/pc/group/gikai-jimu/assets/2017/05/20170509I541.pdf）p.3）
出所：各市町の計画等を基に筆者作成

ランドを地域活性化等の重要な手段として活用している。いわゆる平成の市町村合併で新たに誕生（新設合併）した、兵庫県の篠山市と丹波市、京都府の南丹市と京丹波町の四市町のうち、篠山市以外の三市町の名前には、いずれも「丹波」又はこれを意味する言葉が含まれているが、「丹波」という言葉の持つ魅力への期待の表れであることは想像に難くない。

さらに、二〇一〇年からは、兵庫・京都の二府県にまたがる丹波地域を「大丹波」として位置づけ、七市町及び府県が「大丹波連携推進協議会」を発足させている。ここでも、「丹波」の全国的な知名度を上げつつ、「丹波」ブランドを強化することが、産業振興や地域課題の解決の手段として位置づけられている。

黒豆の知名度を活かした「丹波篠山」ブランドの普及

〽丹波篠山　山家の猿が　花のお江戸で芝居する

この「デカンショ節」の歌詞にあるとおり、現在の篠山市の地域は、「丹波篠山」として呼びならわされてきた地域である。〝丹波といえば篠山〟というように、篠山は丹波地域の代表格的な存在であると言ってよいかもしれない（少なくとも、地元の人はそう思っているのではないか。）。前述のように、「丹波」ブランドは既に〝確立されたブランド〟であるが、これを冠した「丹波篠山」もまた、全国的に一定の知名度を有している。そして、篠山市は、この「丹波」あるいはこれを冠した「丹波篠山」というブランドを、特産品の生産販売など、地域活性化の一つの柱としてきた。

兵庫県の中東部に位置するこの篠山市は、一九九九年四月一日に多紀郡に属する全四町（篠山町、西紀町《にしきちょう》、丹南町、今田町《こんだちょう》）の合併・市制施行によって誕生した。[7] 現在の人口は、四万一四九〇人[8]である。総面積は三七七・五九平方メートル、市の主要部は篠山盆地にある。

丹波高地の山々に囲まれたこの盆地では、肥沃な農地や、昼夜の寒暖差が生む「丹波霧」など、豊かな自然の恩恵を受けて、良質な農産物等が生産されてきた。農業が基幹産業の一つである篠山市は、「農都」として「日本一の農業の都」を目指すことを標榜している。

具体的な農産物として、例えば、粒が大きく甘みに優れた「丹波栗」は、朝廷や幕府への献上品として珍重されたのみならず、日本書紀にも丹波栗を思わせる記述が見られるという歴史ある特産品であり、「丹波松茸」と並んで全国的に知られている。

このほか、丹波地域で広く栽培されている大納言小豆や日本茶、山の芋（霧芋）や米（コシヒカリ）、但馬牛を素牛とする肉牛などは、それぞれ「丹波篠山山の芋」「丹波篠山大納言小豆」「丹波篠山茶」「丹波篠山米」「丹波篠山牛」など、「丹波篠山」を冠してブランド化が進められている。

最も代表的なものは、黒豆（黒大豆）である。「丹波黒」と呼ばれるとおり、栗や小豆などと同様、丹波地域で広く栽培されているこの黒豆は、大粒で色艶がよく高級品として知られている。正月のお節料理に使われるほか、味噌や豆

7　この合併は、合併特例法の適用第一号の事例として、自治体関係者の注目を集めた。

8　二〇一五年度国勢調査における人口。⇒二〇一六年一二月末現在で四万二六二〇人（http://www.city.sasayama.hyogo.jp/pc/profile/gaiyou.html）

腐などの加工品として、また、枝豆（黒枝豆）としても食される。二〇〇五年、市は産業経済部に、黒豆・黒枝豆や栗、山の芋、松茸などの同市の様々な特産物の振興とこれらを活かした地域ブランドの確立を担う組織として、「丹波ささやま黒まめ課」を設置しているが、[9] その名称からも、黒豆が篠山市を代表する特産物と位置づけていることがうかがえる。二〇一一年にはＪＡ丹波ささやまが「丹波篠山黒豆」を地域団体商標[10]として登録するなど、黒豆はまさに「丹波篠山」ブランドの主力商品として君臨している。

篠山市の「農都創造計画」によると、丹波篠山産の農産物の認知度と市場からの評価を高める、すなわち丹波篠山産農産品のブランド戦略として、「全国的な知名度を持つ丹波篠山黒豆の強みを活かし、関係団体との連携による積極的な広報活動を推進」[11]するとしている。つまり、「丹波篠山」ブランドの普及に当たって、既存ブランド「丹波篠山黒豆」をそのきっかけとして活用しようというものである。香川県が「うどん県。それだけじゃない香川県」というコピーで、既に確立された「香川県＝うどん」というイメージを入口に、県内の他のコンテンツのＰＲにつなげようとしたプロモーションと似ていて非常に興味深い。他の地域においても、既に確立されたブランドがある場合には参考になるかもしれない。

9　赤松一也「既存ブランド『丹波黒大豆』を地域ブランドの柱に」（関満博・日本都市センター編『新「地域」ブランド戦略――合併後の市町村の取り組み――』五頁（二〇〇七））。なお、二〇一八年三月現在、「農都政策課丹波篠山黒まめ係」となっている。

10　翌二〇一二年には、同じくＪＡ丹波ささやまが「丹波篠山牛」を登録している。なお、二〇一六年九月に篠山市産以外の牛肉を「丹波篠山牛」と虚偽表示して販売していた問題で、このことが『丹波篠山』ブランドの失墜につながる」との懸念が示されたように、地域団体商標制度の活用を通じた地域ブランドの維持については「リスクが伴う」ことも一方で指摘されている。篠山市議会事務局「『丹波』・『丹波篠山』ブランドの現状について」一八頁など。

11　篠山市「篠山市農都創造計画――自然の気候風土に恵まれた日本一の農業の都」一六頁（二〇一七）

3 「丹波」＝丹波市の登場

「丹波市」の市名決定の経緯

ところが、二〇〇四年に「丹波市」が発足したことで、「丹波」あるいは「丹波篠山」ブランドをめぐる状況が一変する。

兵庫県東部、旧丹波国の西部に位置する丹波市は、氷上郡の全町村（柏原町・氷上町・青垣町・春日町・山南町・市島町）が、二〇〇四年一一月一日に合併して新たに発足した市である。この「丹波市」の市名決定の経緯[12]を振り返ると、まさにこの「丹波」という言葉の持つ「ブランド力」が重視されたことが分かる。

新市名の選定は、柏原町・氷上町・青垣町・春日町・山南町・市島町合併協議会（以下「氷上郡合併協議会」という。）に設置された新市名称選定小委員会（以下「小委員会」という。）において、まず公募を行い、応募があった名称案の中から各委員が五つずつを選定し持ち寄った上で（一次選定）、更に各委員が三つずつ選定して一五案に絞り（二次選定）、その上で小委員会として選定基準によりふさわしいと考えられる五案を絞り込む、という段取りで行われた。

二〇〇二年一二月から翌二〇〇三年一月にかけて行われた公募の段階では、

12 柏原町・氷上町・青垣町・春日町・山南町・市島町合併協議会「合併協議会だより　うるおい」新市名称特集号（二〇〇三年六月二九日号）

応募件数四三七五件中[13]、郡名である「氷上」が六五七件と最も多く、次いで「丹波」四五八件、「ひかみ」三八八件、「丹波氷上」二五三件、「丹波ひかみ」二四一件などとなったように、件数としては「氷上郡」にちなむものが多数を占めていたものの、小委員会で五案に絞り込む過程で、氷上郡にちなむ案は「丹波ひかみ」のみとなった[14]（図表3）。そして、第二六回合併協議会（二〇〇三年三月三一日）において、全出席委員三五名の投票の結果、新市名は「丹波市」に決定された（図表4）。

第二次選定での小委員会委員の選定理由を見ると、委員が何を重視しているかがうかがえて興味深い。郡名「氷上」「ひかみ」を選んだ委員は、最多となった公募の投票数のほか、「歴史的にも古くから多くの人々に慣れ親しまれている」「（丹波という）広い地域に埋没することなく独自性を持っている」など、地域の独自性・歴史（アイデンティティといってもよいかもしれない）を重視している。対して、「丹波」「たんば」を選んだ委員は、「全国的にも知名度が高い」「（新市の）活性化には群を抜いている」「観光振興上有利」といった、「丹波」の認知度の高さとそれを活用した地域・産業振興に期待を示している。「他の多くのデメリットを熟慮してもなお、今後おそらく前途多難であろう新市の地域戦略のツール（手段）の一つとして、全国的アピール度において群を抜いて」いるという合併協議会委員の言葉が示すように、新市名の選定において、既に確立した「丹波ブランド」を地域の活性化に活用することを企図していたと言えよう。

13　無効票一六六件を除く。

14　なお、各名称案の応募件数については、十分留意しつつも、あくまで参考として取り扱ったという。

図表3　第二次選定（第四回新市名称選定小委員会（二〇〇三年二月一九日開催））での主要候補と投票結果

名称	票数
丹波	8
たんば	5
ひかみ	5
やまなみ	3
奥丹波	2
丹波ひかみ	2
氷上	2
みどり	2

出所：柏原町・氷上町・青垣町・春日町・山南町・市島町合併協議会資料

図表4　最終選考（第二六回合併協議会）での投票結果

名称	票数
丹波	22
ひかみ	7
丹波ひかみ	6
たんば	0
やまなみ	0

出所：柏原町・氷上町・青垣町・春日町・山南町・市島町合併協議会資料

なお、小委員会委員の中には「伝統ある『丹波』の名称を継承し、事実上の新しい丹波を造り上げていけばよい」「広域的にも丹波地域の中心として発展することを期待する」など、新たな「丹波」イメージの確立を期待する意見も複数出されている。「丹波」を市名にすることによって、新市が既存の「丹波ブランド」を、独占することにはならなくとも、事実上ある程度有利な立場で利用できるようになることは期待されていたのかもしれない。

丹波市誕生の余波

氷上郡合併協議会が新市名を「丹波市」と決定したことに対して、篠山市内の三三団体が連名で、決定の再考を求める要望書を同協議会に提出している。二〇〇三年七月一六日に提出されたこの要望書では、市名決定理由として「ブランド力」「知名度」があげられていることに対して、「丹波地域の各市町村の官民一体となった長年の努力により育まれたもの」であることや、「京都府を含め広大な地域の総称」であることなどを指摘し、「消費者の混乱、生活の不都合、地域産業への不利益」が不可避であると述べられている。

当時の篠山市長が「是非を判断する立場にない」との見解を示したこともあり、市名の再考を求める動きは一旦は矛を収める形となったものの、後述するように、丹波市が誕生したことによって、「丹波」という言葉が「旧丹波国」「丹波地域」を指すのか「丹波市」を指すのかが不明確になってしまった面は否定できない。

4 「篠山市」か「丹波篠山市」か

「篠山市」という市名——合併時の議論

丹波市よりも前に合併によって誕生した篠山市では、どのような経緯で名称が決められたのか。

多紀郡四町（現・篠山市）の合併に伴う新自治体の名称については、「篠山」を含む名称を前提に検討がなされている。具体的な流れを追うと、まず一九九六年三月に開催された第二回篠山町・西紀町・丹南町・今田町合併研究会（多紀郡合併研究会）において、「篠山」を入れた名称を新たな町名とすることなど「基本五項目」が決定され、同四月の第三回研究会で同五項目が了承・確認された。その後、新たに設置された合併協議会が実施した新町の名称に関するアイデア提案では、住民から三八五通六三件の案が示されたが、その約半数が「篠山町」、約四分の一が「丹波篠山町」という結果であったという。

これらの結果等を踏まえて、合併協議会に設置された小委員会において新町名に関する協議が行われたものの、意見の一致を見るに至らず、結局四町長に委ねることとなり、町長会での協議の結果に基づいて、最終的に一九九七年一二月の第一〇回合併協議会において「篠山町」とすることで確認がなされている。なお、市町村合併特別措置法により市制の人口要件が四万人に引き下げられたことから、現在の「篠山市」となっている。その後、前記の「丹波市」が登場するまで、市名に関する議論は下火になった。

市名変更検討に向けた動きの始まり

しかし、前述のとおり、丹波市の誕生以後、「丹波」が「旧丹波国」「丹波地域」を指すのか、「丹波市」を指すのかが曖昧になってきた。さらに、京丹波町が二〇〇五年一〇月に誕生したことで、「丹波」の名称をめぐる〝混乱の解消〟を求める声は強まった。こうした事態への「危機感」[15]から、二〇〇八年六月には、市内の四団体（丹波ささやま農業協同組合（JA丹波ささやま）、丹波篠山観光協会、篠山市商工会、商工会青年部）が署名活動を展開し、篠山口駅（JR福知山線）と丹南篠山口IC（舞鶴若狭自動車道）の名称を「丹波篠山駅」「丹波篠山IC」へ名称変更することを求める要望書が、一万二千余人の署名を添えて市長及び議長に対して提出されている。[16]

この要望書を見ると、篠山市の玄関口・情報発信口である駅とICが「丹波篠山」ブランドと結び付いていないことを指摘し、「丹波篠山ブランドを確立し確固たるものにするための出発点として」の要望であるとするなど、やはりブランド戦略の観点からこの問題を捉えていることが分かる。

こうした状況を受けて、篠山市では、市名の変更についての検討を始めることとなった。まず手始めに、二〇一〇年度に篠山市職員による「市名改称問題検討プロジェクト」を開始し、市名変更した場合に生じるメリット・デメリッ

15　産経新聞『丹波』はうちが〝本家〟「篠山市」を「丹波篠山市」へ改名論浮上の裏…お隣の「丹波市」へ〝恨み節〟も」二〇一七年三月一〇日（http://www.sankei.com/west/news/170310/wst1703100002-n1.html）（二〇一七年八月三一日閲覧）

16　この要望を受け、市がJR西日本、NEXCO西日本に対して要望したものの、経費上の理由などによって改称には至っていない。

17　二〇一一年五月から七月にかけて市広報六月号及びホームページで募集。四〇六人及び二団体から一四六件の意見が寄せられた。（篠山市の市名を考える検討委員会『篠山市の市名を考える検討委員会報告書』（二〇一四））

18　篠山市の市名を考える検討委員会設置要綱一条

19　同要綱二条一項一号

図表5　市民からの意見募集（二〇一一年五月～七月）

	個人		共同		団体		合計		
	提出数	意見数	提出数	意見数	提出数	意見数	提出数	意見数	%
「丹波篠山市」に変更した方がよい	77	77	270	10	2	2	349	89	60.96%
「篠山市」のままでよい	40	40	4	2	0	0	44	42	28.77%
その他の意見	15	15	0	0	0	0	15	15	10.27%
合計	132	132	274	12	2	2	408	146	100.00%

出所：篠山市議会市名検討討論会資料「市名検討に関する経緯」

トの整理など、情報収集を行っている。二〇一一年六月には同プロジェクトの調査概要を報告し、併せて市民や市内団体を対象に市名検討に関する意見募集[17]を行った。この意見募集の結果によると、市名変更賛成が六一%、反対が二九%、その他が一〇%であった（図表5）。

「市名を考える検討委員会」での議論

二〇一二年八月に、市は「篠山市の市名を考える検討委員会」を設置した。意見募集では、変更賛成が多数となったものの意見が割れたことや、市議会議員の間でも賛否が分かれたことから、この委員会では、市名変更の是非については議論せず、市名問題について「市民の意見を十分に検討し、調査を尽くし慎重に検討[18]」を行い、今後の市民、議会における議論、判断等へ有益につながる「論拠の整理[19]」を行うこととされた。

同委員会において二〇一四年二月まで五回にわたって議論が重ねられた結果、同年三月に「篠山市の市名を考える検討委員会報告書」がまとめられた。その結論としては、「(市の最優先課題である) 財政再建や丹波篠山ブランドの強化・啓発活動の進展状況を勘案しながら適切な時期に（市名の）検討を行うことが望ましい」とし、「丹波篠山ブランドの強化・定着・維持」と「篠山市の知名度の向上」を目指す方向性で今後議論を進めることが「市民のメリットになる」ことが示された。つまり、現行の市名「篠山市」と「丹波篠山」の双方を世に知らしめていくこととし、同委員会の設置目的のとおり、市名変更についての結論は「今後の議論に」委ねられた形である。この検討委員会の報告書をもって、市名変更の議論は一旦沈静化する。

なお、この委員会においては、「ブランド」に重点を置いた検討がなされている。報告書の検討項目の「重要な三つの論点」として、①「利益・不利益」（主に金銭的な利害得失）のほかに、②「プライド（シビックプライド）」や③「ブランド」の論点をあげている。とりわけブランド（力）については、具体的な検討項目として別途取り上げ、ブランド性を高めるための方策や知名度向上に向けた検討を行っている。なお、同委員会の委員の具体的な意見としては、「丹波篠山」の持つブランド力から、農産品販売や観光等で市名変更のメリットを認めつつも、市名変更よりも「丹波篠山」ブランドの認知度を向上させることが重要であるとの意見が比較的多くみられ、中には「市の名前を変えることが外部への知名度を上げることに即つながるとは思えない」など、市名変更による知名度向上等の効果に対して否定的な意見も示されている。

ちなみに、この間（二〇一三年一一月七日）、篠山市と篠山市商工会、JA丹波ささやま、丹波篠山観光協会が連名で、丹波市長に対し、「丹波」と「丹波市」の使い分けを明確にするよう申入れしている。

再び持ち上がった市名変更に関する議論

しかしながら、市制二〇年を前に、市名変更の議論が再燃し出した。

二〇一七年二月七日、篠山市商工会、JA丹波ささやま、丹波篠山観光協会から市名変更を求める要望書が提出された。この要望書においては、「丹波」が何を指すのかが曖昧になっていることによって観光面やブランド名での混乱が生じているといった問題点を指摘しつつ、その上で、混乱の解消とともに、「丹波篠山」ブランドの知名度を活かした特産品・観光の振興という観点から、市名変更を求めている。市名変更の要望活動はその後、前述の三団体以外にも広がりを見せている。

これらの団体の主張や市議会による意見聴取を見ると、市外の人々などからの「丹波篠山」についての〝誤解〟[20]、つまり「丹波篠山」のブランド戦略上（ないし地元の人々のアイデンティティ上）〝無視し得ない問題〟が示されている。

例えば、ＮＨＫ神戸放送局による天気予報での兵庫県の丹波地域（兵庫丹波）の表記が「丹波・篠山」[21]となっていることをはじめ、〝丹波篠山〟として取り上げたテレビや出版物、ウェブ上のコンテンツにおいて、「丹波篠山」を従来の「丹波地方の篠山」という意味ではなく、「丹波市と篠山市」という意味で捉えられていると思われる例が指摘されている。[22]

また、より具体的な影響も生じつつあるようである。ＪＡ関係者からの聴き取りによると、ＪＡ丹波ささやまが取り扱っている黒大豆枝豆の袋の原産地表示について、県に「丹波篠山産」から「兵庫県篠山市産」に変更するよう指導があったという。[23]

生鮮食品品質表示基準では、「国産品にあっては都道府県名（略）を記載す

20　篠山市議会事務局前掲資料p.20-21

21　二〇一四年の丹波豪雨災害以降、「丹波・篠山」表記に変更されたという。

22　篠山市議会第三回政策検討会（二〇一七年四月二六日）資料「要望団体からの聴き取り結果とその確認（『丹波篠山』使用の混乱状況についての確認）」(http://www.city.sasayama.hyogo.jp/pc/group/gikai-jimu/assets/2017/05/201705091607.pdf)

23　篠山市議会資料「第二回政策検討会の概要及び主な意見等について」p.2(https://www.city.sasayama.hyogo.jp/pc/group/gikai-jimu/assets/2017/05/201705111912.pdf)

ること。ただし、国産品にあっては市町村名その他一般に知られている地名（略）を記載することができる。この場合においては、都道府県名（略）の記載を省略することができる。[24]」とされ、さらにこの「一般に知られている地名」としては、①郡名、②島名、③一般に知られている旧国名、④一般に知られている旧国名の別称、⑤その他一般に知られている地名（例　房総（地域名））等が考えられるとしている。[25]

「丹波篠山産」表示の変更を求められたということは、「丹波篠山」が一般に知られている地名として認められなかったという可能性があり、『丹波篠山産』では、産地が特定できない[26]」ということからも、「丹波篠山＝篠山市」ではなく「丹波篠山＝丹波市＋篠山市」という認識が広がりつつあることがうかがわれる事例である。

「篠山市内に栗拾いに訪れた観光客から『なぜ丹波市で収穫される栗が篠山にあるのか』といった声が寄せられるようになった」（丹波ささやま栗振興会）[27]、「篠山市特産の丹波茶（の菓子）を求めて丹波市に行ったりする人が絶えない[28]」（篠山市菓子工業組合）といった声もあり、経済団体等の立場からは、「丹波篠山」ブランドに対して「危機感」を抱かざるを得ない状況と言ってもよいだろう。

こうした状況を踏まえ、市は、市議会や市内の団体と協議しつつ、市制施行二〇周年となる二〇一九年までに結論を出す方針だという。[29]

24　生鮮食品品質表示基準（制定平成一二年三月三一日農林水産省告示第五一四号、最終改正平成二〇年一月三一日農林水産省告示第一二六号）第四条⑵原産地　ア農産物

25　消費者庁食品表示課「生鮮食品品質表示基準Q＆A」（制定平成一二年四月）の問15

26　篠山市議会前掲資料p.2

27　篠山市「丹波篠山」（https://www.city.sasayama.hyogo.jp/pc/group/public-relations/assets/2017/05/Vol218_P02_P03.pdf）

28　神戸新聞『「丹波篠山市」に変更を　菓子工業組合も要望書』（二〇一七年六月二三日）（https://47gyosei.jp/article/?id=1307484）（二〇一七年九月一〇日閲覧）

29　神戸新聞「やっぱり『丹波』　篠山市→丹波篠山市に変更検討」（二〇一七年五月一八日）（https://47gyosei.jp/article/?id=1281491）（二〇一七年九月一五日閲覧）

5 「丹波篠山」ブランドの新展開

こうした動きの一方で、「丹波篠山」ブランドを通じて農産品等の特産品を中心にブランド戦略が展開されてきた篠山市において、新たなブランド展開が行われつつある。それは、「丹波篠山」を〝暮らし方〟のブランドとして位置づけようというものである。

二〇〇九年四月に開催された「丹波篠山築城四〇〇年祭」の際に「『丹波篠山スタイル』の暮らし」をつくり出そうというコンセプトが提案され、これをきっかけに、現在も続けられている「丹波篠山・まちなみアートフェスティバル」の開催や、個性的なカフェや雑貨店等の起業など、市民や民間団体等を主体とする様々な取組が行われている。「丹波篠山」は、「農産物」「田舎」というイメージから、「洗練された田舎」といった新たな価値観が生まれつつあるようだ。

とりわけ、近年メディア等を通じて注目されているのが、「古民家の宿・集落丸山」や「城下町ホテルNIPPONIA」など古民家の再生・活用である。城下町である篠山市の中心市街地には、伝統的な街並み景観が残されており、篠山城跡や武家地であった御徒士町、商家が建ち並ぶ河原町周辺は、郊外の旧街道沿いの宿場町・福住地区とともに重要伝統的建造物群保存地区（重伝建地区）に指定されている[30]（写真1）。また、中心市街地の外側に広がる農地や農

写真1　篠山市の街並み（河原町妻入商家群）

出所：筆者撮影

30　篠山市篠山伝統的建造物群保存地区と篠山市福住伝統的建造物群保存地区として指定されている。

写真2　城下町ホテルNIPPONIA

出所：筆者撮影

村集落も、乱開発を免れて比較的良好な状態を保っている。

篠山市では、こうした市内に豊富に存在する歴史的な街並みや古民家などの景観的な地域資源を再生・活用することを目的とした民間法人の活動が盛んであり、「一般社団法人ノオト」や「NPO法人町なみ屋なみ研究所」などの活動がその代表例である。

例えば、ノオトが携わった「城下町ホテルNIPPONIA」（写真2）は、市街地内に点在する五棟の古民家を宿泊用等に改装したもので[31]、篠山城下町全体を〝ひとつのホテル〟に見立てたものである。宿泊者は快適で上質な〝古民家暮らし〟を体験できるとともに、篠山産をはじめ兵庫県産の食材を使った料理も楽しめる。また、五棟のうちの一棟にフロントとレストランがあり、宿泊客はチェックイン・アウトや食事をするために、その施設とそれぞれの宿泊先との間を行き来することになるのだが、筆者には、そのことでかえって、篠山の城下町に暮らしているかのような体験ができるように感じられた。

おわりに

篠山市における市名変更を巡る動きや、そのきっかけとなった丹波市の市名決定の過程を見ると、「丹波」「丹波篠山」といったブランドを通じた戦略という観点から、議論や問題提起がなされていることが分かる。とりわけ、篠山市での動きについては、地元の経済団体がその中心的役割を担っていることから

31　なお、国家戦略特区の「歴史的建築物等に関する旅館業法の特例」による玄関帳場（フロント）設置義務等の緩和が活用されている。

も、特産品販売などの経済的観点から、市名変更を通じて「丹波篠山」ブランドを確立・強化しようという意思が感じられる。このことは、とりもなおさず、地域のブランド力向上のためには、自治体名を広く認知させることの重要性を示していると考えられる。[32]

また、「丹波篠山」ブランドに、〝暮らし方〟や〝洗練された田舎〟といった新たな価値を創出する新たな動きも見られる。既存のブランドに新たな価値観を付加することで、更にそのブランドの持つ魅力が多面的に展開されるようになるのではないか。今後の展開が楽しみである。

その一方、市名変更問題に関して、篠山市議会の渡辺議長がメッセージを公表している。市名変更に賛否両論あるが、「誇りや愛着は心の問題なので、お互いの思いを尊重してください」との呼びかけである。この問題が、単に地名や「地方公共団体の名称」の問題、あるいは経済的観点からのブランドの問題にとどまるものではなく、人々のアイデンティティ、シビックプライドに関わる問題であることを忘れてはならない。

二〇一五年に、「日本遺産」の第一号の一つとして「丹波篠山　デカンショ節——民謡に乗せて歌い継ぐふるさとの記憶」が認定された。日本遺産とは、「地域の歴史的魅力や特色を通じて我が国の文化・伝統を語るストーリー」を文化庁が認定するものであるが、日本遺産を通じた様々な取組を行うことにより、地域のブランド化や地域住民のアイデンティティの再確認、言い換えればシビックプライドの醸成にも貢献することが期待されている。「丹波篠山」ブランドや、篠山の人々の心にどのような影響をもたらすだろうか。

32　篠山市の場合は、むしろ既に確立されたブランドのほうに自治体名を合わせるという側面があるとも言えるかもしれない。

第4部

シティプロモーションの展開

埼玉県戸田市
長野県小諸市
千葉県松戸市
静岡県磐田市
愛知県豊橋市

*The Local Brand
and
The City Promotion*

第10章 定住人口とシビックプライドのシティプロモーション
――戸田市の競争と共感のシティセールス――

関東学院大学法学部地域創生学科准教授　牧瀬　稔

1　戸田セールスへの称賛と嫉妬

謙虚に成功から学ぶ

「シティプロモーションを実施して定住人口は増えたのですか？」

「戸田市は着実に増加してきました。今では全国第七位の増加率です。ところが、多くの自治体はシティプロモーションを実施していても、人口を減らしています。戸田市に学ぶことはたくさんあります。」

「戸田市は都心に近いから増えているのでしょう。都市圏に位置していて、いいですよね。」

「人口増加を目指すために、都心に近いという地の利は否定しません。しかし、都市圏にあるというだけで人口が増えているわけではありません。やはり、シティプロモーションの効果が大きいと捉えています。例えば、新宿駅を拠点として、戸田市と同じ距離、あるいは同じ通勤時間でも、人口を減らしている自治体はあります。さらに言えば、戸田市は圧倒的に人口を増やしています。それは戸田市のシティプロモーションに戦略性があるからです。」

「戸田市の人口が増えている事実は分かりました。けど新住民が多いだろうから、戸田市民にシビックプライドはないでしょうね。」

「そんなことはありません。戸田市のシティプロモーションはシビックプライドも実現しています。一事実として、戸田市の人口流出率は低下しています。さらに、対外的にも戸田市のシビックプライドは評価されています。」

ここで紹介したものは、筆者がよく経験するやりとりである。戸田市の成功を称賛しつつ、嫉妬心から質問が登場していることもある。そういう質問には、本当は回答したくないのだが、一研究者として考える戸田市の成功の秘訣を述べるようにしている。しかし、「戸田市は都市圏に位置するから……」とか「戸田市は規模の小さな自治体だから……」と戸田市の成功をみないようにして、聞く耳を持たない人は一定数いる。

成功の事実をしっかりと認識し、そこから学ぶ謙虚な姿勢がなければ、シティプロモーションを含んだ政策づくりは失敗に終わるだろう。もちろん成功だけではなく、失敗事例からも多くを学ぶことができる。

戸田市の成功要因

二〇〇八年に戸田市は埼玉県市町村の中で、初めて自治体シンクタンク「戸田市政策研究所」を設置した。[1] 同研究所は、戸田市の政策づくりに大きく貢献している。他の先進事例を謙虚に学び、各事例に共通する成功要因を抽出し政策に反映している。さらに、事例研究により明確になった失敗要因は、決して繰り返さないことをしてきた。それが戸田市のシティプロモーションの成功を導いたと言える。ただし戸田市は、ここで調子に乗ると足もとをすくわれる可能性がある。謙虚にかつ直実に政策を実施していかなくてはいけない。

本章は、戸田市のシティプロモーションを紹介する。同市のシティプロモーションは、定住人口の増加とシビックプライドの醸成において、大きな成果を示している。そこで、この二点について端的に概要と成功要因を述べる。なお、戸田市は、シティプロモーションではなく、「シティセールス」という言葉を使用している。そこで、戸田市が主語の場合はシティセールスとし、一般的な話をするときはシティプロモーションを用いる。

2 戸田市の概要

戸田市は、埼玉県の南東部に位置し、荒川の自然に恵まれ、江戸時代には中山道の「戸田の渡し」が設置されるなど、交通の要衝として栄えてきたまちで

1 自治体シンクタンクについては、次の文献を参照されたい。
・牧瀬稔著『自治体シンクタンクの理論と実践』時事通信社（二〇一七）
・牧瀬稔・戸田市政策研究所編著『選ばれる自治体の条件―政策開発の手法と実践Ⅱ―』東京法令出版（二〇一〇）
・牧瀬稔著『政策形成の戦略と展開～自治体シンクタンク序説～』東京法令出版（二〇〇九）
・牧瀬稔・戸田市政策研究所編著『政策開発の手法と実践―自治体シンクタンク「戸田市政策研究所」の可能性―』東京法令出版（二〇〇九）

ある。また、各種国際大会や国民体育大会のボート競技会場となる「戸田ボートコース」や、年間一〇〇万人以上が訪れる「彩湖・道満グリーンパーク」などを有する、水と緑豊かなオアシス都市を標榜している。

同市は一八・一七平方キロメートルの狭い市域の中をJR埼京線が通り、新宿駅まで約三〇分で到着することができる。東京都に隣接した地理的条件は、言うまでもなく魅力の一つである。

戸田市は、一九六四年の東京オリンピックでボート競技の会場となった「戸田ボートコース」がある。そのため、「ボートのまち」として一部には知られている。しかし、一般的には戸田市は認知されていない。実際、株式会社ブランド総合研究所が実施した「地域ブランド調査二〇一七」によると、認知度は第五〇〇位となっている（母数は一〇〇〇団体）。

戸田市が市外に住む人々に認知されなくては、生活する場として選択してくれない。市外の人々に対して、「浅い認知」が必要である。同時に、現在生活している市民にとっても、同市をより知ってもらうことは重要である。それは「深い認知」と言えるだろう。住民が住んでいる地域を深く知ることにより、シビックプライドの醸成につながっていく。そこで戸田市のシティセールスは、浅い認知と深い認知という認知度の拡大から取り組むこととなった。

3 シティセールスの助走期間

政策づくりは企画部門の役割が大きい！

現在、シティプロモーションがブーム化している。ところが、多くの自治体は、政策研究をおろそかにした状態でシティプロモーションに取り組む傾向が強い。しかし、戸田市は二〇一〇年度に策定した「戸田市シティセールス戦略」（二〇一一年度～二〇一五年度）の二年前から、シティセールスに関する研究を開始している。

二〇〇八年度から二年間にわたり、戸田市政策研究所において「戸田市におけるシティセールスの必要性と成功する要件について」という研究を行っている。同研究所によるしっかりとした政策研究があったため、戸田市のシティセールスは成功の軌道に乗ることができたと判断できる。基本は政策研究という助走期間がないと、政策展開が不確実になってしまう。

戸田市政策研究所のシティセールス研究は、独りよがりではない。各部局の次長職をメンバーとして構成される「戸田市まちづくり戦略会議」と同研究所が連携して研究を実施し、全庁的な取組として政策づくりが進められた。

当時、シティセールスに取り組んでいたのは、規模の大きな自治体ばかりであった。そこで先進事例の調査だけでなく、戸田市の実情や地域性をしっかりと分析して政策づくりに着手した。このことがシティセールスの実行段階で大きな成果をもたらした。

研究内容は、二〇〇八年度に戸田市のイメージ調査や先進事例等の調査を行い、戸田市の現状と課題を知るためのＳＷＯＴ分析等を実施した。二〇〇九年度には、シティセールスの概念を整理し、同市の内部環境と外部環境分析を進めた。そして、戸田市のシティセールスの方向性について検討した。二〇一〇年度はターゲットを絞り込むためのアンケート調査を実施し、最終的なシティセールス戦略の方針やターゲット、推進方法等を決定した。

注目すべきは、戸田市のシティセールスは全て「自前」で行っている事実である。シティプロモーション計画の策定は、民間シンクタンクやコンサルタント会社等の外部機関に委託する傾向が強い。この場合は、確かに見栄えのよいしっかりとした成果品であり、戸田市の手づくり戦略とは比べものにならない。

しかし、他者が作った行政計画が実行可能なものであるか、あるいはシティプロモーションが推進されるような想いが詰まっているか、というと疑問も残る。これは「仏作って魂入れず」と言えるだろう。戸田市の経験から、シティプロモーションに限らず政策づくりは、自前で実施する必要があると言える（そして政策の実施においては、民間等との協力が求められる。）。

図表1　ブランド化の対象別の類型

タイプ	ブランド化の対象	ターゲット市場	成果指標
観光型	観光地	旅行者（地域外）	交流人口
産物型	産物	消費者	売上
居住地型	住環境	地域外住民	定住人口 又は移住人口
企業誘致型	立地条件	企業	企業誘致数
イベント型	開催条件	企業、団体など	イベント開催数

出所：戸田市政策研究所「戸田市におけるシティセールス、今後の方向性について」（二〇〇九）

急がば回れ政策づくり

戸田市は、シティセールスを「まちの魅力を市内外にアピールし、人や企業に関心を持ってもらうことで、誘致や定着を図り、将来にわたるまちの活力を得ることにつなげる活動」と定義している。シティセールスには多様な目的があり、いくつかのタイプがある（図表1）。戸田市は居住地型のシティセールスとして住環境、いわゆる「住みよさ」をブランド化の対象として「定住人口の獲得」を目指して取り組んできた。

シティセールスを成功させるためには、「対象層」を明確にし、その対象層がどの「地域」に多く存在しているのかなど、メインターゲットを設定することが効果的である。メインターゲットを選定するため、同研究所は二〇一〇年に「戸田市人口移動実態調査」を実施した。

同調査は、戸田市を転出した九〇〇名と戸田市へ転入した九〇〇名を対象に、転出入に伴う理由や状況などを把握した。調査結果からは、住民移動は隣接した小さなコミュニティの範囲で流動していることが分かり「住宅事情」が移動理由の多くを占めていることが明らかとなった。

また、二五歳から三九歳までの約六割は五年未満で転出している状況でもあり、転入促進とともに転出抑制も重要であることが判明した。この調査結果等を踏まえて、シティセールスのメインターゲットとなる対象層や対象地域を選定することとなった。なお、他自治体においてシティプロモーションの成果があがらない理由は、対象層や対象地域が不明確という事実が多い。

同研究所は、様々な統計データを活用することで、人口の増減に年代別の特徴があることも把握した。五歳階層別人口で人口推移を確認すると、大学生・就職期・子育て世代の一五歳から三四歳までの急激な人口増加によって全体の人口が増加し、それ以外の年代では減少していることが分かった。戸田市のシティセールスは「住みよさ」を売りにするため、子育て世代での転出は最も食い止めなければいけない。この対象層に向けた取組はもちろんのこと、そのためのイメージづくりも戦略的に展開することを決定した。[2]

戸田市政策研究所は、二年間にわたりシティセールスの政策研究を実施した。この研究を土台に、同研究所において「戸田市シティセールス戦略」が策定されることになった。この取組は、ある意味「急がば回れの政策づくり」と言えるかもしれない。成果を上げるシティプロモーションを展開するためには、前提としてしっかりとした政策研究が必要だろう。

4 競争から共感へのシティセールス

「競争」を基本としたシティセールス

戸田市のシティセールスは、まずは定住人口の獲得を意図して進めてきた。

同市は人口減少に伴う自治体間競争の到来に早い時点で気付き、様々な政策を

2 少なくない自治体は、シティプロモーションにおいて対象層を明記している。例えば「二〇歳代～四〇歳代の子育て世帯」や「三〇歳代の未就学児を抱える世帯」などと明記している。しかし、これはあまり意味がないだろう。前者の「二〇歳代～四〇歳代」とは「二〇歳から四九歳」を意味する。約三〇年間の差である。ターゲティングになっていない。後者の「三〇歳代の未就学児を抱える世帯」も同様である。実は幅広い概念である。これも効果が薄いだろう。ターゲティングは親や世帯に焦点を当てるのではなく、子どもに注視することが一案である（そのほうが効果は高いというのが筆者の経験である）。つまり「〇歳から三歳を抱えた世帯」とする。この場合は〇歳から三歳を抱えた世帯である限りは、二〇歳代も三〇歳代も四〇歳代も対象となる。

図表2　戸田市のシティセールスの成果

順位	人口増加数の多い市町村		人口（人）平成27年	増加数（人）平成22年～27年
1	特別区部	（東京都）	9,272,565	326,870
2	福岡市	（福岡県）	1,538,510	74,767
3	川崎市	（神奈川県）	1,475,300	49,788
4	さいたま市	（埼玉県）	1,264,253	41,819
5	札幌市	（北海道）	1,953,784	40,239
6	横浜市	（神奈川県）	3,726,167	37,394
7	仙台市	（宮城県）	1,082,185	36,199
8	名古屋市	（愛知県）	2,296,014	32,120
9	大阪市	（大阪府）	2,691,742	26,428
10	広島市	（広島県）	1,194,507	20,664
11	吹田市	（大阪府）	374,526	18,728
12	川口市	（埼玉県）	578,245	16,739
13	藤沢市	（神奈川県）	424,103	14,446
14	船橋市	（千葉県）	622,823	13,783
15	戸田市	（埼玉県）	136,083	13,004
16	つくば市	（茨城県）	227,029	12,439
17	越谷市	（埼玉県）	337,562	11,249
18	千葉市	（千葉県）	972,639	10,890
19	流山市	（千葉県）	174,417	10,433
20	柏市	（千葉県）	414,054	10,042

順位	人口増加率の高い市町村		人口（人）平成27年	増加率（%）平成22年～27年
1	新宮町	（福岡県）	30,339	22.9
2	十島村	（鹿児島県）	758	15.4
3	大和町	（宮城県）	28,252	13.5
4	与那原町	（沖縄県）	18,429	12.9
5	与那国町	（沖縄県）	1,843	11.2
6	長久手市	（愛知県）	57,593	10.7
7	戸田市	（埼玉県）	136,083	10.6
8	つくばみらい市	（茨城県）	49,146	10.5
9	昭和町	（山梨県）	19,507	10.5
10	東神楽町	（北海道）	10,231	10.1
11	中城村	（沖縄県）	19,452	10.0
12	朝日町	（三重県）	10,563	9.7
13	富谷町	（宮城県）	51,592	9.7
14	阿久比町	（愛知県）	27,767	9.0
15	八重瀬町	（沖縄県）	29,084	9.0
16	菊陽町	（熊本県）	40,996	8.6
17	小笠原村	（東京都）	3,023	8.5
18	粕屋町	（福岡県）	45.371	8.0
19	大津町	（熊本県）	33,480	7.2
20	沖縄市	（沖縄県）	139,315	7.0

出所：総務省「国勢調査（二〇一五年）」

展開してきた。象徴的な取組は、二〇一〇年度に策定した「戸田市シティセールス戦略」の存在である。

同戦略は、シティセールスを行う一つの取組として「人や企業を呼び込み、引き留めること」と明記している。戸田市のシティセールスの要点はいくつかある。その中で特長的な視点を紹介する。一言で指摘すると、「住民を奪う地域を明確にしている」ことである。

戸田市は、シティセールスを実施する主な対象地域を設定している。同戦略には「シティセールスを行う対象地域を、まず、隣接する市区で、かつ転入者が転出者を上回る板橋区、北区と設定し」と明記している。すなわち、戸田市は板橋区と北区から住民を奪うことを宣言しているのである。

民間企業において、市場が縮小する中で継続的に企業活動を発展していくためには、顧客を奪い取らなくてはいけない。自治体において、人口が減少していく中で、持続的な行政運営を進めるためには、住民を奪い取らなくてはいけないのだろう（この取組がいいか悪いかは、読者の価値判断である。）。

戸田市のように、行政計画にシティセールスの対象地域を明記する自治体はないだろう。ある意味、戸田市が持つ危機感を垣間見ることができる。そして、積極的にシティセールスを実施してきた。その結果、現時点において、戸田市は定住人口の獲得を前提とした自治体間競争において勝ち残ってきた。

戸田市のシティセールスの結果は、図表2のとおりである。人口増加数では全国第一五位であり、人口増加率では全国第七位となっている（国勢調査（二〇一五年））[3]。なお、人口の増加では、流山市（千葉県）や吉川市（埼玉県）なども注目を集めている。それらと比較をして、戸田市の特長は、流山市のように首都圏新都市鉄道つくばエクスプレスが開通したわけではなく、吉川市のように新駅「吉川美南駅」が開業したわけでもない。戸田市は、原則として、今の状態で定住人口を増加させてきた。

戸田市が様々なシティセールスを実施している中で、おもしろい取組は、インターネット広告である。民間企業では当たり前のインターネット広告である。しかし、自治体では戸田市が先進事例となっている。写真1は、戸田市のインターネット広告（スマホ版）である。

具体的には「二〇代から四〇代」で「東京都内・近隣自治体」に住んでおり、引っ越しなどの「不動産関連カテゴリー」などを検索している人に対して、広告の表示を行っている。このように、戸田市は対象層を細分化（セグメント化）している。

一か月のバナー表示回数としては、八五〇万以上の表示回数がある。インターネット広告により、戸田市のホームページへのアクセス数が急増するなど、転入予備群に対する効果的な情報発信につながっている。この事業は、「ふるさと名品オブ・ザ・イヤー」（ヤフー株式会社）のIT×地方創生部門の「金賞」を受賞し対外的にも評価を得ている。

また、戸田市はインターネット広告を発展させ、ヤフー株式会社と協力してイメージアンケート調査も実施した。これは広告の表示先の転入促進ページに

写真1　戸田市のインターネット広告（スマホ版）

出所：戸田市政策研究所

3　戸田市の二〇〇五年から二〇一〇年の人口増加率は五・五ポイントであった。そして、二〇一〇年から二〇一五年の人口増加率は一〇・六ポイントとなっている（いずれも国勢調査による。）。戸田市は持続的に人口増加率を高めてきている。その一要因が、シティセールスである。

アンケートのバナーを設け、そのバナーをクリックしてイメージアンケートに答えるとTポイントを五〇ポイントプレゼントという企画である。検索者はTポイントをもらうことができ、戸田市としてはアンケート結果を得ることができる一石二鳥の取組である。

「共感」を基本としたシティセールス

「戸田市シティセールス戦略」においては、定住人口の獲得が大きなテーマであった。近年は、市民の共感に力を入れつつある。二〇一六年度に「戸田市シティセールス戦略改訂版」(二〇一六年度～二〇二〇年度)を策定している(以下「改訂版」という。)。改訂版は、引き続き定住人口の獲得は進めていくものの「インナープロモーションの更なる強化」を強く掲げている。すなわち、市民に対するインナープロモーションに舵をきっている。

改訂版におけるインナープロモーションとは、「自治体内部の職員に対するシティセールスの浸透だけでなく、市民や事業者などの市内関係者にまちの魅力を訴え、結果として市民の誇り、愛着心の向上につなげていく活動」と定義している。

もちろん改訂版を契機に、いきなり競争から共感に進んだわけではない。改訂版の数年前から、戸田市は少しずつ競争から共感のシティセールスに変えつつある。二〇一四年には、共感に向けた取組を具体的に開始している。それは同年一二月に開発されたスマートフォンアプリケーション「tocoぷり」の

4 二〇一三年に、戸田市政策研究所において「スマートフォン等を活用した新たな市民参加に向けた研究」をまとめている。その成果が「tocoぷり」である。同研究は、公益財団法人日本都市センターの第五回都市調査研究グランプリ(CR-1グランプリ)においてグランプリを受賞している。

存在である。[4]「ｔｏｃｏぷり」は、戸田市が一方的に開発したアプリケーションではない。市民や市民活動団体等の意見を把握しながら進めてきた。具体的には、「戸田市スマートフォン用アプリケーション検討市民会議」を設立し、アプリケーションの導入に向けて開発段階から市民との意見交換を行っている。

アプリケーション名の「ｔｏｃｏ」の意味は「"to" da "co" mmunity」である。地域の情報共有だけでなく、市民同士の心をつなぐツールとしての役割がある。「ｔｏｃｏぷり」には、「交流」「広聴」「広報」の大きく三つの機能が搭載されている。アプリケーションに投稿された情報によって地域の情報共有が進み、地域の課題が人とのつながりによって解決する仕組みづくりが構築されている。二〇一七年七月末現在での「ｔｏｃｏぷり」ダウンロード数は六、七〇〇件を超えている。当初は一年間のダウンロード数の目標を五〇〇件としていた。実際は一〇倍以上であり、ダウンロード数は想定以上のペースで伸びている。

現在、戸田市はシティセールスを活用することにより、市民の共感を誘発しようとしている。写真2は、「ｔｏｃｏぷり」である。注目してほしいのは、通常の「いいね」ボタンが「共感」ボタンとなっている点である（写真2の右の写真の左下に位置している。）。意図的に「共感」というボタンにしている。[5]

昨今の戸田市の共感を目指したシティセールスは、客観的な評価を得ている。実は戸田市は、「共感」という評価において第一位である。同評価は、株式会社読売広告社が実施した「都市生活者の居住エリアによる特性分析を可能にす

5　ポイントは「共感」であり「同感」でないことである。共感と同感はニュアンスがやや異なる。例えば、読者が腹痛で苦しんでいるとする。すると、向こうから友人が近づいてくる。その友人に助けてもらおうと「僕はお腹が痛いんだよ」と伝えたところ、友人は「私もお腹が痛いんだよ」と発言する状況が友人にとっての「同感」である。つまり、同感とは当事者になることを意味する。一方で共感とは、腹痛に苦しむ読者のもとに友人がやって来て、先ほどと同様に「僕はお腹が痛いんだよ」と伝える。すると友人は、「その気持ちよく分かるよ。どうすればいい？」と手を差し伸べてくれる。これが友人にとっての「共感」になる。すなわち、当事者「意識」を持つ状態が共感である。共感とは、「相手の心（思い）を自分事のように感じとること」と定義できる。これからの地域コミュニティは、同感ではなく共感に重きを置くべきと考える。

るCANVASS-ACR調査」による（二〇一六年一〇月二六日発表）。同調査は東京五〇キロメートル圏に住む男女に対して、「まち」「住まい」に関する意識の把握を目的として実施された。まちを評価する五つの要素「愛着」「共感」「誇り」「住み続けたい（居住意向）」「人に勧めたい（他者推奨）」について、

写真2　スマートフォン用アプリケーション「tocoぷり」

出所：戸田市政策研究所

図表3　まちを評価する五つの要素（シビックプライド指標）

愛着
1位　武蔵野市（東京）
2位　渋谷区（東京）
3位　習志野市（千葉）
21位　戸田市（埼玉）

誇り
1位　鎌倉市（神奈川）
2位　武蔵野市（東京）
3位　藤沢市（神奈川）
4位　戸田市（埼玉）

共感
1位　戸田市（埼玉県）
2位　武蔵野市（東京）
3位　横浜市都筑区（神奈川県）

人に勧めたい
1位　武蔵野市（東京）
2位　横浜市都築区（神奈川）
3位　北区（東京）
4位　戸田市（埼玉）

住み続けたい
1位　港区（東京）
2位　鎌倉市（神奈川）
3位　渋谷区（東京）
15位　戸田市（埼玉）

出所：株式会社読売広告社（二〇一六年一〇月二六日）

図表4　戸田市における人口流出の推移

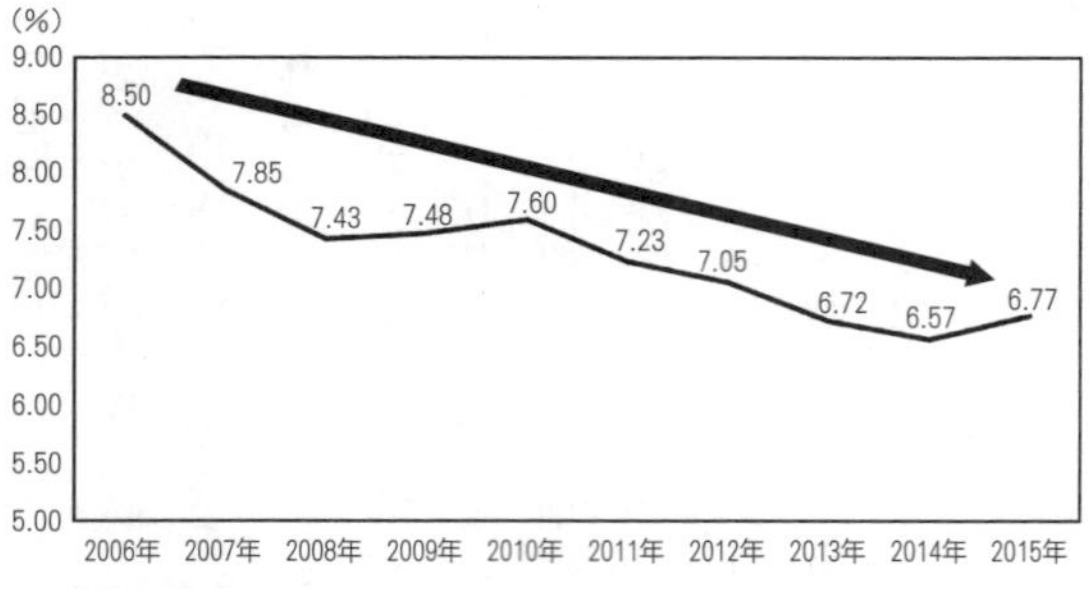

注）住民基本台帳を活用し、1月1日を基準に「転出等／総人口」により算出している。

出所：総務省（各年次）「住民基本台帳」

ランキングしている。同調査は、五つの要素をシビックプライド指標としている。戸田市は「共感」が第一位となっている。さらに「誇り」と「人に勧めたい」はともに第四位という結果である。[6]戸田市のインナープロモーションを中心としたシティセールスも、目に見える成果が出始めていると指摘できる（図表3）。

また対外的評価に限らず、戸田市の人口流出率も低下している（図表4）。特に、一五歳から三四歳以外の転出超過だった五歳階層別人口、特に子どもや子育て世代が転出抑制へと動いている。対象としているターゲットの持続的な定住が実現し、かつ、戸田市全体としても、市民の転出率が低下しつつある。すなわち、実際に住み続けたいと考える市民が増加していることを意味している。その背景には、戸田市に対する共感や誇りといった意識が市民の間で浸透していると推測できる。

5　シティセールスを成功させる五ポイント

本章を振り返り、戸田市の成功したシティセールスのポイントを五点に絞って言及する。第一に、確実な政策研究がある。確実な政策研究は、政策実効性を強くすると認識すべきである。戸田市はシティセールスに限らず、戸田市の核心的な政策は、必ず戸田市政策研究所で一定期間の政策研究を実施している。

第二は、メインターゲットの設定である。不特定多数や、対象地域の不明確なシティプロモーションは、効果が上がらない傾向がある。重要なことは、

6　二〇一八年一月二五日に、戸田市は、株式会社読売広告社と、シビックプライド領域における共同研究に関する協定書を締結した。今後、読売広告社R&D局と戸田市政策研究所において共同研究を行っていく予定である。特に、読売広告社が保有するシビックプライドに関するナレッジと、戸田市が保有する市民アンケートデータほか、各種調査データ・ナレッジをかけあわせて、「シビックプライド向上がもたらす効果」と「シビックプライド向上の手段・方法」についての分析を実施する予定である。

「絞り込む」ことである。戸田市のシティセールスは、明確に絞り込んでいる。だから成功し続けているのである。

対象層の選定に関して、注意すべきことがある。それは、設定したターゲット以外は無視するのではない。自治体の前提は「全てを対象とする」ことである。全てを対象とした政策を実施しつつ、その中で特に対象層を絞り込むことがシティプロモーションを成功させる秘訣である。その意味では「メインターゲット戦略」と言えるだろう。

第三に、行政資源の選択と集中が言える。行政資源の選択と集中であって、対象地域や対象層の選択と集中ではない。戸田市は行政資源が少ないため、まずは定住人口の獲得を目指し競争のシティセールスを実施してきた。そして、ある程度結果が出始めたところで、次に共感のシティセールスに移っている。ここに戸田市ならではの戦略性がある。戦略性の意味は、「限られた行政資源の配分を決めること。あるいは行政資源を優先的に配置すること」と捉えることができる。

戸田市のシティセールスを振り返ると、「二兎追うものは一兎も得ず」ということわざがあるように、優先順位をつけて戦略的に展開してきた。現在の多くのシティプロモーションは「あれもこれも」という状態である。このようなシティプロモーションは失敗に終わるだろう。各自治体の地域性や特性にあわせて、何かに特化したシティプロモーションを進める必要があるだろう。

第四に、競争は共創につながることを指摘しておきたい。自治体間競争に勝ち残るためには、自治体の単独の力だけでは難しい。特に、戸田市のような一三万人規模では不可能である。そこで、様々な主体と連携・協力して進めなくてはいけない。ここで言う共創とは、「自治体が地域住民や民間企業、ＮＰＯ法人、大学等の自治体外と『共』に活動して、イノベーションの『創』出につなげること」と捉える。

戸田市は「戸田市シティセールス戦略」等の方針の策定は、原則的に内部により進めている。そして戦略に基づき具体的な実行になると、様々な主体と連携・協力して進めている現状がある。自治体間「競争」に対応するためには、戸田市は民間団体等の様々な主体との「共創」が求められる。

本章では詳述できなかったが、戸田市の政策にはストーリーが用意されている。第五として、政策のストーリー性を指摘しておきたい。戸田市において、政策立案者と意見交換をすると、「いま考えている政策がこうなって、こんな感じで発展して、そしてこういうメリットがでてきて、定住人口に結び付く……。おもしろいでしょう」と言う発言を何度となく聞いている。この政策立案者とは、市長や副市長をはじめ、部長、課長、係長、担当職員までを意味する。担当職員も、目を輝かせて、自分が提案しようとする政策を述べている。

政策にストーリーを持たせることは、とても重要である。特にシティプロモーションは、ストーリーを描きやすい。シティプロモーションを成功させたいのならば、ストーリーを明確にし、かつ、可視化することが必要だろう。

6 「戸田市の奇跡」を継続させるために

開発経済学には、「東アジアの奇跡」という説明がある。この言葉は、一九九三年に世界銀行が発表したレポート『東アジアの奇跡―経済成長と政府の役割』の中で使われた。同レポートは、東アジアの国々が急速な経済成長を達成した現象の分析になる。その急速な経済成長を「奇跡」と称している。

近年、戸田市は急速に発展してきた。まさに「戸田市の奇跡」と言えるだろう。奇跡とは、「常識では考えられないような不思議なさま」と辞書にある。戸田市の奇跡の背景には、戸田市政策研究所を基本としたしっかりとした政策研究がある。戸田市の奇跡を過去形にすることなく、今後も持続的に進めていくためにも、戸田市は政策研究に、ますます注力していく必要があるだろう。

現在では、戸田市はシティセールスをはじめ、様々な分野で先進的な自治体として、知名度を上げてきている。それは、革新的な政策を創出しているからである。つまり「新規性が新機軸を創り出した」と言えるだろう。新規性の連続の先には新機軸（イノベーション）が登場する。この事実は、戸田市が身をもって体現している。

今日、地方創生が進んでいる。地方創生の意味を読者はどのように捉えるだろうか。地方自治の世界で「地方」と言った場合は「地方自治体」を意味する。そして、創生の意味を調べると「作り出すこと。初めて生み出すこと。初めて

7　戸田市のシティセールス概略などは、次の文献を参照されたい。
・　牧瀬稔・戸田市政策研究所「戸田市の戦略的シティセールスの展開と可能性：継続的に発展する「まちの

売り込み」」『地方行政No.10727』時事通信社（二〇一七）
・牧瀬稔・戸田市政策研究所「定住人口の増加を目指した戸田市のシティプロモーション：人口増加率全国第七位、人口増加数全国第一五位という実績」『地方行政No.10726』時事通信社（二〇一七）
・牧瀬稔・中西規之編著『人口減少時代における地域政策のヒント』東京法令出版（二〇〇九）

作ること」とある。この観点から考えると、地方創生とは「地方自治体が、従前と違う初めてのことを実施していく。あるいは、他自治体と違う初めてのことに取り組んでいく」という意味になる。まさに、新規性と新機軸に集約される。

本章の冒頭に記したが、成功の事実をしっかりと認識し、そこから学ぶ謙虚な姿勢がなければ、シティプロモーションをはじめとした政策づくりは失敗に終わる。戸田市の奇跡は、他自治体への移転可能性の要素を多く含んでいる。戸田市の事例を参考にして、読者のシティプロモーションも、ぜひ成功の軌道に乗せていただきたい。[7]

第11章 縮小する都市が勝者になる時代
――小諸市の挑戦――

NIRA総合研究開発機構研究調査部主任研究員　豊田　奈穂

本章は筆者個人の見解を示したものであり、所属機関の見解を示すものではない。

1 パイ全体が縮む

筆者は、本書の前編にあたる『地域魅力を高める「地域ブランド」戦略』（二〇〇八）において、市町村の実施する施策と住民満足度の関係から定住意向に影響を及ぼす要因を明らかにし、地域ブランドの形成について議論した。[1] 当時は、総人口の減少が顕著に観察されるまでには至っていなかったため、自治体間ゼロサムゲームの勝ち負けを左右する政策や施策が市町村の主な関心事項であった。

しかし、二〇一五年の国勢調査では、総人口が前回調査（二〇一〇年）から九六万三〇〇〇人も減り、人口が減少している市町村の中には、北九州市をはじめ、神戸市、堺市、新潟市、浜松市、静岡市などの政令指定都市も含まれている。前回調査からマイナスとなった地方自治体の平均人口規模は四万六〇〇〇人、現段階では人口一〇万人以上はそのうちの一割程度にとどまるが、それ

1　詳細は、「地域ブランドで人口争奪に挑む」『地域魅力を高める「地域ブランド」戦略』第一三章を参照。

でもかつての農山漁村でみられた課題が大都市周辺で生じつつある。今後、こうした傾向は長期的に継続するものと考えられ、財政基盤の脆弱な自治体が更に増加することが予測される。[2]

その一方で、各市町村で策定される目標や計画は前編を執筆していた頃と同様に定住人口の獲得に重点が置かれる傾向が強い。例えば、若年人口の増加、地域活性化を期待し、大学の誘致や学生向け住宅供給に関わる事業が政策の柱の一つに掲げられることがある。都道府県間での人口移動が、進学・就職のライフイベントにあたる二〇歳から二四歳の年齢層で多くなっていることに鑑みれば、人口流入の誘因となるそうした政策は一定の意義を持つように感じられる。だが、裏返せば、多くの転出が生じることとも同義であるといえ、誘致した大学生の転出抑制や解消を行政課題に位置づけることはあまり現実的な政策ではない。

その理由の一つには、日本では四〇年以上もの間、継続的に合計特殊出生率が人口置き換え水準を割り込み、中長期的には全体が縮んでいく現象を避けられないことがある。[3] 個々の市町村においては、総数が増加していた時代とは異なり、大学誘致のような近隣自治体間での人口争奪競争が一時的なショックを緩和するための方策にすぎない時期に入ってしまっていると考えられる。

元来、都市は、人口の増加に比例して土地開発が行われ、エリアを拡大させることで構築されてきた。仮に開発以前の人口規模に戻るならば、成長期とは逆の作用を働かせ、必要とされる空間的範囲を小さくしていくことが合理的な

2　人口規模別市町村数の詳細については、豊田奈穂・中川雅之「病院の立地と人口集積の関係」『計画行政』三七(一)(二〇一四)を参照。

3　人口置き換え水準　人口が将来にわたって親の世代と同数で置き換わるための大きさを表す指標で、二〇一五年の値は二・〇七とされている。

4 Glaeser Edward（二〇一一）"Triumph of the City:How Our Greatest Invention Makes Us Richer, Smarter, Greener, Healthier, and Happier"参照。

図表1　人口密度の推移

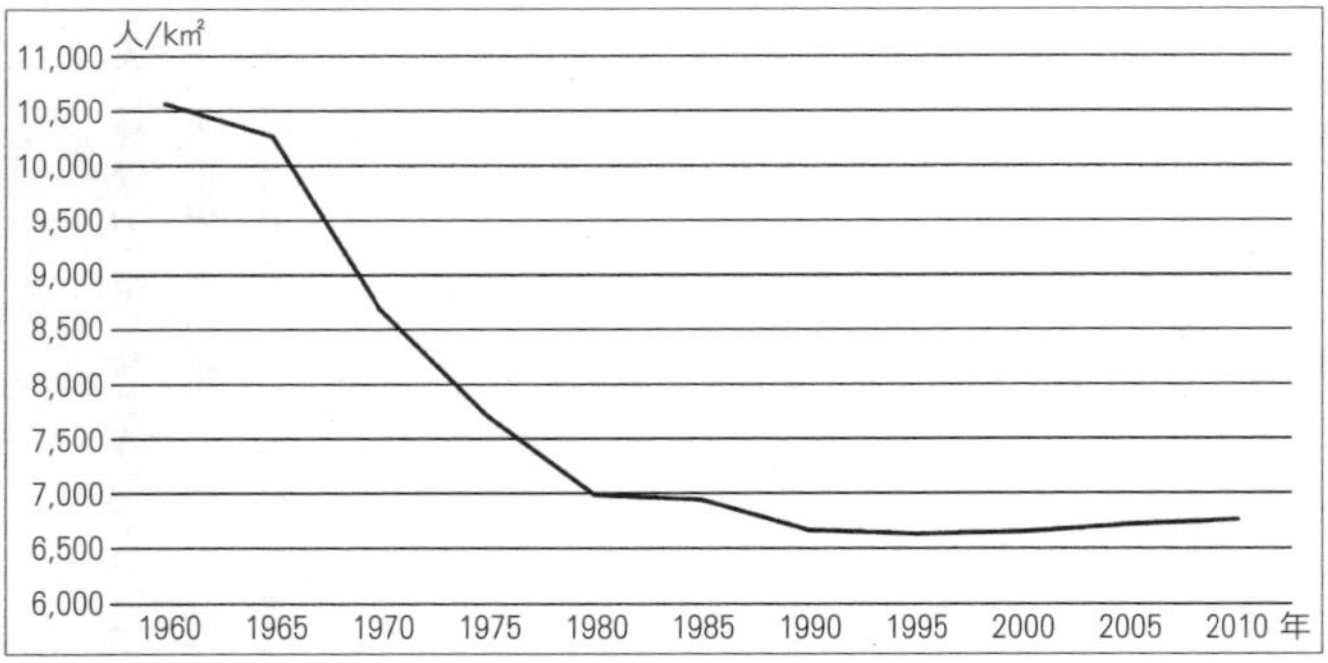

出所：国勢調査を基に筆者作成

行動となる。人口減少時代のまちづくりを「縮小都市」「都市縮退」というように表現すると嫌われることが多いが、一過性の定住促進策ではなく、人口が減少していくという現実を容認し、それに伴う問題への対応策に資源を投じなければ、地域の価値の形成、持続性という重要な課題を乗り越えることにはつながらないのではないだろうか。一時的な人口増減にばかり目を奪われていると、長期的に持続可能かつ生活の質を確保できる構造への調整が遅れることも意識しておく必要がある。

2　「まちの賑わい」と地域の持続性

都市経済学者エドワード・グレイザーは、都市繁栄の最大の理由が近接性、密度にあることを指摘している。[4] もし仮に、「まちの賑わい」を都市の価値とするならば、密度が濃いほど行き交う人は多くなると考えられる。だが、図表1が示すように、日本では人口集中地区における人口密度の推移は低下傾向を示している。当然のことながら、人口減少下において、これまで拡大させてきたエリアを同面積のままで維持したり、新たな宅地開発を実施したりすれば、より一層の低密度化が進むことになる。これでは都市の価値を高めることは難しい。

例えば、内閣府（二〇一六）では、生活用品を販売する飲食料品小売関連の店舗は、おおむね五〇〇人程度が集まるエリアに八〇％の確率で立地すると推

5 内閣府「地域の経済 二〇一六（人口減少問題の克服）」（二〇一六）参照。サービス施設別の必要需要規模の推計は三大都市圏を除いている。

6 朝日譲治「地方公営企業の水道事業」『ゆうちょ資産研レポート二〇一六年九月号』（二〇一六）参照。

図表2 人口密度と上下水道料金

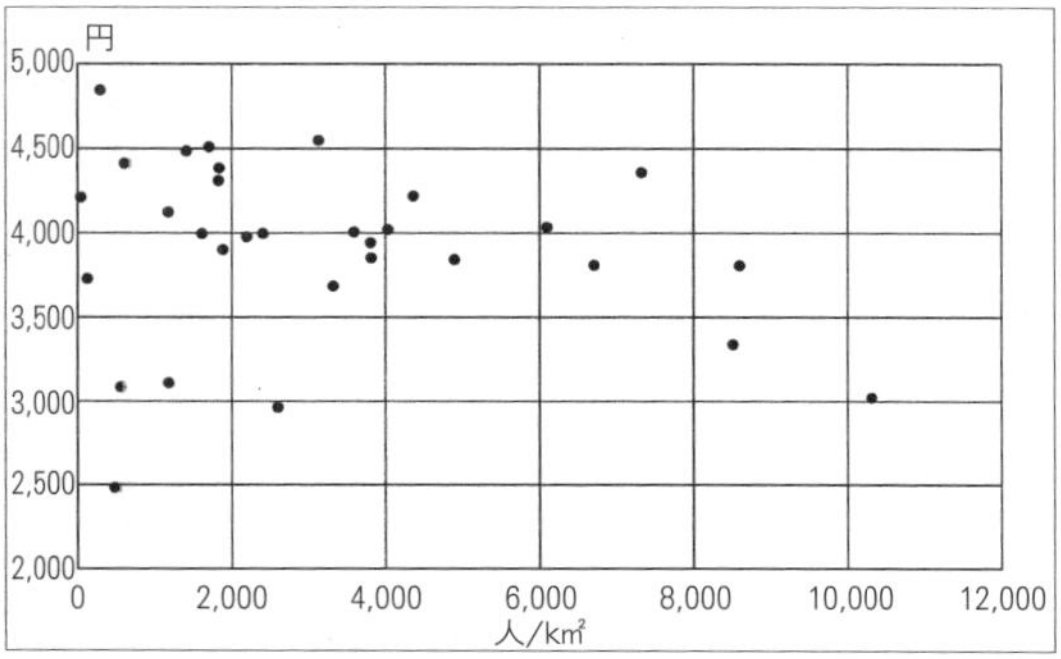

出所：国勢調査及び神奈川県資料を基に筆者作成

計している。[5] 健康志向の高いシニア層に人気のフィットネスクラブについては六万三〇〇〇人くらいの規模がなければ、立地可能性が八〇％に達する需要規模を確保することができない。さらに、試算では、二〇四〇年時点（三大都市圏を除く。）で七市町村のうち一つは銀行等の生活インフラ施設の立地確率が五〇％未満となる可能性も想定されている。低密度化とともに日常の暮らしを支える店舗やサービスが地域から撤退したり、商品の選択肢が限られたりすることが考えられ、都市としての魅力が次第に失われることになる。

加えて、これまで当たり前のように利用してきた公共財・サービスは人口減少下においても従来どおり、どの地域においても維持していくことが可能なのだろうか。この問いの答えを水道サービスから探ってみる。

既知のとおり、北海道夕張市は一〇年ほど前の二〇〇六年に財政破綻を表明し、現在の人口はピーク時の一〇分の一まで減少している。この間、水道利用料は一・七倍まで引き上げられ、朝日（二〇一六）は全国で最も水道料金が高い水準にあることを指摘している。[6] これは夕張市が財政再建下にあることも影響していると考えられるが、密度の影響は神奈川県の上下水道利用料からも観察することができる。図表2からわかるように人口密度の低い地域ほど上下水道の利用に関わるコストが高くなる傾向にある。最近では給水人口の減少に伴い、水道供給や関連施設の維持・管理が困難となり、一〇％以上の値上げを実施している自治体もある。[7]

これらの結果は、民間サービス、公共サービスを問わず、空間的範囲の調整を放置したままにすれば、将来的には日常生活に関わるサービスの供給主体が立地困難に陥るケースが増加することを示しており、住民のQOLが低下する可能性を示唆する。現在の都市構造のままでのサービス水準の維持を前提とするならば、住民はサービスの費用負担をどの水準まで容認することができるのか。あるいは、サービスの存続と負担の抑制を両立させることを前提とするならば、一定の再編に伴うマイナスの便益をどこまで許容することができるのか。いずれも長期的な人口減少を見据えた都市環境の変化への対応を問われているといえよう。

3 短期的政策と長期的方向性の合わせ技

都市の空間的な範囲の調整を伴う構造転換については賛否両論があり、各方面から様々な議論がなされてきた。饗庭（二〇一五）は、人口減少期の都市について縁辺部分から小さくなっていくものと考えていたが、実際はそれと異なり、縮退局面にある地域はランダムに空白地帯が生まれる「スポンジ化」の現象が先行して進むことを指摘している。[8] これは都市そのものの大きさが変化しないまま、都市のなかで空き地や空き家といった小さな穴が不規則に空き、低密度化していくというものである。加えて、この現象は土地の相続や家屋の老朽化といった個人の人生のペースにあわせて発生し、非常にゆっくりとした速度で変化していくために、短期的に都市構造全体の転換を図ることは難しいと

7 日本政策投資銀行の推計では、水道事業において利益を確保するためには三〇年後に現在の一・六倍の料金が必要となると試算する（日本経済新聞二〇一七年四月六日朝刊参照）。

8 饗庭伸『都市をたたむ　人口減少時代をデザインする都市計画』（二〇一五）参照。

の見解を示している。

　そこで指摘されているとおり、各地域や街区における地域の価値や住民の生活の質を維持していくうえでは、ミクロ的な視点のもと、小さなコミュニティ単位で個別の土地利用や管理方法をマネジメントしていくことが重要である。良質な拠点が形成されることで一体の価値は向上すると考えられる。しかし、その一方で、時間の経過とともに発生ベースでスポンジ化への対応を行うことになれば、都市全体としての長期的に望ましい空間形成を実現することは難しくなることも想定される。したがって、マクロ的な視点のもとで中長期的な方向性を俯瞰《ふかん》し、人口規模に見合う持続可能な都市像に向かっての調整を並行して進めていくことも必要ではないだろうか。

　国土交通省では、将来における都市構造として「コンパクト・プラス・ネットワーク」を提唱している。二〇一四年八月には都市再生特別措置法等の一部を改正する法律、同年一一月には地域公共交通の活性化及び再生に関する法の一部を改正する法律が施行され、立地適正化計画制度や公共交通のネットワークを再構築するための様々な制度整備を加速させている。[9] 二〇一七年七月三一日時点で三五七都市で立地適正化計画の策定に取り組んでいる。[10] このうちの約二割は都市機能誘導区域と居住誘導区域を設定し、将来的に居住を含め、都市空間を形成する範囲を誘導することを意識した計画となっている。[11] 例えば、一市四町一村の合併によって広大な面積を有する山形県鶴岡市では「鶴岡市都市再興基本計画」が策定されている。[12] 基本理念には、「先端研究産業や中核産業

9　立地適正化計画は都市再生を図る、都市機能の立地を誘導するために作成されるもので、市町村が作成する。
10　立地適正化計画策定の取組状況については、国土交通省ホームページ参照。（http://www.mlit.go.jp/toshi/city_plan/toshi_city_plan_fr_000051.html）
11　医療施設、福祉施設、商業施設などの都市機能増進施設の立地を誘導すべき区域を「都市機能誘導区域」とし、居住を誘導すべき区域を「居住誘導区域」とする。都市機能誘導区域は居住誘導区域内に定められる。
12　山形県鶴岡市の立地適正化計画については、市のホームページ参照。（http://www.city.tsuruoka.lg.jp/seibi/tsuruokasitosisaikou.html）

で新しいまちを磨き　住環境の循環によりまちを再編する　コンパクトシティ鶴岡」が掲げられ、なかでも居住サイクルによる再編が目をひく。同計画では「中心住宅地」及び「新興住宅地」が居住誘導区域に指定され、長期的な再編を見据えている。具体的な手法としては、小規模な空き家・空き地の単位で発生する区画に対応するため、ランド・バンク事業の展開によって市街地の調整が図られる。個々のライフサイクルの中で生じる変化のタイミングを利用しながら、それと並行するように居住地域の調整を行い、優良な住環境の整備を積極的に進めようというものである。

4　地域の価値を高める取組：長野県小諸市

前述のとおり、現在、全国の三〇〇以上の都市で将来のあるべき姿を見据えた計画が動き出している。ここではその一例として、長野県小諸市（以下「小諸市」とする。）における持続可能な集約型都市構造に向けての取組を紹介する。

小諸市はかつて中山道、北国街道、甲州街道の交わる交通の要所として城下町が形成され、商業都市として栄えた古くからの歴史を持つ市である[13]。一九五四年に現在の市制が施行され、二〇〇〇年には四万六一五八人まで成長した。その後は人口が減少に転じ、二〇一五年の国勢調査ではピーク時に比べ、およそ八％程度縮小している。今後も人口減少と高齢化が進むことが想定されてお

13　小諸市については、市のホームページ参照。(http://www.city.komoro.lg.jp/)

り、「小諸市立地適正化計画（二〇一七年三月）」では将来的な変化を踏まえた都市構造への転換が描かれている。同計画の現状分析には、一九九〇年以降、人口集中地区の面積が減少したにもかかわらず人口密度が下がり、他方で地区外の人口が増加して可住地全体に広く分散する状況が形成されてきたことが示されている。さらに、長期財政試算では一〇年間で自主財源が二〇億円程度減少し、必要となる扶助費等の義務的経費は四億円程度増加することも見込まれる。小諸のまちがもつ価値を損なわないためには、変化に順応していく長期的な調整が不可欠な状況になりつつある。

小諸市全体では様々な政策・施策が掲げられ、それに関する事業が展開されているが、筆者はかねてから今回の計画で都市誘導区域に位置づけられている中心市街地での病院を中心とする再編、コンパクトなまちづくりに関心を寄せてきた。JR小諸駅から徒歩七～八分程度の距離に市役所と浅間南麓こもろ医療センター（旧：小諸厚生総合病院）を併設立地させ、その周辺には図書館やコミュニティセンター、小諸看護専門学校や商工会議所などの都市機能を集積させる（写真1～3）。途中、計画が二転三転しながら、二〇一五年に市庁舎、隣接の図書館・コミュニティスペース・地下駐車場が竣工し、その後、旧市庁舎の解体、同敷地内に新病院の建設が行われた。二〇一七年一二月に新病院が開院し小諸の新しい顔として圏域の地域医療を担うことが期待されている。

さらに、このまちづくりは公的不動産の活用や公共施設の複合化などの都市再開発にとどまらない。将来の持続可能性を見据え、新市庁舎と新病院ではエ

写真1　新市庁舎の外観

出所：小諸市提供

写真2　こもろプラザ（1階図書館、2階市民交流センターで構成された複合施設）

出所：小諸市提供

写真3　図書館内

出所：小諸市提供

ネルギーの相互利用に関する協定が締結されている。エネルギーサービス事業（ＥＳ事業）の導入によって維持管理コストの低減が図られ、省エネルギー型の低炭素な環境づくりが同時に進められている。[14] これは都市構造の高密度化と都市経営の効率化の両面から持続可能な小諸のまちを実現する取組といえ、官民共同での都市リノベーションのこれからの姿を示している。

現在ではこうした病院を中心とするまちづくりを掲げる自治体は多くあるが、

14　ＥＳ事業とは、建物が必要とする電力や空調・給湯などを、委託を受けたエネルギーサービス事業者が提供する仕組みのことで、長野市とＪＡ長野厚生連との官民一体事業である。

今から七年ほど前、筆者が最初に小諸市を訪れた当時では、急性期病院の移転を伴う中心市街地の再編は全国的にも意欲的な試みであったといえる。改めて言うまでもなく、人口減少と高齢化とともに衰退している地方都市において、病院を中心部に移転させ、再開発を進めるだけで中心市街地が賑わいを取り戻すことはできない。小諸市もその例外ではなく、駅前に広がる光景は決してお世辞にも明るいとはいえない。しかし、それでもここに注目している理由は、現在世代の利便性や政治的な意向が優先され、計画を頓挫させる地方自治体が少なくない中で、一〇年近い時間軸に沿って着実に動いてきたことにある。計画を見直した自治体と同様に、小諸市もここまで決して順調に進んできたわけではない。病院と連携したまちづくりを打ち出した当時の市長は、議会や関係者からその手法を問われたり、市庁舎の立地する土地を歴史のシンボルとして大切にしてきた人々、地元医師会など、それぞれの立場からの意見に押されたりするなど、議会や行政、医療者をはじめ、地域住民は厳しい局面を幾度も経てきている。今回の計画策定に際しても、パブリックコメントには現状の環境に対する満足感から構造転換に否定的な意見も寄せられ、賛否両論があった。しかし、そうした紆余曲折のなかでも、三〇年先、五〇年先の小諸のまちをどうやって守っていくのか、シンポジウム、ワークショップや学習会などを通じて常に問い続け、医療者も、事業者も、議会も、行政もそこに関わる全ての人が市井の住民に戻って将来の都市構造をつくりあげてきている。

ハード整備が目に見える形になってきた現在、ソフト面の仕掛けがさらに都

写真4　市民広場

出所：小諸市提供

15　詳細は「小諸市立地適正化計画」参照。(http://www.city.komoro.lg.jp/category/bunya/machidukuri/toshikeikaku/teitanso/)。

市空間を豊かなものにする。歴史的・文化的遺産を利用したり、浅間山麓の自然を活かしたりすることで、人の交流を生む装置が動き、多様な人々がアクセス可能な新しいパブリックスペースが賑わいをつくりだす。そこではマルシェやイベントなども開催されているが、利便性の高い駅周辺のエリアでの活動は外部からの人を呼び込むきっかけになるといわれている（写真4）。拠点となるハード整備と地域資源を活かしたソフトな活動の両輪を回していくことが、「小諸人」というシビックプライドの醸成とともに、他の都市との差別化を成功させると考えられる。

　ここでは都市機能集積に焦点を当てて紹介したが、暮らしやすさを支えるための公共交通政策も実施され、ネットワークの整備も進められている。その一方で、今回の計画に含まれなかった居住誘導区域の設定、増加する空き家対策など、住環境に関わる対応策が課題として残されている。すでに二〇一七年八月現在で一〇七三件の空き家（用途区域内五三一件、区域外五四二件）が確認されており、市内全域に広がりつつある。[15] 二〇一五年四月には空き家バンクが稼働を始めているが、今後、利活用とともに、過剰となる住宅の調整を検討していくことも必要となるであろう。そうした短期的な足元にある住宅の調整と長期的な高密度な都市形成との将来的な方向性に錯誤が生じないように収斂《れん》させていくことが重要であり、課題であると考えられる。

5　次世代に都市をつなぐために

これまで都市は人口の増加とともに成長してきたが、人口が減少局面に入り、都市の成長の方向とは逆向きになっている。それでも現状では新しい宅地を開発し、マンションや戸建て住宅の供給を通じて定住人口を増やしたい、それなしには地域の活性化はできない、地方創生が実現しない、といった幻想が渦巻いているようにみえる。しかし、短期的な動向によって開発を進めることが、私たちの生活の質に直接的な影響を及ぼすことになりかねないことはこれまでに示したとおりである。

もちろん現実的な問題として、高度化、適切な規模に調整していくことは決して容易なことではないことも分かっている。既存都市の再編やエリアの調整は設備や施設が老朽化によって再整備を検討する時期に限られ、それは三〇～四〇年に一度しかないと考えられる。その観点でいえば、一九六〇年から七〇年代に整備されたインフラや公共施設は、現在、建て替えの機会を迎えており、長期的に維持可能な都市像への調整を進めていく機会にある。当然、都市構造をめぐる取組は強制的に移動や転居を伴うものではないため、短期間で完成させることはできない。実際、病院の立地と人口の分布を描いてみると、二〇〇七年時点では両者の空間的配置はおおむね一致し、人の集まっているところに

図表3―1　病院集中度と人口集中度の関係（二〇〇七年）

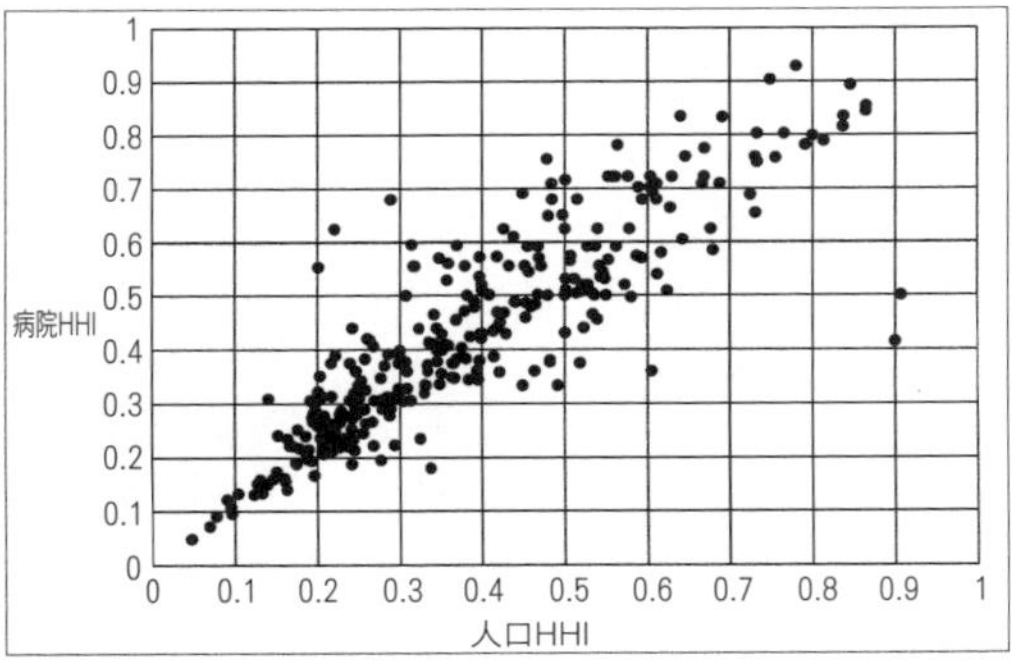

出所：豊田・中川（二〇一四）より転載

16　図の詳細は豊田奈穂・中川雅之「病院の立地と人口集積の関係」『計画行政』三七（一）（二〇一四）を参照。

病院も立地している（図表3―1）[16]。他方でこれを両者の増減率として描いてみると、そこでは正の傾きは観察されない（図表3―2）。つまり、人口と病院の配置関係に変化が生じた場合、非常に長い期間をかけて現在の状態が形づくられているといえよう。従来、この調整過程で将来を過大評価したり、現在の利益と将来の合理性の狭間に陥ったりすることで方向性を見失うことが少なくなかったと考えられる[17]。今後は、全ての関係者が将来の人口規模に見合う持続可能な都市像の実現にコミットし、どこまで着実に調整できるのか、その点が最終的な地域の価値を左右する。既存の施設やインフラを現状と同じ状態で存続させるのか、それとも廃止するのか、現在地のままがよいのか、移転することが最適なのか、現在地の将来はどのような姿であることが予測されるのか、長期的に維持・管理コストは負担可能なのか。現在の住民には、一つひとつエビデンスベースで自分たちとともに将来の住民も生活の質が確保される水準で折り合いをつけ、都市をつくりかえていくことが期待されている。

　都市は移動することができないが、住民は居住する都市を選択し、移動することができる。変化への対応が遅れ、生活環境が悪化した地域から人口が流出してしまうことは夕張市の事例からも明らかであろう。縮小の方向を嫌悪せず、賑わいをつくりだす拠点を形成しながら、自らの地域が維持可能な水準に調整を行うことが価値ある存在として次世代につなげていく近道となるのではないだろうか。従来の発想から転換し、シュリンクしていく方策に知恵を絞りながら、いち早く来る変化に対応した都市が勝者になる時代に入っている。

図表3—2　集中度の変化

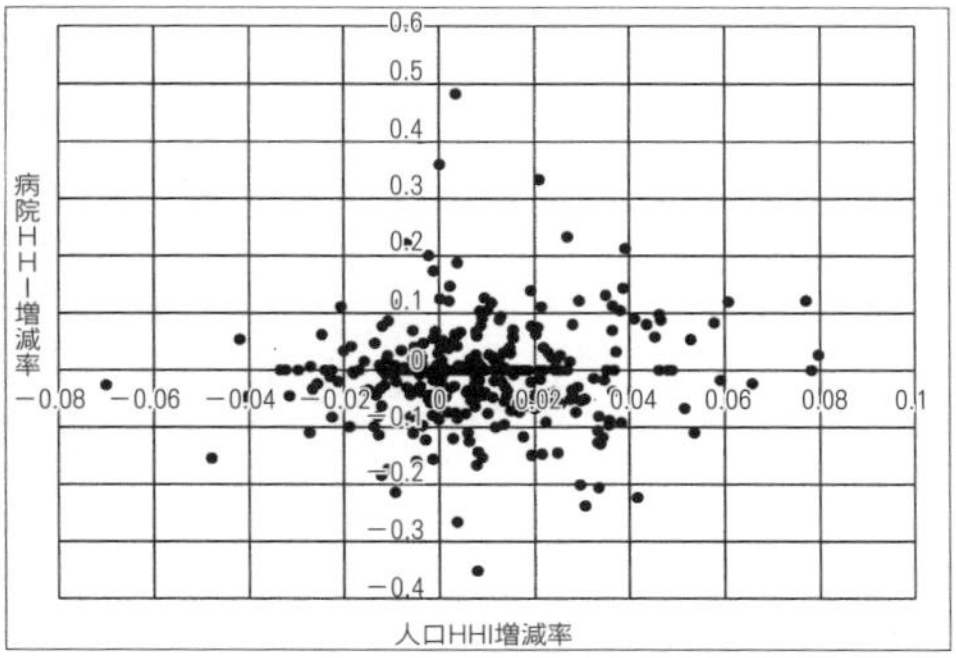

出所：豊田・中川（二〇一四）より転載

17　豊田奈穂・中川雅之「都市縮小に向けた戦略的対応」『計画行政』三六（四）（二〇一三）参照。

第12章 市民と共につくるシティプロモーション
——松戸市における市民記者の取組について——

公益財団法人日本都市センター研究室研究員　早坂　健一

はじめに

「シティプロモーション」という用語が市民権を得てから、はや数年ほどになるだろうか。

近年、様々な自治体がシティプロモーションと称し、移住ＰＲ、観光ＰＲ、はたまたゆるキャラの作成等を行っている。しかし、人口減少が自明である我が国において、マイナス・サムを必死に奪い合う様に疑問を感じているのは何も筆者だけではないであろう。また、因果関係が定かでないのにもかかわらず、「プロモーションが功を奏して、やれ人口が増加した」などと吹聴する様については、ある種の違和感が湧き上がるのを禁じ得ない。

他方、個々の政策に目をやれば、「それで?」「ただの自己満足じゃないの?」と思わず失笑、いや失笑ならまだいいかもしれない、もはや何の興味も湧かず自己満足としか形容できないような「シティプロモーション」のオンパレードである。

では、シティプロモーションの目的とは何であり、どうあるべきであろうか。いろいろ諸説はあるだろうが、私なりの結論を先に述べると、市民と協働して地域の魅力を発信していく取組であると考える。この「市民と協働して」というのが重要なポイントである。

河井孝仁氏は著書『シティプロモーションでまちを変える』において、シティプロモーションを「地域（まち）に真剣（マジ）になる人を増やすしくみ」[1]であると述べており、筆者もこの意見に大いに賛同する。そう、シティプロモーションにおいて大事なのは、まず地域の住民が協働して何かをしたくなる仕掛けをつくることではないだろうか。

前置きが長くなったが、これから紹介する千葉県松戸市の取組は、皆さんが「シティプロモーション」の言葉からイメージするような、強烈なインパクトのあるものではないかもしれない。まだまだ取組自体の知名度も高くはないであろう。しかし、萌芽的な取組であることははっきり述べたいと思う。派手さはないかもしれないが、着実に一歩ずつ前に進み効果が出ていることは、本章を一読すれば理解できるものであると確信している。

読者の中にはシティプロモーションを所轄する部署に配属となったが、うちの地域（まち）には外にアピールするような大した魅力もないとあきらめている職員、シティプロモーションに大きな予算がつかないので何もできないと嘆いている職員、自分は入庁して日が浅いので大きなプロジェクトをするほどの力量はまだないと絶望している職員もいるかもしれない。

1　河井孝仁『シティプロモーションでまちを変える』彩流社（二〇一六）

安心してほしい。今から紹介する取組に限って言えば、それらは全く問題ない。

数多くのアイドルを輩出した、とあるプロデューサーは、いわゆるアイドルの九割は何ら特別な才能のない普通の人であると述べていた。これは、自治体にもそのまま当てはまるのではないであろうか。要するに、地域（まち）の九割はごく普通のまちである。旅行者が大挙して訪れるような観光スポットがあるわけでもなければ、広く認知されているような特産品があるわけでもない、そういう自治体がほとんどであろう。

だからといってあきらめる必要はない。魅力がないのではなく、魅力を引き出す仕掛けが十分ではないのである。まだまだあなたの地域（まち）にも知らない良さが眠っているはずである。

1 市民記者・誕生までの経緯

松戸市のシティプロモーションの一環である、「市民記者」の取組について紹介する。[2] これは、「市民記者」という言葉からも十分イメージが湧くと思うが、市民自身が市のことについて記事を作成しＷＥＢで発信するというものである。行政では取り上げられないような情報についても、発信できるのが特徴である。

市民記者については以下のような経緯で生まれた。少子高齢化に伴う人口減

2 本章を執筆するに当たり、二〇一七年八月三〇日に松戸市へのヒアリング調査を実施した。調査にご協力いただいた松戸市総合政策部広報広聴課シティプロモーション担当室及び市民記者の皆様には、ご多忙にもかかわらず貴重な情報・資料をご提供いただいた。この場を借りてお礼申し上げたい。なお、本章の内容は、ご提供いただいた情報・資料をもとに、筆者が解釈・執筆したものであり、松戸市の見解について報告したものではない。

少社会の到来を踏まえ、未来の松戸市の更なる発展を目指すため、松戸市は二〇一三年一〇月に「まつどシティプロモーション推進方針」を取りまとめた。これに基づき、松戸市の認知度や都市イメージの向上を図るべく、市民や市に愛着のある人々と共に松戸の魅力を発見・創造・発信していく「情報共創型」プロモーション活動を推進するため、翌二〇一四年二月一九日、一三人の市民メンバーとともに、プロジェクトチーム「まつどやさしい暮らしラボ」を発足させた。この取組の第一弾として同年二月二二日に「まつどやさしい暮らし会議」を開催した（写真1）。会議では松戸市の魅力などについて意見交換を行い、この会議で出た意見やアイデアに基づき、「①ほっとできる」、「②個性が楽しい」、「③受け継いでる」、「④つながってる」、「⑤素敵な発見！」、「⑥意外と便利！」の六つの視点を設定した。これらの視点から、松戸市の魅力を発信しようと、二〇一四年三月末に「まつどやさしい暮らしラボ」の公式ホームページを立ち上げて魅力発信をスタートしたが、当初は、プロのライターが市民の活動を取り上げ記事にするというものであった。しかし、それでは従来の新聞記事や観光雑誌記事等と何ら代わり映えしないという問題意識が担当職員に生まれ、結果、市民に記事を書いてもらったらどうかとのアイデアが浮かび、市民記者の取組が誕生したとのことである。

二〇一四年九月に記者の公募を開始し、新聞記事、市が発行している広報紙、市のホームページなどに掲載し幅広く募集した。作文・面接等の選考を経て、計一四人の市民が記者として正式に登録された。実際に集まったのは、会社員や主婦など記事作成経験のない方々ばかりだったという。なお、市民記者に対しては、謝礼などは支払われておらず、完全なボランティアであることも申し添えておく。

写真1　まつどやさしい暮らし会議

出所：松戸市「まつどやさしい暮らしラボ」ホームページ

写真2　市民記者の方々

出所：筆者撮影

2　記事が完成するまでの具体的な流れについて

ここでは、市民記者の方々（写真2）が実際に記事を作成する過程について説明する。

まずは記事のテーマを決めることから始まるが、記事のテーマ選定に先立ち、おおむね三か月に一回程度のペースで「編集会議」を開いている。そこでは、市民記者の方々はもちろんのこと、「まつどやさしい暮らしラボ」の活動を担う市民メンバー、市役所の若手職員一五名で構成されるまつどシティプロモーション庁内部会のメンバーが集まり意見を交わしている。

この会議では、市民記者の「こんな記事が書きたい」という意思を最大限に尊重しつつ、参加メンバーで様々な意見を交わしながらテーマを決定していくというのが基本的な流れである。「市民と行政が一緒に話し合うことで、新たな発見が生まれることが多い」とある市民記者は話す。

なお、記事の内容については前項で説明した「まつどやさしい暮らし会議」の後に決定した、六つの視点に沿った形で作成することになる。

例えば、飲食店を紹介するにしても、単に従来の広報媒体にあるような「このお店がおいしい」といった類いのものではなく、前記視点に即した記事を書くことが求められている。実際にある飲食店を取り上げたケースでは、「②個性が楽しい」をテーマに、オーナーシェフの生い立ち、修業時代等、個人に焦点を当てた記事が書かれている。従来の媒体では専ら提供される商品、店の雰囲気等に焦点を当てている場合が多いが、この記事はそこで働く「人」を中心に展開しており、一線を画した内容となっている。

テーマが決定した後は、市民記者自身で取材先のアポ取りや取材及びその他写真撮影などを行うことになる。取材を重ねるうちに、取材の対象者が増大していき、一つの記事を書き上げるのに時には数か月を要することも珍しくないという。

取材を終え、作成された記事は市が管理する「まつどやさしい暮らしラボ」専用の記事入稿システムで投稿する。写真が多く容量が増えてしまった記事であっても、ストレスなく投稿ができるようシステム上の配慮が施されている。

提出された記事は、担当職員がチェックし、必要に応じて表現などを訂正した後、晴れて市が運営する「まつどやさしい暮らしラボ」のホームページに公開されることになる。担当職員は随時記事をチェックしており、通常は記事を提出した翌日には、チェックが完了している。これについてある市民記者は、「お役所仕事と揶揄《やゆ》されるように、市役所が行う事務は非常に時間を要するイメージがあったので、記事のチェックの早さには驚いている」と話す。

投稿された記事は、専用のホームページに公開される。市役所のホームページのトップ画面にリンクが貼られており、アクセスしやすいように配慮がされているほか、Facebook の専用ページでも、随時更新・発信されることになる。

以上が記事作成の簡単な流れである。ここで強調したいのは、一連の過程において市民の自主性を大いに尊重している点である。市が記事のテーマを指定するわけではなく、純粋に市民が書きたいものを書いてもらうというスタンスである。編集会議で適宜アドバイスを行うことはあるが、最終的な決定権は個人に委ねられているのである。提出された記事の校正についても、最小限にとどめるようにしているという。加えて、厳格な提出期限はなく、おおむね自分のペースで記事を更新できるのも市民記者にとっては魅力だという。

他方で、市民に丸投げしているわけではないということも併せて述べておきたい。市民個人に基本的にお任せをしているが、フォローについては非常に充実しているのである。例えば、各種記事作成に先立ち、写真の撮り方、記事の書き方、その他取材におけるマナーについて各種講習を実施したり、他にも記事の作成で悩んだ場合は、市の担当職員が個人的に相談に乗ってくれることもあるという。記事については、シティプロモーション担当のみならず、記事に関係のある部署の職員にも目を通してもらい、表現に問題がないかを徹底的にチェックする。市のチェックがしっかりしているので、安心して投稿できると市民記者は話す。

自主性を尊重しつつ、フォローはしっかりする、まさに市民と行政の理想的な協働関係が松戸市のシティプロモーションにおいて存在しているのである。

3 具体的な記事の紹介

論より証拠、実際にどんな記事が掲載されているか、ここでは特に反響の大きかったものを中心に三件紹介する（写真3）。

（記事①：松戸市内の小学生が子供の短歌コンクール（第一〇回）で特選&入選!!）（写真4）

市民記者の作成した記事が掲載されている市の専用ホームページ「まつどやさしい暮らしラボ」[3]において、記事のアクセス数のランキングで長らく一位を継続している記事である。つまり、最も読まれている記事であると言えよう。内容は、子供短歌コンクールという全国規模のコンクールにおいて、松戸市の小学生が「特選」に入賞したというものである。また、他に入選者七作品も紹介されている。実際に受賞した短歌が、かわいいイラストとともに掲載されており、非常に親しみの湧く内容となっている。

自分と同じ出身地の人が活躍しているニュースを聞けば、それだけで嬉しく思う人は大勢いるだろう。この記事は、短歌コンクールで賞を取ったという、一般のメディアではなかなか取り上げられることのない分野に焦点を当てている。自分のまちの活躍している人々について知りたいという、多くの市民が持っているであろう気持ちを満たしてくれる記事であったと言える。

3　二〇一七年九月時点。

写真3　市民記者の記事が掲載されているサイト

出所：松戸市「まつどやさしい暮らしラボ」ホームページ

写真4　実際に掲載されている記事①

出所：松戸市「まつどやさしい暮らしラボ」ホームページ

写真5　実際に掲載されている記事②

出所：松戸市「まつどやさしい暮らしラボ」ホームページ

（記事②：父と娘が師弟関係？～松戸競輪場に親子選手誕生!!～）（写真5）

松戸市には公営の競輪場が存在する。この存在自体は市民にも広く知られているが、「イメージは」と聞かれるとどうも芳しくないことが多いようである。そもそも競輪＝ギャンブルと感じて敬遠する人、競輪場はイメージが良くない、あまり近づきたくない等々、ネガティブな話がよく聞かれている。実際、筆者の肌感覚においても競輪場を訪れたことのある市民の割合はそこまで高くなさそうである。

この記事には全国で三組しかいないという、父娘の競輪選手が取り上げられている。過去のエピソードの様子等が豊富に盛り込まれ、選手に対して親近感が湧くとともに、記事のあちらこちらから競輪の魅力がじわじわとにじみ出る構成となっている。この記事を一読すれば、ぜひ一度競輪場に足を運んでみたくなる、そんな内容であった。

あなたのまちにも、みんな知っているが食わず嫌いで誰も訪れていないような施設はないであろうか。ひとたび足を運んでみれば、意外な発見があるかもしれないことを本記事は示唆している。

（記事③：「共働き子育てしやすい街ランキング」全国九位（東京都を除く）、県内一位って本当?!）（写真6）

行政の広報では、自らのまちの魅力をアピールするに当たって、ランキング等の指標を用いることが多々あるだろう。その例にもれず、松戸市においても日経デュアル調査「共働き子育てしやすい街ランキング二〇一五」において全国九位（東京都を除く。）、県内一位と評価をされ[4]、市の広報媒体でもそれを積極的にアピールしてきた。

ランキングでは高評価を得ている市の子育て政策であるが、その実態はどうなのか、という市民記者の疑問が出発点となりこの記事は作成された。実際の記事に目をやると、現場で働く職員に、数多く、丁寧に取材を重ねて記事が書き上げられているのがわかる。また、従来の広報ではあまり取り上げられなかったであろう、現場職員へのインタビュー内容が掲載されており、まさに顔が見える内容となっていた。この記事を読めば、「市の子育て政策」についての理解が深まることは、間違いないであろう。

4　この記事は二〇一六年六月に公開されたが、その後の日経デュアル調査「共働き子育てしやすい街ランキング二〇一七」で松戸市は全国一位（東京都を除く。）を受賞した。

写真6　実際に掲載されている記事③

出所：松戸市「まつどやさしい暮らしラボ」ホームページ

4　記事に対する考察

以上ごく一部ではあるが、現在実際にホームページに掲載されている記事について紹介した。従来の広報媒体では取り扱われていなかったもの、取り扱えないものが内容となっていることがわかるだろう。特徴的な点は、どの記事もそこに携わる「人」が中心に捉えられていることである。例えば、「記事③」で紹介した子育て政策についてであるが、従来の行政の広報においては、施設の紹介、サービスの内容について説明することはあっても、そこで働いている職員の写真、インタビュー内容が掲載されているものはまれであろう。

また、行政は中立でなければならないという命題があるため、広報においてその提供できる情報には限界があるが、市民記者の作成する記事においてはそうした制限はなく、発信できる情報はある種自由である。市民記者の一人はテーマを選定するに当たって、行政の広報を含めて従来の媒体で取り上げられていない内容を意識して記事にしているという。

プロのライターと比べても遜色ないような記事がそこには並んでおり、これからも身近で親近感が湧く彩り豊かな記事が投稿され続けることであろう。

5 読者からの反響続々

市民記者の取組を開始して、二〇一七年で既に三年余りが経過した。以来、記事に対して様々な反響が表れているという。記事を読んだ人がブログで引用した、街中を歩いていたら「記事を見てます」と声をかけられた、地元のお祭りに参加した際に「いつも記事を楽しみにしてます」と言われた等々、この手の反響については枚挙にいとまがない。

孤独死問題についての記事を書いたある市民記者は、その後、他の出版社から依頼を受け、ある月刊誌にも同じテーマで執筆したという。他にも、外国人の中学生向けの教科書に記事に掲載した写真が引用された例もあり、テレビなどのメディアからの記事引用の依頼や問い合わせも定期的にあると市の担当職員は話す。

以上の状況から、当該取組は、松戸市において一種のメディアを形成しつつあるといっても過言ではないであろう。

ところで、専用サイトホームページへのアクセスを分析すると、最近では市外からのアクセスも増加傾向にあるという。市内在住者からの反響は大きいが、こうした状況から、記事の更新を楽しみにしている市外の隠れファンも一定数存在するのではないか、と担当者は分析している。どのような人がアクセスしているかについては定かではないが、市内のみならず、市外の方々からの注目が高まっているのは間違いなさそうである。

6　継続して記事が掲載され続ける要因は何か

実は、今まで説明してきた市民記者の取組については、特段真新しいアイデアというわけではなく、他の自治体でも同種の取組が試みられたことは多々ある。しかし、各種調査をしてみると、数回記事を投稿しただけでその後更新が途絶えてしまうなど、継続して取り組めている自治体は少ないのが実態のようである。

松戸市の市民記者の取組については、発足から三年程度が経過したが、なお依然として継続的に記事が更新されている。ブログやSNS等で文章を作成した経験のある人であれば、記事を定期的に書き続けることがいかに困難であるかについてはお分かりいただけるであろう。継続できる要因は何であるか？

筆者はこの点に強く関心を持ったため、直接市民記者の方々にインタビューを実施し、要因について伺い分析した結果、次の三つの要素が浮かび上がってきた。

要因1：フォローアップの充実

第一にあげられるのは、フォローアップの充実である。記事作成を記者に丸投げすることなく、市は様々な形で市民記者をフォローしている。

はじめに、その道のプロの方々を招いて、写真の撮り方、文章の書き方、取材の仕方等、記事を書く上で必要な基本的なスキルを身に付けるための講座が複数回実施された（写真7）。いずれの講座も、丁寧で分かりやすく指導してくれたため、初めての取材・記事作成にも自信を持って取り組めたと市民記者は話す。また、記事作成で悩んだときは、市の担当職員が常時相談に応じている。こうしたサポートのおかげで、各々の市民記者は安心して記事作成に取り組めているという。

要因2：記者の自主性を尊重

他自治体の取組においては、「子育てについての記事を書いてください」等、記事の内容を種々限定されることが少なくないようであるが、松戸市の場合は記事の内容・構成等についても原則として記者の方々の自主性に委ねられている。分野について指定されることも一切ないという。つまり、自分の興味・関心があることを取り上げ、自由に表現できるのである。

写真7　カメラ撮影研修の様子

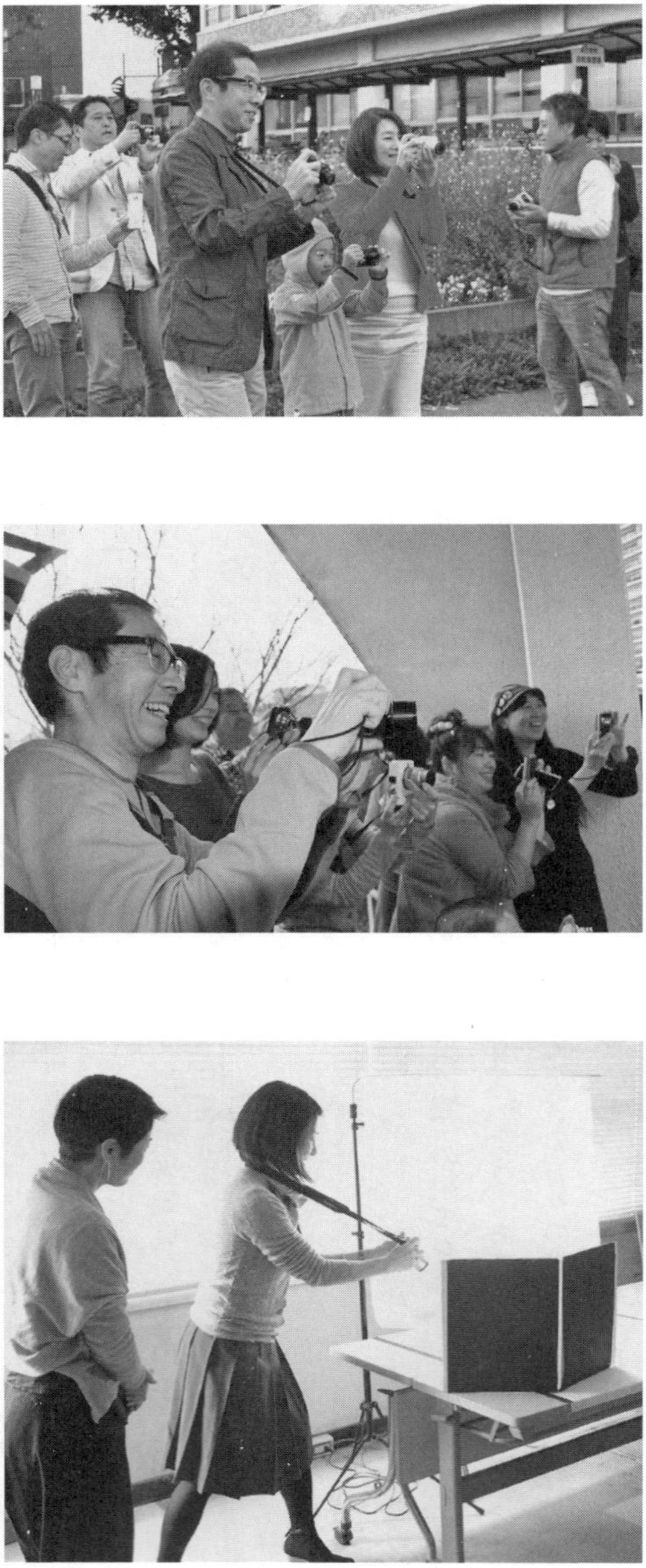

出所：松戸市「まつどやさしい暮らしラボ」ホームページ

また、市民目線での情報発信を大切にしたいという思いのもと、提出された記事についても表現等どうしても掲載不可能なものを除いて、最低限の校正しか加えず、最大限自主性を尊重しているとのことである。この「自主性&自由度の高さ」こそが市民記者として任されているという実感を生み、「また記事を書こう」というモチベーションの維持につながっていると筆者は分析する。

要因3：記者同士の連帯感の強さ

「記者同士の連帯感の強さ」、これが一番の要因であると筆者は考えている。記事提出については、専用のシステムを用いて簡易に行えるということは先に述べたとおりであるが、実はこのシステムは、記事の提出が簡易になること以外にも産物をもたらしている。それは、他の記者の進捗等を共有できることである。

具体的には、他の市民記者が掲載予定の記事タイトルを入力すると、他の記者がそれを閲覧できる仕組みとなっている。要するに、ある人が記事のタイトルを入力したら、他の人にも伝わるようになっているのである。よって、記事作成に対するモチベーションが下がった場合でも、他の記者が記事に取り組んでいるのを見て、「よし、やろう」とやる気になることが多いと、ある市民記者は話す。

また、筆者が取材を通じて感じたのは、市民記者同士がとても仲が良く、一種の連帯感が芽生えているということである。お互いSNSを利用し、プライベートでも連絡を取り合っており、次の記事についてのネタを話し合ったりすることもあるという。これらのつながりは、単に記事を作成する作業だけにとどまらず、個人的に飲みに行ったりする等の付き合いにも発展しているという。あまりに楽しそうな様子であるため、筆者自身も市民記者の輪に参加してみたいと思うほどであった。記事を書くのは孤独のようだが、松戸市の場合は孤独ではない、皆で一つの活動に参加しているという連帯感が、継続的な記事の更新へとつながっているのである。

7　今後の展望について

最後に、松戸市のシティプロモーション担当室に伺った市民記者の取組の今後の展望について記すことにする（写真8）。

写真8　市民記者と市の担当職員の方々

出所：筆者撮影

近年、松戸市に住む外国人が増加している。また、市内に立地している千葉大学（園芸学部）や流通経済大学（松戸市新松戸キャンパス）でも、多くの外国人留学生が学んでいる。国レベルでも在住外国人は、年々増加の一途をたどっており、「多文化共生」という言葉が使用される場面も増えているように思う。

これらの時代背景に着目し、今後は「外国人」の市民記者を入れてみても面白いかもしれないと市の担当者は話す。もし実現すれば、文化の違い等、日本人の目線では気が付かないことについて、新たな視点からの記事が書かれることが期待できそうである。

おわりに

以上、ここまで松戸市で実施されている市民記者の取組を紹介した。市民と協働して取り組む仕組みをお分かりいただけたであろう。まだまだ認知度は高くないかもしれないが、根は確実に張り巡らされている。目先のインパクトに飛びつかず、地に足を着けた取組を展開している松戸市が、じわじわと成果を上げていくことを確信している次第である。

ところで、シティプロモーションをはじめとする自治体の取組において「市民と協働」「住民主体」等のワードがセットになっていることが多いように思う。Googleでそれぞれのワードを検索した結果、「市民と協働」は約一二八〇万件（二〇一七年九月一二日）、「住民主体」は約八三万三〇〇〇件（二〇一七年九月一二日）とかなりの数がヒットした。それだけ多くの自治体が、少なくとも表面上は、これらを意識して各事業に取り組んでいることの証左であろう。

しかし、「市民と協働」「住民主体」等を本気で実践しようとしている自治体はどの程度あるだろうか。簡易なアンケートを実施しただけで市民の声を拾い上げた気になっている自治体、公聴会と称して形式的に市民を集め、ろくに意見も聞かない自治体、広く門戸を開かず行政の都合のいい人材をピックアップしている自治体もあるだろう。

本当に住民を巻き込んでプロモーションの活動を展開している自治体は、それほど多くはないのではないかと筆者は感じている。中には、その必要性すら認識していない職員も少なくなさそうである。

シティプロモーションについては様々な方法論が展開されているが、結局、最初にプロモーションすべき対象は、そこに住む「人」ではないであろうか。ある市民記者の方が、「記者をやってみて改めて思ったけど、やっぱりうちのまちの最大の財産は『人』だよ」と話していたのが印象深かった。

ちまたで、「シティプロモーションは目標設定が大事」と言われているのをよく耳にする。議会や予算要求の際にも、この事業の目的は？　と聞かれることはあるだろう。しかし、行政の仕事は数値化できないものも多く、シティプロモーションにおいても例外ではない。「目標設定をどうすべきか」「何を達成すればシティプロモーションは成功と言えるのか」と悩んでいる現場の職員は多いかもしれない。

この問いについての、筆者なりの結論は既に出ている。それは、あなたのまちの魅力は何かと聞かれ、「人である」と即答できるようになることである。もっと言えば、自信を持ってそのような返答ができる市民を増やしていくことである。「我がまちの最大のアピールポイントは、そこに住む人である」、このような回答を、自信を持ってできるようになり、かつ、そういう市民が増えていけば、そのシティプロモーションはまず間違いなく成功していると言えるものであると確信している。

〈参考文献〉

・河井孝仁『シティプロモーションでまちを変える』彩流社（二〇一六）
・牧瀬稔・板谷和也編著『地域魅力を高める「地域ブランド戦略」』東京法令出版（二〇一六）
・（株）ぎょうせい編「市民記者がまちの魅力を取材して発信」月刊ガバナンス二〇一五年八月号（二〇一五）
・松戸市「まつどやさしい暮らしラボ」ＷＥＢサイト：〈http://matsudo-yasashii-labo.jp/〉（最終閲覧日：二〇一七年九月一四日）

第13章 磐田市における「政策のブランディング」戦略
――「子育て・教育なら磐田」をブランドに――

放送大学大学院文化科学研究科　薗田　欣也

はじめに

磐田市は、静岡県西部の天竜川東側にあり、日本のほぼ中央に位置している。また、太平洋の遠州灘に面しており、面積は一六三・四五平方キロメートル、人口は男八万五九六三人、女八万四七九一人、合計一七万七五四人で六万三五九七世帯が住んでいる都市である。[1]

このようなロケーションにあり、温暖な気候や豊かな自然に恵まれ、市内の「つつじ公園」では、四月から五月にかけて約三〇種三五〇〇株のツツジが咲き誇り、市内の道路沿いや各家庭の庭先などにまで広がる。

磐田の産業は製造業を中心に、農水産業が盛んで、スポーツでは、サッカーJリーグの「ジュビロ磐田」を擁するほか、磐田市はリオデジャネイロオリンピックの卓球で有名な水谷隼選手・伊藤美誠選手の故郷でもある。

磐田市は二〇〇五年四月に磐南五市町村（福田町、竜洋町、豊田町、豊岡村、旧磐田市）の一市三町一村が合併してできた街で、合併直後は、「磐南五市町

1　二〇一四年三月三一日現在。外国人を含む。

村新市まちづくり計画」[2]などを通じ、合併した新しい磐田市の目指す姿を市民に伝えることが重要な課題であった。二〇一五年に合併一〇周年を迎えたのを機に、これからの時代を生き抜くため、市民とともに考え、これからの磐田のあるべき姿を思い描き、理想と現状とのギャップを把握して、磐田の強みを活かしつつ、目指すべき姿に向かって進んでいくことが求められている。そのためには、市民はもちろんのこと、市外に向け広く磐田の良さ、磐田の政策を知ってもらうことが重要な課題となっている。

1　磐田市のシティプロモーション戦略[3]

広報の必要性

磐田市は地理的に見ると、南は海に面し、北には山間部がある。その豊かな自然資源の価値を高め、市の魅力として積極的、効果的、戦略的に市の内外に発信し、広く知ってもらう必要がある。こうした磐田の自然を地域資源として、市民の心に訴え、故郷に対する誇りを育むことも市の重要な責務と考えている。

また、自然豊かな磐田市で実施されている政策を他の自治体と差別化し、選ばれる自治体となり都市間競争を勝ち抜かなければならない。そのためには、今の磐田市の姿、これから目指す姿を広く知ってもらうための活動が必要になってくる。

2　磐田市ホームページ（二〇一四）「新市まちづくり計画」（http://www.city.iwata.shizuoka.jp/keikaku/shinshimachidukuri.php）（最終閲覧日二〇一七年三月二二日）

3　磐田市ホームページ（二〇一七）「磐田市広報戦略プラン」（https://www.city.iwata.shizuoka.jp/keikaku/kohosenryaku.php）（最終閲覧日二〇一七年一二月二七日）

社会環境の変化と求められる広報の姿

少子高齢化社会や人口減少化がいわれて久しいが、近年、少子化や高齢化は、社会保険といった社会問題のほか、空き家問題など地域の課題として捉えられる形で急速に進んでいる。そのような中で、国や地方自治体の役割分担の見直しや、地方分権が進み、市の役割も変化してきた。社会の広い範囲の細かな点において、市が自ら考え、その裁量において行うべきことが増えてきた。また、行財政改革や財政計画など、行政経営に対する市民の関心も高まり、自己責任において税金の使途を決める上で、行政にも更なる説明責任が求められている。これは行政の透明性の問題である一方で、広報やシティプロモーションの課題であるといえる。なぜなら、これまでの広報は、行政から市民への一方通行的なものであったが、これからは、情報の行き来は双方向である必要があり、また情報を発信する対象も市民や市内企業だけでなく、市外にも目を向け、広く外へも発信することが求められているからだ。

この背景には、情報伝達媒体の変化と多様化が指摘できる。従来の広報の主たる手段は「広報紙」であり、これは今でも重要な広報媒体の一つであることに変わりはないが、現代では更に、携帯電話やスマートフォンのほか、タブレット端末、ソーシャルメディアの発達・普及によって、市民が情報にアクセスできる手段が、昔に比べて急激に広がった。ここでは、距離による情報格差というものがなくなってきている一面があり、市外へのアプローチ、市外からのアプローチを容易にした。また、これまでは、情報を待つ姿勢であった市民も、こうした変化の中で情報を「得る」ツールを手に入れ、積極的にタイムリーな情報を求めるようになってきた。

広報の目的

「政策あるところに広報あり」というのが、基本的なスタンスである。政策の実施と並行してその情報を発信することが、行政の説明責任であり、それにより行政に対する市民からの信頼を得られる。政策の実施とその情報発信により、市民とともに考え、市民が主役の行政を推し進めることが広報の基本的な目的といえる。

広報のターゲットと成果

職員は、これまでの「広報」に対するコンベンショナルなイメージから意識改革をして、新しい姿の広報への理解を深める必要がある。具体的には、情報発信のタイミング、情報の内容、情報発信の手段、情報発信のターゲットをその効果を踏まえて最適化することが求められる。政策目的に対して、各種情報を「いつ」「どのように」「誰に対して」発信していくかというシミュレーションをすることが重要である。情報発信と一言でいっても、このシミュレーションなくして情報発信の目的は達成できない。

この中で重要なのはターゲットである。ターゲットが定まらなければ何も始まらないからだ。これまで、広報の対象は「市民」と考えられてきた。もちろん、市外に住む人や市内外の企業も広報のターゲットである。しかし、ターゲットはこれらに限らない。意外なところで「職員」もターゲットなのである。なぜなら、職員は、自らが動く広報媒体になり得るからであり、職員は全員が広報マンであるべきだからである。また、職員は、その他の媒体を駆使する主体にもなり得、その活用により、情報の更なる展開が期待できるのである。

　こうして、市の内外にあらゆる手段を使って情報発信をしていく戦略的な広報により、磐田市の政策が磐田市のイメージとして確立され、ブランド化されることが、広報の成果だといえる。つまり、「政策のブランディング」がこれからの広報、シティプロモーションの成果なのである。

2　磐田市のプロモーション活動の現状と課題

狭義の地域ブランドとしての広報広聴の現状

磐田市の広報活動は、大きく分けて次の五つの手段に分かれている。

①　印刷媒体（広報紙[4]「広報いわた」、冊子「市勢要覧」）
②　視聴覚媒体（ラジオ、インターネット、地上デジタルＴＶデータ放送、声の広報）
③　パブリシティ活動（記者会見、取材メモ、月間行事予定表）

4　二〇一四年度に実施した市政モニターアンケートでは、「広報紙」をどの程度見ているかという問いに対して、「関心のあるページは読んでいる」が五四・五％と一番多く、次いで「ほとんどの記事を読んでいる」が三八・六％、「写真や見出しを見る程度」が三・四％、「読んでいない」が一・一％という結果であった。また、磐田市のホームページについては、「月に一回程度」が四六・六％で最も多く、次いで「見たことがない」が三五・二％、「週一回程度」が一四・八％となっている。

④ 市政情報コーナー（各種行政資料）

⑤ その他（庁舎内電光掲示板、駅内等ポスター掲示、同報無線）

このように様々な媒体や活動により広報を行っているが、次のような課題がある。

① ＳＮＳへの対応が不十分

② 取材メモ（行政から記者クラブへの情報提供）の提出が徹底されていない

③ 効果的な情報提供ができていないケースがある

④ 市外向けのアピールが弱い

職員の意識改革

公務員には守秘義務があり、公務員の情報開示への姿勢が、これにより消極的になる傾向があることは否めない。また、単なる情報提供をもってアカウンタビリティを果たしたと誤った認識をしている職員がいるのも事実である。そこで、磐田市では、広報に対する職員の意識を変えるため、対象職員別に次に掲げる取組を展開している。

① 広報広聴ハンドブックの活用（対象：全職員）

全職員に向けて広報に関するハンドブックを作成して日常的に参照できるようにし、職員個人レベルでの広報に対する意識改革を図る。

② 広報技術の向上研修（対象：各課一人）

各課で指定された広報委員を対象に年一回開催している。各課において、情報提供をする体制を整備するための研修。記者クラブへ課としての情報提供や、広報広聴シティプロモーション課に代わって記事に係る情報を提供するため、写真撮影のコツや取材記事の書き方のポイントなどを学ぶ。

③ 職員の広報に対する意識改革研修（対象：各部局一人）

部局長付きの職員等を対象に年一回開催している。広報の重要性や必要性に対する認識を改め、職員一人ひとりに広報マンであるという自覚を持たせるための研修。

④ 危機管理広報能力研修（対象：全管理職員）

部課長を対象に年一回開催している。危機管理広報マニュアルに基づく対応の徹底により、広報によるリスク管理を図るための研修。

3 政策のブランディングに向けた広報戦術

高い費用を払って有名なタレントを使い、ＣＭを打ったり、観光大使をやってもらったりして露出度を上げ、一時的に知名度を高めることはできる。しかし、市の政策をブランドといえるところにまで質的に向上させることは、そう簡単にはできない。ブランディングのための広報活動は、地味な活動を息長く繰り返して行うことでしか達成されない。そこで、磐田市では、次のような取組を行っている。

各課における事業広報の徹底

月に一回の定例記者会見の際、「イチオシ事業」として、各部局長から推薦された事業のうち一つを選びマスコミに情報提供する。記者会見に至る手順は、まず、毎月、部長付き職員を通じて部局内の各課に、その時々の「イチオシ事業」の情報提供を促し、その中から部局長が一つの事業を選考する。この段階では、部局内での情報発信に対する意識の高揚も意図している。

部局長から推薦された「イチオシ事業」の候補はネットワーク上にアップされ、職員ならば誰でも閲覧が可能な状態にしてある。次に部局間での競争が始まる。大きな部局で事業課の多いところでも、毎月のように「イチオシ」として報道関係者に推し出すような事業があるわけではない。そこで、各職員は、他の部局から提出されたものを参考にしながら、さらに知恵を絞って自分たちの事業に、他の部局に負けない付加価値を付けようとするのである。

展示ブースや電子看板の運用

市役所の庁舎の中で、来庁者の往来の一番多い本庁舎一階には、「展示ブース」や「電子看板」を設置して、磐田市が有するスポーツ、歴史・文化など市の魅力や情報を発信している。展示ブースは、幅六五〇センチメートル、奥行き九三センチメートル、高さ二〇〇センチメートルとかなり大きく目を引く。そのスペースを活用して視覚に訴える企画展示を実施している。これまでに、磐田市出身の卓球選手である水谷隼選手・伊藤美誠選手がオリンピックに出場した機会にユニフォームや写真パネルなどの展示を行っている。

管理職員の政策情報伝達意識の向上

部課長が市民の参加する会議やイベント等に参加する際、挨拶を行うようなときには市政情報を加えるようにしている。

課長に昇格した一年目には、部課長会の会場で、突然市長から「市の事業の○○」について知っているかとか、「現在建設中の防潮堤の高さは何メートルか」などといった質問が飛んでくる。教育総務課長の場合には、「『磐田の教育』道しるべ[5]は、何項目あるか」という質問が飛んでくるそうだ。こうしたこともあり、部課長は、常日頃から自分の部署はもちろんのこと、市政全般について市民に最低限のＰＲができるようにトレーニングされている。

市政情報の共有化

「市からのお知らせ」という市政情報を簡潔明瞭に記載したＡ３用紙一枚のコンパクトな情報誌を作成して、政策の進捗状況とともに、その内容を随時アップデートして、地域でのイベントや各種会議等において配布するとともに、概要の説明を行う。

これについては、二〇一二年三月から配布記録を取っているが、二〇一七年一月末現在三万三三部配布されている。個々の市民に手渡しで、それも簡単で

5　磐田市ホームページ（二〇一四）「三月二〇日（金）　磐田市教育委員会が〝「磐田の教育」道しるべカレンダー〟を作成しました。」『教育委員会のトピックス』（http://www.city.iwata.shizuoka.jp/kyoiku/measure/topics/h26/270320%20mitisirube.html）（最終閲覧日二〇一七年三月二二日）

はあるが、職員自身による口頭説明付きなので、市民への情報発信力は、極めて強い手段だといえる。

4 広義の地域ブランドに向けた広報戦略

磐田市では、「磐田市まち・ひと・しごと創生総合戦略」[6]の策定とともに、新たな方向性を打ち出している。それは、「政策のブランディング」である。学校法人産業能率大学総合研究所は[7]、シティプロモーションには、次のとおり五つのステップがあるとしている。この中で最初のステップ一に当たるところで、磐田市が「子育て・教育」分野を優先施策として取り組んでいることを表す「子育て・教育なら磐田」というキャッチをブランド化しようというものである。政策を推し進め、それをブランディングしていくためには、市役所が持っている資源、言い換えれば、自治体の強みを重点化した施策の展開をすることが重要である。磐田市内には、市立の幼稚園・こども園が二〇園ある。その一方、私立の幼稚園・こども園の数は四園に留まる。定員削減の中で、ヒトという限られた経営資源をどの行政分野に投入するかは、非常に重要な経営判断である。この公立幼稚園の多さは、磐田の強みといえ、磐田市が子ども・子育て、教育施策に重点を置くのは自然な成り行きだったといえる。

6 磐田市ホームページ（二〇一五）「磐田市まち・ひと・しごと創生総合戦略」（http://www.city.iwata.shizuoka.jp/shisei/chihousousei/sogosenryaku.php）（最終閲覧日二〇一七年三月二二日）

7 学校法人産業能率大学（二〇一五）「選ばれる自治体になるためのシティプロモーション」総合研究所（http://www.hj.sanno.ac.jp/cp/page/11392）（最終閲覧日二〇一七年三月二二日）

シティプロモーションの五つのステップ
ステップ一：自治体の認知度を高める（知名度の向上）
ステップ二：情報交流人口の拡大
ステップ三：交流人口の増加
ステップ四：定住人口の獲得
ステップ五：既存住民が愛着心を持ち、移出ストップ

子育て・教育施策ワーキング会議

「磐田市まち・ひと・しごと創生総合戦略」における「子育て」「教育」に関する施策について、部局横断的に調査検討を行うため、二〇一六年三月「子育て・教育施策ワーキング会議」を設置し、関係課として、子育て支援課長、幼稚園保育園課長、教育総務課長、学校給食管理室長、福祉課長、広報広聴・シティプロモーション課長、そして、事務局として企画部長と秘書政策課長が参加した。

会議では、県内市の少子化対策に関する経済的支援施策の分析を行ったほか、国内他自治体の政策動向として、保育料軽減、給食費支援、医療費助成、祝金支給、三世代同居支援、転入支援、奨学金、学習支援、移住体験者や就活学生の交通費支援、学校施設整備などの施策について、個々にその特徴を明らかにするとともに、期待される政策効果について協議を行い、磐田市独自の政策展開の可能性について検討した。

写真1　児童クラブ

出所：磐田市提供

四回にわたる会議の中で、独自といえる政策を打ち出すことはできなかったが、地方自治体が少子高齢化対策としての各種施策を立案することはもちろん、政策を通したシティプロモーションの難しさを再認識した。

ブランディングに向けた独自性のある政策展開

【具体例一】　「放課後児童クラブの待機児童ゼロに向けた取組」

厚生労働省は二〇一七年一月一七日、二〇一六年における放課後児童クラブ（写真1）の実施状況に係る調査結果を公表した。待機児童数は一万七二〇三人で、前年比二六二人の増であるが、小学校一年生から三年生では対前年比七四三人の減で九九五七人であった。これは四年ぶりの減少である。

政令指定都市や中核市を含んだ都道府県別の待機児童数では、東京都、埼玉県、千葉県などの南関東方面が多いが、静岡県も第四位と多い[8]。そのような中、磐田市では、二〇一七年四月における待機児童をゼロにすることに向け取り組むこととした。

① 待機児童ゼロに向けた組織編制[9]

地方公共団体での児童クラブの所管は、国の所管が厚生労働省であることから、首長部局である場合が多い。磐田市においても同様で、市長部局の子育て支援課子育て支援係が所管していた。それを教育委員会の教育総務課児童青少年育成室に所管を変更した。

子どもの安全と保護者の安心を考えれば、児童クラブは小学校の敷地内にあっ

8　＠S（二〇一六）『学童』充実、政治に期待　静岡県内、待機人数全国ワースト四」静岡新聞（http://www.at-s.com/news/article/woman/report/256246.hml）（最終閲覧日二〇一七年三月二二日）

9　また、こども園の設置や幼稚園における預かり保育の推進等を図るため、教育委員会の幼稚園を市長部局で補助執行することとし、「幼稚園保育園課」を新設するとともに、これと健康福祉部から既存の子育て支援課を合わせて、新たに機動性の高い二課体制の「こども部」を設置した。

たほうが良い。小学校の余裕教室をクラブとして活用するためには、学校の理解と協力が不可欠である。余裕教室の活用について、全国で様々な取組[10]がなされているが、こうした知見を活かし、それぞれの学校の置かれた状況の中で余裕教室を捻出するためには、市長部局と教育委員会との意思疎通が欠かせない。また、その段階から更に一歩を踏み出すには、教育委員会が自ら児童クラブを運営する立場から考えてみることが最も効果的であり、また効率的である。そこで、磐田市では、放課後児童クラブの所管を市長部局から教育委員会に変更し、学校施設を所管する教育総務課としたのである。

② タイミングを図った待機児童ゼロの取組

児童クラブの所管を市長部局から教育委員会へ変更しても一朝一夕に余裕教室が捻出されるわけではない。これには時間をかけて学校側に学童保育事業に対する理解を深めてもらう必要があった。

二〇一五年度からは、小学校三年生までであった学童保育の利用対象学年が六年生まで引き上げられた。これによる待機児童の増加を見込んだ磐田市では、利用対象学年の引き上げとともに、利用申請要件を厳しくした。具体的には、「祖父母が市内在住の場合」、祖父母の年齢により利用申請を制限しているが、これを「七〇歳未満」から「七五歳」に引き上げた。

そのような中、インターネットへの過激な表現の書き込みにより、「待機児童」に対する社会的な関心が高まった。これにより保育園だけでなく、児童クラブの「待機児童」に対する関心も高まったといえる。折しも、児童クラブの

10 文部科学省（二〇一四）「子供と地域を元気にする余裕教室の活用」『余裕教室・廃校施設の有効活用』（http://www.mext.go.jp/a_menu/shotou/zyosei/yoyuu.htm）（最終閲覧日二〇一七年三月二二日）

待機児童数について、静岡県が全国第四位という不名誉な報道がされる中で、先の祖父母に係る年齢要件も再び七〇歳に引き下げ申請要件を緩和した上で、待機児童をゼロにするタイミングを二〇一七年四月として対策に取り組んだ。また、このタイミングでの政策実現を目指すには、二〇一五年六月に閣議決定された「ニッポン一億総活躍プラン」[11]を受け、定員増を伴うクラブ整備に係る補助率が嵩《かさ》上げされる「子ども・子育て支援整備交付金」を活用できるという意図もあった。このタイミングで待機児童ゼロを実現するのとしないのとでは、「子育て・教育なら磐田」のブランドイメージをプロモーションする価値に雲泥の差があるだろう。

実は、このタイミングで企画を進めるには非常に困難が伴った。企画は、二〇一五年度と二〇一六年度の学校ごと、学年ごとの利用申請状況を分析し、利用対象学年の拡大に伴い各学校に必要となるクラブの二〇一七年四月におけるキャパシティを推計するところから始めたが、待機児童ゼロに向けたキャパシティは余裕教室の捻出だけでは足りないことが分かったからである。それでもブランディングに向けた政策価値を上げるためには、どうしても二〇一七年四月に間に合わせる必要があった。余裕教室以外の方法により新しいクラブを整備するため、最終的には、学校近辺に借家をするほか、国の補助金を活用しつつ、学校内にプレハブを建設する方法によって対応することになったが、建設に要する期間の関係で、年度内に建設が完了するためには九月議会での補正予算上程が必要であった。しかし、九月補正の予算編成時期には、学校側でまだ

11 政府広報オンライン（二〇一五）「ニッポン一億総活躍プランについて」（https://www.gov-online.go.jp/tokusyu/ichiokusoukatsuyaku/plan/）（最終閲覧日二〇一七年三月二二日）

翌年度の児童数は確定させておらず、来年度の余裕教室の確約をもらうことは実務的に難しかった。これについては、学校側と時間ぎりぎりの協議と調整を行い、補正予算の上程にこぎつけた。

【具体例二】　小中一貫教育の取組

磐田市では、学校施設の多くが建設後三〇年以上経過しており、老朽化に対応した施設更新が大きな課題となっていることを踏まえ、今後、三〇年以上を見通した長期的な視点を持ち、子どものつながりの深まり、教員のつながりの深まり、そして、地域とのつながりの深まりといった人と人とのつながりを重視した、磐田市独自の「新時代の新たな学校づくり」に取り組んでいる。その柱になるのは、「小中一貫教育」[12]である。

磐田市の小中一貫教育の取組は[13]、文部科学省の想定するものとは異なりユニークである。文部科学省では、小学校と中学校とが相互に情報交換や交流を行うことを「小中連携教育」とし、その中で教員が目指す子ども像を共有し、九年間を通じた教育課程を編成して系統的な教育を目指すことを「小中一貫教育」としている。磐田市では、これを更に推し進め、学校ごとのこの教育課程に加え、一貫教育に係る磐田市版「英語」モデルカリキュラム[14]の編成に取り組むこととしている。こうしたソフト面の充実に取り組みつつ、【具体例四】で説明する磐田版の小中一体校の整備というハード面の充実も併せて小中一貫教育に向けて学校づくりを進めているのである。

12　文部科学省による二〇一六年二月一日現在の「小中一貫教育の制度化に伴う導入意向調査」によると、全国の小中一貫教育の実施状況は一四%、小中連携教育のみの実施状況は六八%となっている。

13　磐田市では二〇一二年一月、小中一貫教育検討委員会からの報告を受け、二〇一二年度から小中一貫教育の試行を開始した。その後、二〇一三年度から二〇一六年度までの四年をかけ、一〇ある中学校区の全てに小中一貫教育を導入してきた。

14　小学一年生から六年生までの英語教育に係る授業のプログラム

【具体例三】　コミュニティ・スクールの市内全校での指定

コミュニティ・スクール[15]は、文部科学省によると、二〇一四年四月一日現在全国で一九一九校が指定されている。[16]国が第二期教育振興基本計画（二〇一三年六月一四日閣議決定）において、全公立小中学校の一割である約三〇〇〇校にコミュニティ・スクールを拡大することを目標としていることを踏まえると、全国的に見れば、コミュニティ・スクールの指定はそれほど進んでいるとはいえない。そのような中で、磐田市では市内全校が既に指定されている。この点に地域とともにある学校づくりを進めるという磐田市の先進性があり、また、それが磐田市の教育施策の特徴といえる。

【具体例四】　小中一貫教育と小中一体校整備の推進

磐田市の提案する小中一貫型の小学校・中学校の施設形態の類型は、文部科学省のそれとは異なっている。文部科学省では、施設一体型、施設隣接型、施設分離型の三つに分類しているところ、磐田市では「新たな学校づくり研究会」[17]の報告に基づき、一体校の形態を、未来型学府一体校Ⅰ（中学校区にある小学校と中学校を全て同じ敷地内に設置）と未来型学府一体校Ⅱ（中学校を二つに分け、既存小学校区に新たな中学校をつくるもの）、向上型学府一体校（中学校区に施設一体型の小中学校と既存の施設で運営する別敷地の小学校が存在するもの）、そして、充実型学府一体校（既存の施設配置のまま小中一貫教育を推進するもの）の四つに分類している（次頁参照）。

15　「学校運営協議会」が設置され、保護者や地域住民等が一定の権限と責任を持って学校運営の基本方針を承認したり、教育活動に意見を述べたりできる制度を持った学校制度をいう。

16　文部科学省（二〇一四）「コミュニティ・スクール（学校運営協議会制度）」（http://www.mext.go.jp/a_menu/shotou/community/shitei/detail/1348142.htm）（最終閲覧日二〇一七年三月二二日）

17　磐田市ホームページ（二〇一六）「新時代の新たな学校づくり」（http://www.city.iwata.shizuoka.jp/kyoiku/measure/gakufu.html）（最終閲覧日二〇一七年三月二二日）

小中一貫型学校の施設形態の類型

磐田市には10の学府が存在し、それぞれが安定した地域力をもとに特徴ある教育を展開している。地域の強みを生かし、9年間の新カリキュラムをもつ多機能型学校として、その形態を以下に示す。

未来型学府一体校Ⅰ（A型）

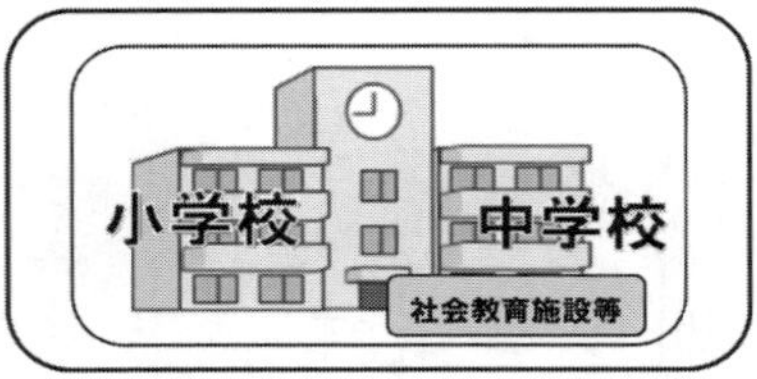

☆各学府にある小学校と中学校をすべて、施設一体型として一つの敷地に設置するもの

未来型学府一体校Ⅱ（A′型）

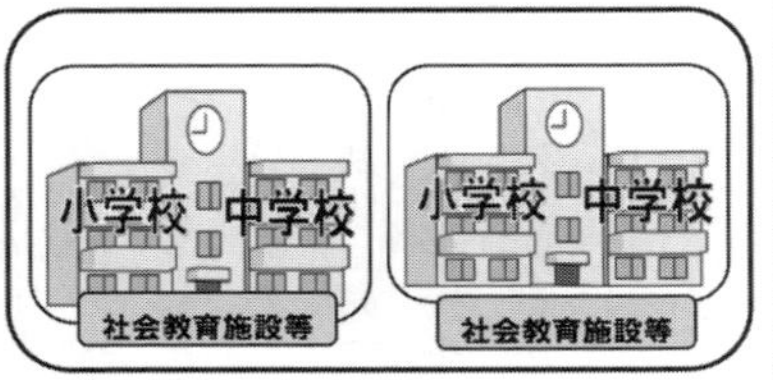

☆中学校を二つに分け、既存小学校区それぞれに、施設一体型として設置するもの

向上型学府一体校（B型）

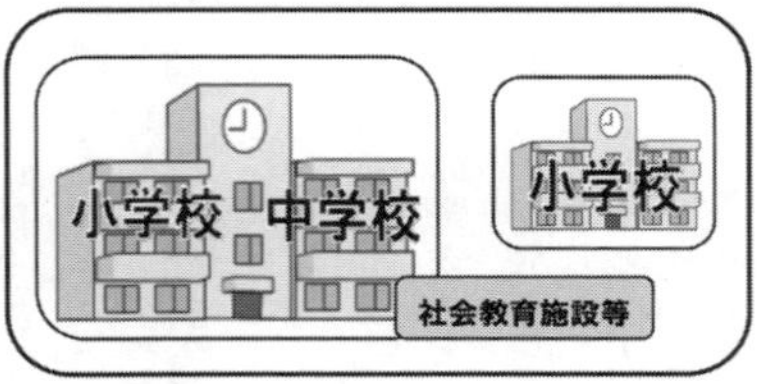

☆学府内に施設一体型の小中学校と既存施設で運営する小学校が存在するもの

充実型学府一体校（C型）

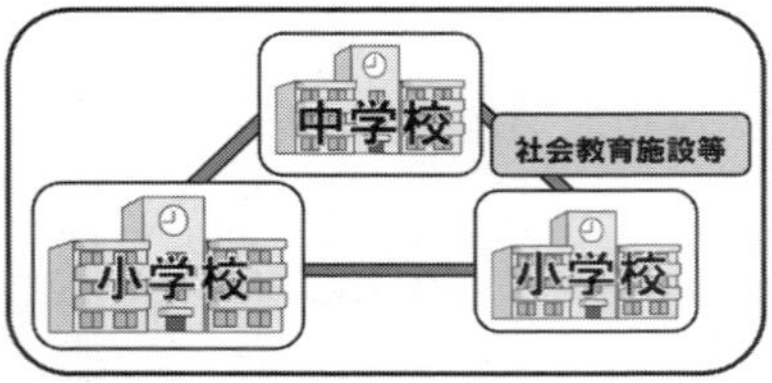

☆現在行われているように、既存施設のまま小中一貫教育を推進し、社会教育施設を含むもの

出所：磐田市ホームページ（2017）「平成28年度　ながふじ学府一体校等整備基本構想」（http://www.city.iwata.shizuoka.jp/kyoiku/measure/gakufu/nagahuji_kihonkoso.pdf）（最終閲覧日2017年12月27日）

写真2　ジュビロ磐田ホームゲーム小学生一斉観戦でバックスタンドから応援する小学生

出所：磐田市提供

これは、各中学校区の置かれている現状や地域の実情から、磐田市の学校づくりが文部科学省の類型に収まらなかったこともあるが、磐田市では一体校化が多くの地方自治体で見られるような規模適正化のために進められる施策ではないと考えていることによる。磐田市では、子どもの教育環境を第一に考え、地域とともにある学校づくりを進めているのである。

【具体例五】　ジュビロ磐田ホームゲーム小学生一斉観戦事業

磐田市では、市内二二ある小学校全校の五年生と六年生全員が一斉に磐田市内にあるJリーグの「ジュビロ磐田」のホームゲームを観戦する事業を実施している（写真2）。二〇一七年度は、五月二〇日に行われた柏レイソル戦を観戦した。観戦に参加した児童数は三〇九六人、教員一七五人、多くの児童を引率する教員をサポートする見守りスタッフと呼ばれるものは、保護者が一七〇人、市職員が一六二人である。三〇〇〇人を超える小学生をサッカースタジアムに連れて行き、我らの街のサッカーチームを応援することにより、郷土愛や一体感を醸成するための一大事業である。こうしてジュビロの試合を観戦することにより、進学や就職で県外に出たとき、この体験に誇りをもって話してくれるのではないか。それがまたシティプロモーションにもつながるのであり、スポーツ振興や地域特性を活かした教育であり、いくつかの波及効果が期待できる。

おわりに

磐田市では、「子育て・教育なら磐田」というブランドを確立するため、磐田の強みを活かして、子育てと教育分野に関する独自の施策を展開している。また、その効果を最大化するため、施策を最善のタイミングで実施するとともに、効果的・効率的にＰＲを行うシティプロモーションを推進している。

シティプロモーションの重点ターゲットは、長期的には「定住人口」であり、その前提として短期的には「スタッフプライド」だが、まず重要なのは後者である。「磐田市」に勤める「職員」としての誇りを醸成することが肝要で、これは狭義の地域ブランド戦術の中で紹介した取組だ。この成果は、「市内小学生のジュビロ一斉観戦」などの事業に職員を有志により動員していることなどに表れている。このような事業の際には、多くの人手を要するが、その手伝いのための職員動員は、各課に割り当てることなく、職員一人ひとりの自己意思による純粋なボランティアでまかなっている。これは、紛れもなくスタッフプライドの具体的な表れであり、シティプロモーションの成果といえる。また、人口に係る成果は、一朝一夕に表れるものではないが、静岡県が二〇一七年五月一九日に発表した県人口によると、磐田市は、一五〇人の増加で、県下でも五位の増加数であった。この数値の分析を当該期間に磐田市へ転入転出をした市民に対するアンケートなどで行い、次の一手に向けた取組を地道に進めることがシティプロモーションには求められている。

第14章 シティプロモーション推進計画『ええじゃないか豊橋』の運用にみる自治体の基礎力アップ

八王子市役所福祉部高齢者いきいき課長　元木　博

はじめに

シティプロモーションやシティセールスの取組は、現在多くの自治体が行っている。用語や概念が自治体の中で定着しておらずとも、全く意識していないという自治体は少ないのではないだろうか。「シティプロモーションやシティセールスに関する行政計画」[1]を策定している自治体も増加傾向にある。

そのような中、シティプロモーションという言葉が現在ほど浸透していない、すなわち、比較的早い時期に「推進計画」を策定した自治体では、計画に基づいた各種の取組がなされた上で、計画の改定なども行われているが、「推進計画」の策定と運用、そして改定は、自治体にどのような影響や効果を及ぼしているのだろうか。

本章では「推進計画」を策定し、ある程度長期にわたり運用が行われた自治体において、計画策定や改定、計画に基づく取組などがどのように進められたのか、更には、現時点で取組全体をどのように捉えているのか、ということに

1　以下、本章においてはシティプロモーションに関する計画を主に取り上げることとし、シティプロモーションに関する計画を「推進計画」と総称する。

ついて参考となる事例を紹介することで、今後「推進計画」の策定や改定を行う自治体の議論や検討の材料となることを企図している。中でも、「推進計画」の策定や運用が「シビックプライド」や「スタッフプライド」にどのような影響を与えているのか、という点を意識したい。

事例として、シティプロモーションに関し、先進的な取組を進めてきた自治体の一つである愛知県豊橋市を取り上げる。豊橋市は、一九〇六年八月一日に全国で六二番目の市として誕生しており、人口は約三八万人。市域面積は約二六二平方キロメートルである。東は弓張山系を境に静岡県と接し、南は太平洋、西は三河湾に面しているなど、豊かな自然と温暖な気候に恵まれている。

同市を取り上げる理由は、先述のとおり、①比較的早期に「推進計画」の策定を行っており、②推進所管[2]を設置し、③「推進計画」の改定も行った上で継続的に事業を展開していることと、④全国のシティプロモーションに取り組む自治体の情報交換や連携の場として毎年開催されている「シティプロモーションサミット」において「戦略策定～戦略推進プロセス」についての発表を行っているなど、「推進計画」の運用に軸足を置いたシティプロモーションの展開を強く意識していることなど、が主な理由である。

1　豊橋市の「シティプロモーション推進」の経過

豊橋市は、二〇一〇年を「シティプロモーション元年」としているため、本

2　以下、シティプロモーションを推進する担当部署を「推進所管」と総称する。本章の執筆に当たっては、豊橋市「推進所管」である「シティプロモーション課」にヒアリングを行い、当時の状況から現在の状況まで、幅広く貴重なお話を伺っている。この場をお借りして御礼申し上げたい。

章の執筆時点では既に七年が経過していることになるが、そのきっかけ自体はシンプルである。選挙公約でシティプロモーションを掲げていた市長が当選したことによるもので、市長の熱い想いからスタートしている。

それまでは、シティプロモーションという考え方自体への認識が薄く、様々な市内の資源に対する自覚に乏しかったのが豊橋市の状況であったという。シティプロモーションは、市の職員にとって新鮮な考え方であったことだろう。

市長と議会の間でのシティプロモーションに関する議論であるが、議会からは「事業を官民共同で進めるべき」という積極的な意見が見られるなど、「総論賛成」といったスタートであった。市長・議会が同じ方向を向き、導入の時宜も適切であったことは、その後の積極的な推進や事業の広がりにつながっている。

『豊橋市シティプロモーション戦略ビジョン』の策定

市長当選の翌年である二〇一一年一二月に、『豊橋市シティプロモーション戦略ビジョン』[3]（以下「戦略ビジョン」という。）が策定された。一体感を持ってシティプロモーションを進めるには、様々な主体が共有できる合言葉を持つことが重要であることから、戦略ビジョンの中で「ええじゃないか——豊橋」[4]というキャッチフレーズを定めている。

戦略ビジョンをつくり始めた段階で市長は就任したばかりであったが、市長と市職員が共につくり上げようとする意識が高かったことから、戦略ビジョン

3　なお、戦略ビジョンにおいては、シティプロモーションを「自信と誇りを持って魅力を発信しながら、自立的・自主的な都市経営と存在感のある都市形成を進めるため、市を知ってもらい、評価・選択してもらうための一連の活動」と定義づけている。

4　江戸末期に豊橋地域で発祥し全国に広まった民衆運動「ええじゃないか」にちなんでいる。戦略ビジョンに先立つ二〇〇四年に、豊橋商工会議所青年部が「ええじゃないか」と「豊橋」の認知度を高め、まちづくりにつなげるために「ええじゃないか——豊橋」をキャッチフレーズに地域おこし事業をスタートしており、これを踏まえ市として採用したもの。実際に市内を歩いてみると、官民問わずこのキャッチフレーズを見ることができる。

やキャッチフレーズを決め込むことに大きな困難はなかったという。

基本的な考え方は、「対内投資の増大」「交流人口の増大」「定住人口の増大」を図ることで「自立した魅力あふれる都市の実現」を目指すもので、総合的なシティプロモーションの構想を示す内容となっている。

戦略ビジョンにおいては、戦略の基本方向と併せ、進行のシナリオが示されている。「広報（情報）戦略」により、より多くの方に豊橋市を「認知してもらう」ことを第一ステップとし、次に「都市イメージ戦略」で関心を持ってもらう。その上で、「地域セールス戦略」で「選んでもらう」流れをシナリオとして念頭に置き、実現に向けては、①オール豊橋連携体制の確立、②東三河広域団体との連携、③シティプロモーション推進計画（仮称）の策定、を掲げている。

『ええじゃないか豊橋推進計画』の策定

戦略ビジョンを受け、二〇一〇年一一月に策定されたものが『ええじゃないか豊橋推進計画』（以下「推進計画Ⅰ」という。）である。推進計画Ⅰの策定に当たっては、市長、副市長、部長により構成される「戦略本部」を中心に、庁内の関連所管職員によるワーキンググループが編成された。事務局は企画部門が担い、メンバーには広報部門、協働推進部門、産業振興部門の職員のほか、公募職員が加わっている。

そのほかにも、シティプロモーション懇談会（学識経験者、民間代表者により構成）を設置してアイデア・考え方の提案を受けるなど、外部からの意見を取り入れているが、この時点では、ワーキンググループに招聘《しょうへい》された職員の所属からもうかがえるように、シティプロモーションとしつつも、どちらかと言えば観光・産業の色合いが濃く出ている。

先に述べたとおり、豊橋市には多くの魅力があるにもかかわらず、自覚的ではなかったことから、核となるコンテンツを定め、シティプロモーション自体の認識を高めることが求められた。そこで、推進計画Ⅰでは、①手筒花火、②総合動植物公園「のんほいパーク」、③路面電車、④とよはし食文化、の四つをメインコンテンツとして設定している（写真1）。

これら四つのコンテンツを活用したプロモーションの展開を計画の柱として記載するとともに、主に市民向けには「アイラブとよはし運動」として一二の事業を、地域外へのイメージ向上や都市イメージの形成は「とよはしイメージアップ大作戦」として三四の事業[5]を整理することで戦略ビジョンの展開を図っている。

計画期間は六年間となっており、事業の概要とともに実施年度も記載されているが、計画全体の評価につながる指標などは記載されていない。

『ええじゃないか豊橋推進計画Ⅱ』への改定

推進計画Ⅰの期間が満了することを受け、二〇一六年三月に『ええじゃないか豊橋推進計画Ⅱ』（以下「推進計画Ⅱ」という。）への改定がなされた。改定

5　事業数には再掲しているものが含まれる。

写真1　プロモーションの核となる四つのコンテンツ

既に市民の認知度も高く、今後に向けた潜在的な魅力もあることを念頭に置いて選ばれた。様々なプロモーションの中で活用されている。

出所：豊橋市提供資料

時には、これまでの事業実績や内部研修により、シティプロモーションという考え方が庁内外に広まったことから、プロモーションの在り方と射程を見直すことが議論されている。

策定に参加した庁内のワーキンググループの対象所管も前回より幅が広がり、福祉・国際・子ども・健康・交通の各部門がメンバーとして加わっている。その効果もあって、市民の住みやすさや、子育て・教育関連などを含めた幅広いジャンルの事業が組み合わされ、取り込まれており、より総合的な色合いを持つ計画へと発展した。

そして推進計画Ⅱでは、魅力を発信するために、既存の魅力を掛け合わせて魅力をつくるための取組が強調されている。推進計画Ⅰで定めた四つのメインコンテンツと、推進計画Ⅰを運用する中で見いだされ、つくり上げられた各種のサブコンテンツを掛け合わせていくことが基本的な事業設定の考え方となっている。

推進計画Ⅱの計画期間は五年であるが、その五年間における「重点プロジェクト」[6]を設定するなど、計画の幅が広くなった分、事業の重点化も進んでいる。掲載事業数も九四に及ぶなど拡充が図られ、事業の内容も内外での横断的な取組が求められるものが増加した。

掲載している事業はあくまで「事業例」とされているが、これは計画書に記されているとおり「シティプロモーション活動の推進にあたっては、この事業に加えて、タイムリーでもっとも効果的な事業を実施」するという考えに基づ

6　重点プロジェクトとして、「ええじゃないかライフ実感」「インバウンド倍増」「オリンピック de 世界発信」「みらいスマイル満開」の四つを設定し、計画に掲載している事業を束ねつつ、方向性を示している。住みやすさのアピールや、郷土への誇りを持つ人材の育成をあげるなど、筆者としては、改定がシビックプライド醸成を重視する方向に作用したものと感じられた。

くものである。豊橋市は事業を拡大しつつも、「選択と集中」を随時行うことがシティプロモーションには効果的だと考えていることから、事業の位置づけを意図的に柔軟なものとしていることが読み取れる。

推進計画Ⅱには、「目指す姿」として、市民の愛着度・自慢度を問う市民意識調査や、市のイメージに関するアンケートの結果が指標的に掲載された。計画の推進体制も図として示されるなど、総じて「推進計画」の役割強化が行われた改定といえる（図表）。

図表　『推進計画Ⅱ』の推進体制

豊橋市の『ええじゃないか豊橋推進計画Ⅱ』より。全体がトップダウンの流れの中、推進課には、所管への指示を行いつつ、事業支援などを行う役割が示されている。

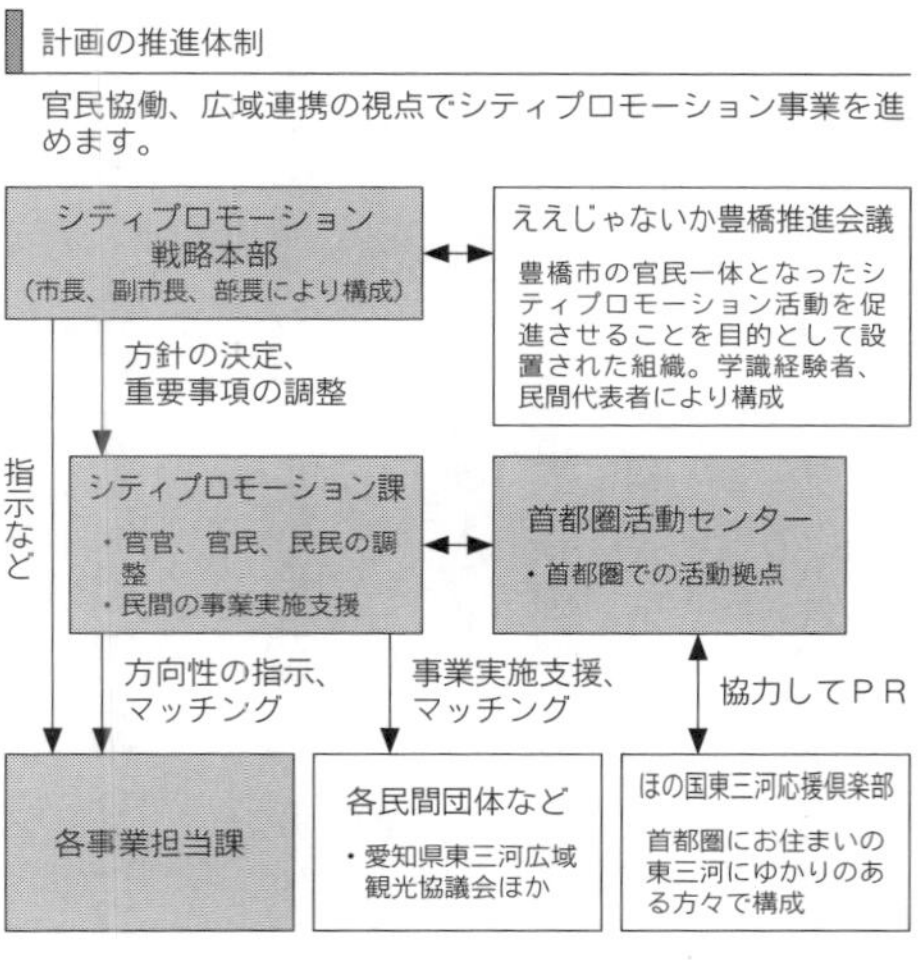

2 シティプロモーション課による取組の広がりについて

ここまでは、豊橋市の戦略ビジョンと推進計画Ⅰ・Ⅱから、豊橋市の「推進計画」全体の流れと変化を確認してきたが、「推進計画」は当然策定すればよいというものではない。以降は推進計画Ⅰ・Ⅱの運用により、豊橋市のシティプロモーションを支えている「豊橋市　企画部　シティプロモーション課」（以下、便宜的に「推進課」という。）について、体制や基本的な姿勢、取組などについて示すこととしたい。

推進課の位置づけは先の図表のとおりである。豊橋市のシティプロモーションを進めるために、推進課には「方向性の指示」や「事業実施支援」、「マッチング」といった、各種の調整などを行うことが期待されている。

推進組織の考え方と取組

二〇一一年四月、豊橋市のシティプロモーションを推進する組織として、現在の推進課の前身である「シティプロモーション推進室」（以下「推進室」という。）が設置され、推進計画Ⅱの施行と合わせて現在の推進課となったものである。当初の推進室は、正規職員三名の体制でスタートしたが、年々拡大する事業規模と併せ強化がなされ、現在の推進課は課長を含めた正規職員五名と嘱託職員三名の計八名である（写真2）。

写真2　シティプロモーション課の様子

これまでのシティプロモーショングッズなどが所狭しと飾られており、活気が職場からも伝わってくる。

出所：豊橋市提供資料

推進計画Ⅱにおけるシティプロモーション推進のポイントは、多分野や複数のコンテンツをつなぐことで魅力をつくり、市の内外に広く発信することである。これを踏まえ、推進課が日々の業務として行っていることは、①事業実施やプロモーション活動のコーディネート、②新規事業の試験的実施と落とし込み、③他者のプロモーション活動のサポートの三つを中心としている。

推進室が設置された時点では、役割もここまで明確なものではなかった。「シティプロモーションという考え」が豊橋市にとって新しい視点であったこともあり、庁内からは「何をするところなのかよく分からない」など、疑問を寄せられるところからスタートしたと、当時から在籍している職員は振り返っている。

手探りで庁内の各所管から情報収集を行いつつ、「シティプロモーション」の話をしてみたところ、各所管ともシティプロモーションの感覚を多少なりとも持ってはいるが、事業を執行する中でなおざりにされていたり、重要な資源に気が付いていなかったりしていることが感じられたという。

そのような認識から、推進室は、豊橋市の優れたところを発掘・拡大することと併せ、各所管の目線を合わせつつ、事業の連携を図ることを基本的な姿勢として各種の取組を行ってきた。そのような姿勢と取組の積み重ねが、推進計画Ⅰの改定時にも反映されていることは、先に確認した推進計画Ⅱの充実にもつながっている。

しかし、新しい視点を市の内外に浸透させることは一筋縄でいくものではな

写真3　シティプロモーション課が作成したグッズ

市の配布物などをまとめて持ち帰ることができるような手提げに市のメインコンテンツなどを印刷したもの。長く使ってもらえるよう、端を切り取るとファイルになるような工夫がされている。

出所：豊橋市提供資料

い。先の図表で「方向性の指示」という役割も示されているが、指示だけで実務を連携させることは難しい。一緒に仕事をして一緒に汗をかいてようやく理解されることであるため、各種の事業を一緒に進めるということも推進課の基本姿勢となった。特に、どこにも属さないような仕事を率先して行うことが、庁内外でのシティプロモーション活動への理解と広がりにつながっている。

また、推進課では、シティプロモーションに関するノウハウやちょっとした小道具を提供することも行っている。例えば、パンフレットやチラシなどを庁内の各所管が個別に作成しても市全体としてのPRにはなかなかつながらない。そこで、PR補助としてクリアファイルなどを作成し、庁内へと提供することでシティプロモーション自体の浸透を図ってきた（写真3）。

推進課の課長に、推進課におけるシティプロモーションのキーワードを尋ねたところ「スピーディー、チャレンジ、情熱、遊び心」の四つをあげ、その中でも「特に重要なのは遊び心」としている。また、職員の適性についても「こだわりと調整が共に必要な仕事が多く、いわゆる役所的な仕事ではないことも多い。誰でもこなせるかというとそうではなく、役所の発想を持っていると行き詰まることがある」との話であった。

これらのことは、新しい事業にはつきものという面もあるが、筆者には、その気持ちを長い年月、組織として持ち続けること、そしてそのための努力を行い続けることが、シティプロモーションを拡大・定着させるために重要なことだと感じられる。

計画の運用・評価について

行政計画には、掲載されている事業や取組を評価可能なものとするという重要な機能がある。事業を体系化し、掲載するだけでも評価可能な形に可視化したことになるため、そもそも「推進計画」を策定する意義は大きいと考えるが、様々な行政計画の中には、詳細な評価基準や、事業の目標となる指標を掲載しているものも見られる。この推進計画Ⅱでも「目指す姿」として、大枠ではあるが目標が示されるようになった。

この点について推進課に考えを確認したところ、「普通の行政計画は市民との約束という考え方から指標を設けるのが一般的ですが、この計画は大枠での目標のみ示し、事業の詳細は毎年各課に進捗状況を報告してもらうだけにしている」とのことで「目標達成だけを計画の目的とせずに、事業を拡大して、皆で市への愛着度や、認知度を常に高め続けることが重要だと考えたことによる」と語ってくれた。

確かに、シティプロモーションの取組には数値では語れない部分も多い。そして、行政計画は書くことにも、書かないことにも判断が迫られる。全ての事業が実施され、成功するというものではないことを自覚し[7]、その上で前向きな理解が共有されていることは、事業の広がりと「推進計画」の前向きな運用にも影響するだろう。

7　実際、推進計画Ⅰ・Ⅱには実現が困難と感じられるものも含まれており、改定に合わせ廃止した事業も存在した。推進課に確認したところ、「豊橋市の推進計画には理想を追うという要素もある」とのことで、「広がっていくことを重視し、進めていきたい」とその決意を示していた。

3　各種事業とシティプロモーション推進課の関わり

推進計画Ⅰ・Ⅱに記載されている事業[8]は多岐にわたり、それぞれがシティプロモーションを考える上で参考となるものだが、ここでは推進課の考え方などがよく出ていると筆者が感じた事業を紹介することで、推進課の実際の取組を示すこととしたい。

市民とともに行う事業～シティプロモーション事業　「補助金」と「認定事業」

推進課は、市民とともに行う事業を「毎年新たに必ず一つは行う」こととしているが、そのような事業の中でも継続的に行われ、シティプロモーションの取組拡大につながったのが、このシティプロモーション事業の「補助金」と「認定事業」である。

「補助金」事業は、豊橋市のシティプロモーション推進に寄与する事業で、豊橋市を多くの人に知ってもらうために行うものや、豊橋市民などに豊橋のことをもっと好きになってもらうために行う事業に対し補助金を交付するものである。個人での申請はできないが、団体の所在地は問わない。確かに、豊橋市のシティプロモーション推進に寄与するならば市民に限る必要はない。二〇一一年に本事業はスタートしており、申請団体数は年度により増減もあるが、直

8　計画書や各種事業については、豊橋市のシティプロモーションに関するホームページで見ることができる。

近の二〇一七年には過去最大の二二団体が申請を行っており、審査の結果三団体に補助金が交付されている。

「認定事業」も事業の主旨は同じであり、補助金の交付まではではないが、広報活動やシティプロモーショングッズの貸出などを行うことで、シティプロモーションの推進に寄与する活動を支援する事業である。こちらは二〇一二年から事業を実施しているが、市のホームページには実施事業例として四一の事業が掲載されているなどその幅は広い。

推進課は、これらの事業を継続して行ってきたことを「推進課と市民団体の貴重なつながりが生まれた。また、新たな事業を考える上でのヒントとなっている」と高く評価しており、そのつながりは次に紹介する「とよゼミ」の下地ともなった。

市民に「とよはし」を伝える事業～「とよゼミ」の実施

「とよゼミ」とは、二〇一七年に、市制一一〇周年記念事業の一環として開始された事業で、「知っトク！豊橋ゼミナール」の略である。地域の方に「今まで知らなかった豊橋の魅力」を再発見してもらい、地域への関心や愛着を深めてもらうことが目的である。講師は豊橋のことをよく知る方にお願いしているが、その際にシティプロモーション事業の「補助金」と「認定事業」のつながりから依頼に至った例もあるという。

一一〇周年記念事業をきっかけに、市の生涯学習課と推進課が連携して企画

写真4　「アイラブとよはし研修」の様子
若手職員とシティプロモーション課職員との議論を交えながら進められる。グループごとに取り組むため、密度も濃い。

出所：豊橋市提供資料

立案を行った。今後は市内に二二館設置されている市民館で、五年間にわたり一一〇の講座を実施していくという予定であり、事業の継続は生涯学習課が担当し、推進課は企画支援とキックオフの事業を共に実施している。

これは、市民館の側としては連続講座を充実させたいという潜在的なニーズがあったことを推進課がつかんだ上で事業を提案し、共同実施の運びとなったものである。日頃からの情報収集や庁内の連携が功を奏したものであり、庁内での連携事業の成功体験が増えるということでもある。そして、事業の継続性を確保していることから、地域愛、すなわちシビックプライドの醸成につながることは十分期待できる。

職員のシティプロモーションの視点を広げる～「アイラブとよはし研修」の実施

シティプロモーションに関する職員研修の中で、現在最も大きなものが、この「アイラブとよはし研修」（写真4）である。これは、入庁二年目の若手職員全てを対象とする研修で、シティプロモーションに関する意識づけを行うことが主目的である。なお、二〇一七年度の対象職員数は、六七名とのことであった。

かつては管理職や六年目のいわば市の業務に慣れた職員向けにも研修を行っていたとのことだが、現在は若手の育成とシティプロモーションを兼ねたものとなっている。推進課は、「知らないため、語れない」若手職員には市の良さや特徴を知ってもらうことが必要であり、そもそも若手職員は何かをＰＲするという経験が乏しいということを何とか克服したいと考えたのである。

二〇一七年度の研修内容は、豊橋の魅力を学び「1枚で分かる！豊橋魅力シート」を作ることだが、成果を市のホームページに掲載することが義務づけられ、研修期間は三か月と長期にわたる。推進課の職員は、「得られた知識や仲間との関係を通常業務にまず活かしてほしい。研修の成果を公表できる完成度にするため、厳しい指摘をすることもあるので正直嫌われることもあるが、将来に向け職員にも市にも良い財産になると思う」とのことであった。

筆者にもその取組の大変さが推察できる。しかし、シティプロモーションの考え方が多くの自治体に広まった現在、職員のスタッフプライドをより高める努力は、今後、自治体がシティプロモーションを一過性のものとしないために極めて重要な意義を持つのではないだろうか。

全庁での効果的なＰＲ促進に向けて～「ＰＲデザイン向上プロジェクト」

二〇一六年以降、豊橋市が庁内で取り組んでいるのが「ＰＲデザイン向上プロジェクト」である。このプロジェクトは、各所管が事業のＰＲを行う際に、チラシなどのＰＲ媒体のクオリティや方法などにばらつきが見られ、事業の主旨を対象者に十分に伝えることができない場合が考えられたことから、広報広聴課と推進課が共同事業として立ち上げたものである。

具体的な取組は、①市役所全体で統一感を出すため、デザインの基本要素についての使用ルールを定めるための「ガイドラインの策定」、②より効果的に対象に伝わるＰＲ方法・デザインについてアドバイスを行う「ＰＲ相談窓口の設置」、③職員全体のスキルアップを図るための「職員研修の実施」、というものである。

三年程度でより多くの成果を出すために、今後は専門家のアドバイスも受けられるような体制を整える予定である。推進課の職員は、「表に出るのは緩い統一感でも構わない。事業を進める中でＰＲ意識についての統一感が高まることを目指したい」と考えている。

4　「推進計画」策定によるシティプロモーションの定着と拡大

「推進計画」に関する論点は多岐にわたるが、本事例を踏まえつつ、今後「推進計画」に基づくシティプロモーションを考える上で、筆者が特に注目した点を簡単ではあるがまとめることとしたい。

シティプロモーションの取組が総合的になればなるほど「推進計画」もある程度、幅広いものとならざるを得ない。しかし策定により、市の取組をうまく重点化しながら、市職員の意識や目線をある程度合わせていくことができるのならば、市職員のみならず市の内外において大きな存在感を発揮する。

本事例からも「戦略ビジョン」や「推進計画」の策定が、自治体内の資源や事業について、シティプロモーションの観点から見つめ直す機会となったことが確認できた。そして改定は、更なる目線を加えるための大きな役割を果たしていると言える。

そのような本事例を踏まえると、計画期間、すなわち改定や見直しとなる時期の設定は、シティプロモーションという柔軟な事業展開が求められる取組に対して、特に重要な意味を持つと考えられる。

細かい評価が難しい面もある「推進計画」であるが、改定・見直しにおける議論は、全体を振り返り評価するということでもある。「推進計画」を策定・運用している自治体が増えた昨今、事業や体系などについて参考となる先進事例は少なくないが、それらの中から改定前と後の計画を比較し、その変化の理由などを探ることや、掲載項目がどのように機能し変化してきたのかを探るということは、自治的な要素が強いシティプロモーションに関する「推進計画」を考える上で大変参考になるものと考える。

また、本事例からうかがえたように「推進所管」を設置したとしても、庁内外の共感を得ながら事業の推進・調整を進めることは時間と大きな労力を伴う。「推進計画」に検討の経緯と併せ、位置づけ・役割をある程度具体的に示しておくことは「推進所管」の自覚と庁内の理解・調整の助けにもつながるため、事業の円滑な進行に寄与することだろう。

さらに、ともすれば見過ごしがちな「わがまちの誇り」を自覚的にし、拡大していくためには、地道な取組を継続することが求められる。本事例の「市民

との つながり」や「職員の意識を高める」取組は、シティプロモーションを広げていくための貴重な展開・連携の場であることもうかがえた。「推進計画」において、それらの取組に継続性を付与しておくことは、実務上の「先を見る」という意味からも有効なものと考える。

おわりに～自治体の基礎力アップとしてのシティプロモーション

豊橋市のシティプロモーションに関する取組全体を踏まえた上で「推進計画」を考えた際に、筆者が特に重要なヒントだと感じたのは「身の丈に合わせた拡大と継続の重要さ」である。

自治体が取り組む政策課題への力点は、様々な社会状況などから変化することも多い。今後、自治体によってはシティプロモーションを単なる流行として取り入れたことで、一過性のものとして沈静化してしまう例も見られるだろう。しかし、シティプロモーションの取組は、わがまちを誇りに思う気持ちの醸成である。このことは、決して流行に左右されるものではない。つまり、取組の見た目が変わろうと、自治体の基礎力を高めるために常に必要な取組なのである。

本事例からは「推進計画」に基づき、シティプロモーションを推進する中で職員の育成・能力向上を強く意識した取組が継続して進められている様子もうかがえた。そこで育った職員は、次のシティプロモーションの取組に広く貢献[9]

9 筆者が担当している「地域包括ケアシステムの強化」のように、今後、自治体職員と住民などが相互理解・協力のもと、複合的な課題の解決を進める必要性と機会はさらに増すと考えられる。「わがまちの課題」を解決するための共通認識としても「スタッフプライド」や「シビックプライド」の醸成は重要で、様々な目線から、幅広い取組がなされるべきと考える。

していくことだろう。その流れを確保できることも、「推進計画」を策定する大きな意義の一つなのである。

（参考文献・資料）

豊橋市企画部政策企画課「豊橋市シティプロモーション戦略ビジョン」（二〇〇九）
豊橋市企画部シティプロモーション推進室『ええじゃないか豊橋推進計画』（二〇一〇）
豊橋市企画部シティプロモーション課『ええじゃないか豊橋推進計画Ⅱ』（二〇一五）
牧瀬稔「市町村合併後の地域ブランドの展望を考える」『地域魅力を高める「地域ブランド戦略」』東京法令出版（二〇〇八）
そのほか、豊橋市の各種行政資料やホームページを参照している。

※ 本章は筆者の個人的見解であり、所属組織の見解を示すものではないことを注記させていただく。

終　章

The Local Brand
and
The City Promotion

終章 地域ブランドとシティプロモーションを成功させる視点

関東学院大学法学部地域創生学科准教授　牧瀬　稔

筆者（牧瀬）は、地域ブランドとシティプロモーションを成功させるためには、双方にしっかりと関係性を持たせることが大事と考えている。そして、そのような視点から、各執筆者に一四事例を紹介してもらった。もちろん、一四事例の全てが目に見える成功や結果を導き出しているとは言えないだろう。現時点において明確な結果を出している事例もあれば、成功の軌道に乗ったばかりの取組もある。これらの事例の中から、成功のためのヒントを得るのは読者自身である。

繰り返しになるが、本書は地域ブランドとシティプロモーションの双方の事例をまとめている点が特長である。本書で取り上げた事例の濃淡はあるが、それらの中から共通点を三点に絞り言及する。なお、次で紹介する内容は、本書で取り上げた事例のみに共通するのではない。筆者が地域づくりの現場に入り、実感していることでもある（また、それらを志向した地域づくりに取り組んでいる。）。

この三点は、読者に対する問題提起であり、ある意味、地域づくりを成功させるための提言という意味を持つ。

1　地域づくりにストーリーを持つ

最初に「ストーリーの重要性」を指摘しておきたい（この点は第10章でも少し言及している。）。うまく進んでいる地域ブランドやシティプロモーションにおおよそ共通しているのは、「ストーリーがある」という事実である。特に、地域づくり（政策づくり）を成功させるためにはストーリーは重要である。

例えば、うまく進んでいる政策があるとする。そして筆者が、その政策を立案した自治体職員と意見交換をすると、「いま考えている政策がこうなって、こんな感じで発展して、そしてこういうメリットが出てきて、政策目標である定住人口に結び付く……。とてもおもしろいでしょう！」という発言が出てくる。つまり、政策の背景には確固としたストーリーが存在している。本書で紹介した事例も、しっかりとしたストーリーがある。

ストーリーを語る政策立案者とは、市区町村長や副市区町村長をはじめ、部長、課長、係長、担当職員までを意味する（知事も副知事も該当すると思われるが、筆者は知事や副知事と頻繁に意見交換する機会はないため外している。）。

入庁して間もない担当職員であっても、目を輝かせて自ら担当する地域づくりにストーリーを持って述べることが多々ある。これらの経験から、導き出した回答は「地域づくりにストーリーを持たせる」ことの重要性である。地域づくりは、地域ブランドやシティプロモーションを包含するものであり、政策づくりと換言してもよいだろう。

また、成功した経緯を聞くと「こんな観点からスタートしたけど、それがここに結び付き、こんな関係性も生まれて、そして今日の政策に結び付いた！」と、嬉しそうに話す自治体職員が多い。

近年は、一人当たりの仕事量が増大し、自治体職員の多くは「目の前にある仕事を片付ける」という行動だけになってしまっている。管理職でさえ「目の前にある業務に追い込まれる」という傾向が強くなっている。その結果、地域づくりを考える傾向が希薄化しつつある。そして、地域には夢や希望が感じられなくなってしまう。本来、地域づくりは夢や希望を実現したものであると思う。しかし、自治体の現場では夢や希望が日々の仕事に忙殺され、見えなくなっている。そのため政策が結実することはない。

よく言われることだが、忙しいの「忙」という字は、「心」を「亡《な》」くすと書く。そして心には「夢」という意味がある。忙しさが結果として心や夢を亡くしていくことにつながる。このことに注意しなくてはいけないだろう。

このような時代であるからこそ、改めて地域づくりの持つ意味を再確認する必要があると思う。夢や希望の結晶としての「地域づくり」に価値を見いだす必要があるのではなかろうか。そして、夢や希望を実現していくためには、ストーリーは必須である。

地域ブランドやシティプロモーションの取組は、本来は、自分たちの自治体の未来を創造する取組であり、夢や希望を語る機会でもある。そして、未来に向けてストーリーを組み立てていくチャンスでもある。

地域づくりにストーリーを持つメリットは、五点ほどあるように思われる。第一に、ストーリーを描くことにより、そのストーリーから外れそうになると、軌道修正が容易にできることが挙げられる。すなわち、ストーリーを確固として持っていると、どのような変化にも柔軟に対応することが可能となる。

第二に、政策立案者がストーリーを考えるときに、実は頭の中では様々なシミュレーションをしているとも言える。シミュレーションは、リスク管理やリスク回避にもつながる。

第三に、一般的にストーリーはワクワクし、楽しい内容で考えることが多い。もちろん、あえて悲観的なストーリーを描くこともあるが、それは少ない。すなわち、ストーリーそのものに夢や希望が内包されているとも言える。そのようなストーリーであれば、当事者や第三者を勇気づけることになる。この「勇気づける」ことは、地域づくりの推進力を高めることにつながる。すなわち、地域づくりを強烈に後押しすることになる。

第四に、地域づくりをストーリーとしてまとめることで、覚えやすいという事実もある。覚えやすいということは、当事者をはじめ第三者の記憶に残る。記憶に残ることは、地域づくりの実効性を高めることにつながっていく。また、ストーリー化することで、誰かに話したくなる。その結果、ストーリーとしてまとめた政策は、口コミなどにより、広がり浸透していく。政策が広がり浸透していけば、当然、地域づくりの推進力も強まっていくだろう。

第五として、ストーリーにより地域づくりを差別化することができる。地域づくりの「結果」の差別化は難しい。しかし、地域づくりの「過程」は千差万別であり、様々なストーリーを形成できる。これが差別化につながる。差別化は、自治体間競争に勝ち残るための一つの秘訣である。

多くは定性的なストーリーである。定性的なストーリーも重要であるが、可能な限り、数字という根拠のある定量的なストーリーもあったほうがよい。定性的な観点と定量的な視点からのストーリーの存在は、地域づくりを強くしていく。地域ブランドやシティプロモーションという地域づくり（政策づくり）を成功させたいのならば、ストーリーを抱くことが必要だろう。

なお、本書の各章は、ストーリーがあるからこそ、執筆者たちは取り上げたと言える（ストーリーがあるから、執筆者の目に留まったのだろう。）。このストーリーを意識した地域づくり、そして地域ブランドの構築とシティプロモーションの推進が求められる。

2 ないものねだりではなく、あるもの探し

次に「ないものねだりではなく、あるもの探し」を指摘したい。この言葉は地域づくりの現場で、よく言われることである（読者も何度も耳にしているだろう。）。改めて、この言葉の重要性を指摘したい。

これからの時代は、地域づくり（政策づくり）において、独自の取組が求め

られる。地方自治体は、既存の事例をまねしても意味がない。それでは地域ブランドにつながっていかない。既に言及しているが、ブランドの意味は「差別化」（違いづくり）である。既存の事例の模倣は差別化につながらない。確かに、模倣するほうが簡単である。しかし、模倣は本物には追い付かない。自治体間競争の中で生き残っていきたいのならば、模倣ではなく差別化を基調とした創造が求められる。[1]

　地域ブランドを検討していくには、自分たちの地域の資源を探すことから始めるとよいだろう。読者の中には「地域資源はない」と言う人がいるかもしれない。その場合は、改めて地域資源をつくっていくことになる。しかし、よく観察すると地域資源が埋もれていることが多々ある。地域ブランドを構築していく基本は「あるもの探し」である。地域ブランドの構築を検討するときに、「他自治体の事例をまねしよう」と思った時点で、それは「差別化」にはならない。

　ニーチェは「足下を掘れ、そこに泉あり」という言葉を残している。意外と価値あるものは身近なところにある。自らの自治体の地域資源（特徴）を再発見し、それらを生かすことにより、地域ブランドが成功の軌道に乗っていく。繰り返しになるが、地域づくりを成功させるポイントは「ないものねだりではなく、あるもの探し」である。

　地域ブランドを成功の軌道に乗せ、持続的に成功の道を歩んでいくためには、「あるもの探し」で行くべきである。しかし自治体だけでは、あるものを探す

1　もちろん、当初は模倣から始めたほうが効率がよいだろう。しかし、いつまでも模倣ばかりではダメである。模倣を繰り返すことで経験を積み、創造を志向していくことが求められる。
　創造は、読者が考えるほど難しくない。例えば、A事例をそのまままねをしても、A事例には追い付けない。これでは創造は生まれない。しかし、A事例をまねすることに加えB事例の要素を模倣することにより、それは創造に転化される。つまり、ハイブリッド型の政策づくりと言える。ハイブリッドとは「二つ（またはそれ以上）の異質のものを組み合わせ一つの目的を成すもの」という意味がある。既存の様々な事例を収集し、それぞれの良い要素を組み合わせて政策化していくことが大事である。

ことに限界がある。どうしても自治体は生産者目線（自治体目線）になり、顧客目線（住民目線）にならない傾向がある。そこで地元住民や事業者など、様々な主体と協力・連携することにより、あるもの探しを進めていく必要があるだろう。

また既に述べているが、地域ブランドは狭義と広義がある。二〇〇〇年代半ばまでの取組は狭義に力が置かれていた。しかし、狭義だけであると発展性が少ない。現在の地域ブランドは広義の取組である。つまり、地域のイメージづくりである。それは地域の魅力の構築とも言える。

地域のイメージづくりは中長期の期間を要する。そのため可能ならば、行政計画に位置付け、場合によっては条例化することにより、継続的な取組を担保する必要があるだろう。筆者は全てを調べたわけではないが、地域ブランドの行政計画がある自治体のほうが、人口の減少幅が少ない傾向がある。

地域のイメージを確立することにより、その地域ならではの「らしさ」が生まれる。そして、「らしさ」は口コミとして広がっていく。すなわち、地域ブランドという「らしさ」はプロモーションを後押しする原動力となる。口コミには「ウィンザー効果」があると言われる。ウィンザー効果とは「第三者（他者）を介した情報、うわさ話のほうが、当事者が直接伝えるよりも影響が大きくなる心理効果」である。

3　様々な主体との協力・連携

本書で紹介した多くの事例では、地方自治体が単独で実施したケースは少ない。これからの時代は、自治体は地域を構成する様々な主体と積極的に協力・連携して地域づくり（政策づくり）を進めていく必要がある。そこで最後に「様々な主体との協力・連携」について言及する。

今日、国が進めている地方創生の一つのキーワードとして「産学官金労言」がある。その意味は、産業界（民間企業等）、学校（教育・研究機関等）、官公庁（国・地方自治体等）、金融（都市銀行・地方銀行・信用金庫等）、労働界（労働組合等）、言論界（マスコミ等）になる。つまり、地域を構成する様々な主体と協力・連携することにより、地方創生を実現していくことを意図している。

これからの時代は、自治体単独で地域づくりを担っていくことは難しくなるだろう。都道府県や政令市などの規模の大きな自治体は、行政資源（ヒト・モノ・カネ等）が豊富にあるため可能かもしれない。しかし、町村等の小規模自治体では難しくなっていくだろう。自治体は様々な主体と協力・連携して、地域づくりを担っていく時代でもある。国は、このことを「新たな公」や「新しい公共」と称している。それは、ある意味、自治体単独だけの「行政運営」から、地域を構成する様々な主体と連携した「地域運営」への変化とも言える。

筆者は戸田市を本書で紹介したため、また同市の話になってしまい恐縮ではあるが、いくつか事例を紹介したい。戸田市は、実に様々な連携をしている。例えば、株式会社ベネッセコーポレーションと包括連携を締結している。同連携は、様々な「新しい学び」の共同研究を行うことを意図している。全国的にも珍しく、埼玉県内では初の取組である。同連携は⑴教育の調査研究、⑵教育政策の提言・改善、⑶そのほかの必要な分野、について協力・連携するとした包括的な内容である。ベネッセコーポレーションが、これまで培ってきた教育分野におけるノウハウを戸田市の教育に活かすことにより、同市の教育が日本の教育の先駆けになることを目指している。双方にメリットのある取組と言える。

また、戸田市は株式会社読売広告社とも協力・連携を進めている。その内容は、シビックプライド分野での共同研究を実施し、地域社会の発展や市民サービスの向上を目指すものである。今日「シビックプライド」が注目を集めている。読売広告社が実施した「都市生活者の居住エリアによる特性分析を可能にするCANVASS-ACR調査」（二〇一六年一〇月二六日発表）において、戸田市は「共感」が第一位となった。さらに「誇り」と「人に勧めたい」はともに第四位という結果であり、全体的にシビックプライドの高い自治体という評価となっている。

そこで、戸田市と読売広告社の相互の強みを生かして研究を進め、他自治体に先行してシビックプライドによる効果の「見える化」を目指して取り組むことを意図している。そのほか戸田市は、埼玉りそな銀行、武蔵野銀行、法政大学、青山学院大学をはじめ様々な民間団体と協力・連携することで、戸田市という地域を運営しつつある。もちろん、この協力・連携には地元住民等も含まれる。そして、民間団体と協力・連携することで、戸田市のブランド化とプロモーション推進にも貢献している。

地域ブランドやシティプロモーションの取組は、民間団体のほうが先行しており、ノウハウも多い。そこで自治体だけで進めようとせず、積極的に民間団体と協力・連携を進めていく必要があるだろう。さらに言えば、民間団体に事務執行を代替してもらえば、自治体の負担は軽くなっていく可能性もある。

地域ブランドやシティプロモーションを成功させる視点は多々ある。その中で、本書で取り上げた事例におおよそ共通することとして、本章では⑴地域づくりにストーリーを持つ、⑵ないものねだりではなく、あるもの探し、⑶様々な主体との協力・連携、の三点に限定して紹介した。本書の各事例から、読者なりに、成功の要因を考えていただきたい。

4 読者への宿題 ～各事例の共通点は何か？

本書には、事例集という側面がある。そこで様々な観点から事例を紹介してきた。事例を活用して、地域づくり（政策づくり）を進める際の基本的な視点

図表　複数の成功事例から共通項を見いだす（イメージ）

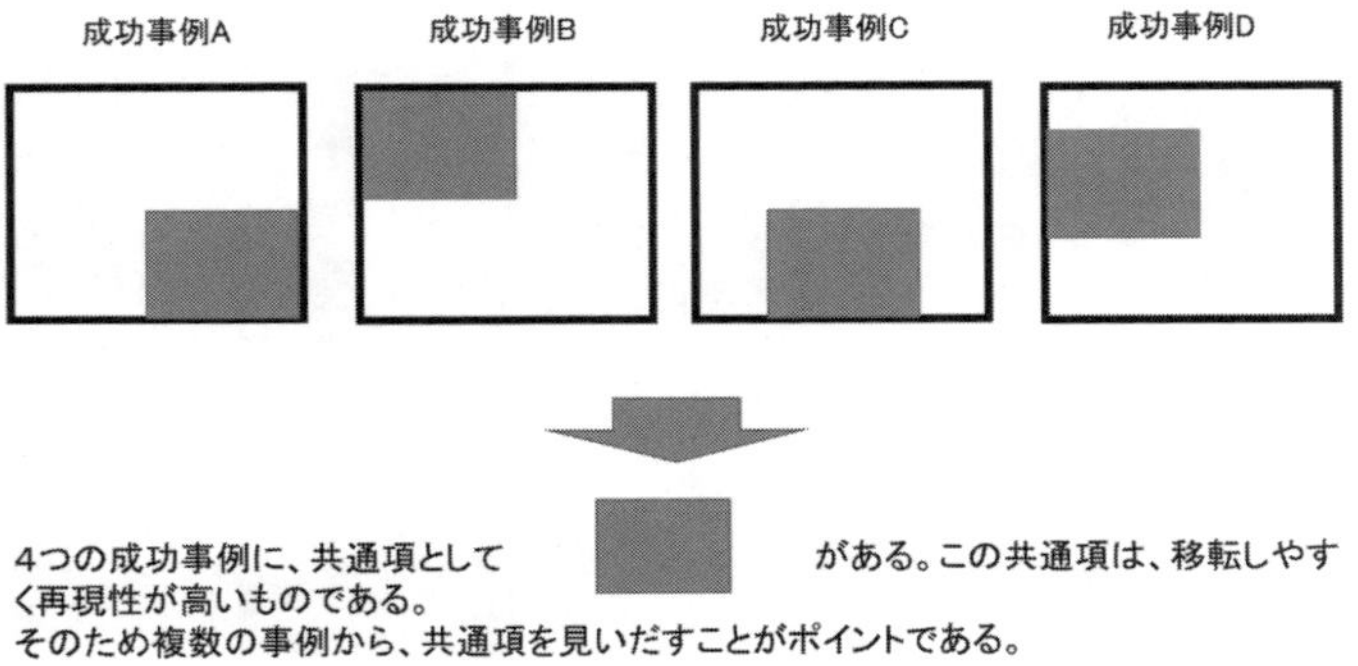
成功事例A
成功事例B
成功事例C
成功事例D
4つの成功事例に、共通項として　　　がある。この共通項は、移転しやすく再現性が高いものである。
そのため複数の事例から、共通項を見いだすことがポイントである。

出所：筆者作成

を記したい。事例を活用するときは、二つの観点を持つとよいだろう。第一に「ベストプラクティス」である。この意味は「最も効果的、効率的な実践の方法。または最優良の事例」である。簡単に言うと「よい事例」になる。

よい事例を収集し、その中から共通項を見つけ出し、それらを自分たちの地域に当てはめていく。複数の事実から共通項を取り出すと、それは再現性が高く法則化できる。そして、抽出した共通項は再現性が高い（図表）。この共通項は、自分たちの地方自治体に、移転しやすい要素である。その意味で、参考となる事例は複数集めたほうがよい。なお、図表には成功事例と明記しており「成功」という二文字が入っている。この成功事例と先進事例は異なることを知らなくてはいけない。

「先進事例」と聞くと、イコール「成功事例」と捉えてしまう読者は少なくないが、実はそうではない。先進事例は必ずしも成功事例ではない。よくあるのは、「先進事例だから」という理由で視察先を選定するケースである。しかし、その先進事例は、視察すべき（見るべき）対象なのだろうか。実は、使えない対象かもしれない。

先進事例とは、あくまでも「他に先駆けて実施した事例」である。言い方に語弊があるかもしれないが、「たまたま先に実施しただけの事例」である場合も多い。何も考えずに単に先駆けて実施した場合は、先進事例であっても失敗事例であるかもしれない。先進事例が本当に参考とすべき事例なのかを客観的に検討する必要があるだろう（その意味では、政策研究はとても大切である。）。

某市はシティプロモーションの先進事例として有名である。しかし、某市の様々な指標は悪化している。シティプロモーションを実施してから、毎年、定住人口も交流人口も減少している（某調査会社による認知度ランキングを見ると、認知度はやや上がっている。）。しかし先進事例と称されるため、視察が相次いでいる。特に議員視察が多い。某市を視察したある議員は、自らの議会で「某市を参考にしてシティプロモーションを実施し、人口を増やしたらどうか」（趣旨）と執行部に質問している（質問の後半の「人口を増やしたらどうか」が、そもそも間違っている。）。そして、執行部は、「某市を参考としてシティプロモーションを研究します」と回答している。

もし某市を参考にシティプロモーションを実施したら、様々な指標が悪化する可能性があるだろう。なぜならば、先進事例ではあるが、失敗事例でもあるからだ。失敗事例を採用すれば、当然、失敗していくだろう。繰り返すが、先進事例が成功事例とは限らないのである。

事例を活用する第二の視点は「反面教師」である。この反面教師とは「悪い見本として反省や戒めの材料となる物事」になる。すなわち「悪い点は決してまねしない」ことが重要である。某市のシティプロモーションは、ベストプラクティス（良い参考事例）として活用するのではなく、むしろ失敗事例と捉え反面教師にしたほうがよい。

失敗事例のまねを決してせず、なぜ他自治体は失敗したのかを考えて、自分たちの自治体では同じ轍を踏まないことが肝要である。しかし、なぜか自治体は他自治体の悪い事例も模倣してしまう傾向がある。むしろ、よい事例よりも悪い事例を踏襲してしまうような気がする。

失敗事例も、成功事例と同じようにたくさん収集し、「なぜ失敗したのか」ということを考察しなくてはいけない。失敗事例を収集することがなく、そして失敗要因を考えないことが、結果として他自治体と同じ過ちを繰り返してしまうことになる。他自治体の失敗を決して繰り返さないことが、地域づくり（政策づくり）を成功に導く一つの要諦でもある。

読者に宿題である（本書を買われて、しかも宿題とは、おこがましいが……）。本書の各事例の共通点は何だろうか。成功の共通点、失敗の共通点を抽出してもらいたい。そして、共通項を見いだしたら、成功要因の場合は「どのようにしたら、自分たちの自治体に移転可能か」を検討してもらいたい。一方で、失敗要因は「どのようにしたら、失敗を避けることができるか」を考えてほしい。そうすることが地域ブランドやシティプロモーションを含んだ地域づくり（政策づくり）を成功の軌道に乗せることにつながっていくだろう。[2]

2　本章で記した地域づくり（政策づくり）以外にも、様々な視点や技法がある。それらは次の図書に詳しい。関心を持たれた読者は一読いただきたい。
牧瀬稔『地域創生を成功させた20の方法』秀和システム（二〇一七）

おわりに

「はじめに」の冒頭に、本書は私が編著者としてまとめた『地域魅力を高める地域ブランド戦略』（東京法令出版）の続編と記した。実は『地域魅力を高める地域ブランド戦略』との兄弟的な位置づけの図書がある。それは二〇〇九年一〇月に発行した『人口減少時代における地域政策のヒント』（東京法令出版）である。

同書の中で、戸田市のシティプロモーションを取り上げた。その中で「シティプロモーションは、しっかり進めていけば、定住人口や交流人口などの善の効果が見られる取組である」という趣旨で言及している。実際、この一〇年間で、戸田市はシティプロモーションを進めることにより、定住人口の増加とシビックプライドの醸成を実現させてきた。それは数字にも明確にあらわれている。人口転入率を上昇させ、人口転出率を継続的に縮小してきた。その結果、戸田市の人口は大きく増加している。この経緯は、本書の第10章で詳述している。

戸田市に限らず、私が関わった多くの自治体は、シティプロモーションを展開することにより、具体的に目に見えるよい成果が導き出されている（もちろん、私の関わった自治体の全てとは言わない。）。シティプロモーションは、正しく実施していけば、ある程度のよい成果は出てくる。本書は、様々な事例から成功するためのヒントを提供してきた。

一方で、戸田市の事例などは「首都圏に位置するため地方圏の自治体には役立たない」と言う者もいる。そう指摘するなりの根拠があると思われるが、勝手に限界をつくってしまう残念な思考と捉えている。

本書で紹介した事例は、それがそのまま役立つとは思えない。その中から移転できる部分を抽出し、自分たちの地方・地域に合わせて移転していくことが大事である。この世の中に役立たない事例はないと実感している。「どのようにすれば役立てることができるのか」という視点から本書の様々な事例を分析してほしいと思う。

余談になるが、シティプロモーションに限らず政策を成功させるための一視点を紹介しておきたい。その要諦は「政策を減らしていく」ことに集約される。現在は事業や施策を含んだ政策が多すぎる。そのため、限られた行政資源が薄く広く配分されている。これでは政策の成果は上がらない。

私は「政策公害」という概念を提起している。政策公害とは「自治体の政策づくりと政策実施によって、自治体職員や地域住民に、外部不経済をもたらす」と定義している。外部不経済とは、自治体職員の療養休暇の増加や、当初意図した政策効果があらわれないなどである。政策公害の最大の要因は、政策が多すぎることである。政策公害の状況下では、地域ブランドもシティプロモーションも、成果を上げることはできないだろう。これからは意識的に政策を削減していくことが求められる。

同様の概念として、私は「政策づくりのパラドックス（逆説）」も提起している。例えば、シティプロモーションは、しっかり実施すれば成果も出やすく、取り組むと担当者にとっては「おもしろい」ため、手を広げすぎる傾向がある。そして事業（仕事）が増えてしまう。だんだんと担当者は「いっぱいいっぱい」の状況に陥り、その結果、事業の成果が低下していく（事業が進まなくなる。）。この状態が「シティプロモーションのパラドックス」であり「政策づくりのパラドックス」である。読者は注意してほしい。

最後に、本書の編集の労をとっていただいた東京法令出版の野呂瀬裕行氏と加藤舞氏に深く感謝申し上げたい。本書は二〇一七年中に出版予定であったが、様々な事情から数か月遅れてしまった。その間も、辛抱強く私を含め本書の執筆者たちを激励してくださった。ようやく本書をまとめることができた。ここに記して感謝したい。

二〇一八年四月

牧瀬　稔

編著者紹介

【編著者】

牧瀬　稔（まきせ　みのる）　序章・第10章・終章

関東学院大学法学部地域創生学科准教授

横須賀市都市政策研究所、（公財）日本都市センター研究室、（一財）地域開発研究所研究部等を経て、2017年４月より現職。法政大学大学院公共政策研究科兼任講師等。

2017年度は、戸田市政策研究所政策形成アドバイザー、かすかべ未来研究所政策形成アドバイザー、新宿区新宿自治創造研究所政策形成アドバイザー、東大和市まち・ひと・しごと創生総合戦略アドバイザー、羽村市魅力創出支援アドバイザー、寝屋川市シティプロモーション戦略策定アドバイザー、鎌倉市行政評価アドバイザーほか、多摩市、甲斐市、西条市などのアドバイザーも務める。また、（株）読売広告社シビックプライド・リサーチのアドバイザーも担当。加西市元気なまちづくり市民会議委員（会長）、厚木市自治基本条例推進委員会委員（会長）、その他、逗子市市民参加制度審査会委員、三芳町行政改革懇談会会議委員、厚生労働省「多様な社会資源を活かした『地域包括ケア推進』環境づくりに関する調査研究会」委員、スポーツ庁技術審査委員会委員等。

2013年８月には、シティプロモーション自治体等連絡協議会を立ち上げた。

専門は自治体政策学、地域政策、地方自治論、行政学で、市区町村のまちづくりや政策形成に広く関わる。

【著　者】

髙木　亨（たかぎ　あきら）

第１章

熊本学園大学社会福祉学部福祉環境学科准教授

1970年生まれ。博士（地理学）。立正大学大学院文学研究科単位取得満了。（一財）地域開発研究所客員研究員、福島大学うつくしまふくしま未来支援センター特任准教授を経て、現在、熊本学園大学社会福祉学部准教授。専門：人文地理学・震災復興学。

清水　浩和（しみず　ひろかず）

第２章

公益財団法人日本都市センター研究員・地方公営企業連絡協議会 調査研究事業アドバイザー

2006年、東京大学大学院経済学研究科博士課程満期退学。修士（経済学）。主な著作に『超高齢・人口減少時代に立ち向かう――新たな公共私の連携と原動力としての自治体――』（共著）など。専門：財政学、社会保障論、公営企業論。

大庭　知子（おおば　ともこ）

第３章

九州産業大学建築都市工学部建築学科助手

山口大学大学院理工学研究科博士後期課程単位取得退学。2015年、博士（工学）。論文に「公営住宅ストックの高齢者向け住戸改善計画に関する研究」など。横須賀市都市政策研究所研究員を経て2018年４月より現職。専門：建築計画、地域計画。

城山　佳胤（しろやま　よしつぐ）

第４章

豊島区教育委員会事務局教育部長

慶應義塾大学法学部卒、法政大学大学院社会科学研究科修了（政治学修士）。1986年入庁、福祉事務所、青少年課、行政経営課長、会計管理者、政策経営部長等を経て現職。論文に「子どもの権利とシティズンシップ――自治体の役割を考える――」（2004年、ＮＩＲＡ）、著書に『資料から読む地方自治』（2009年、法政大学出版、分担執筆）などがある。

菅原　優輔（すがはら　ゆうすけ）
第５章
一般財団法人地域開発研究所客員研究員
東京大学大学院法学政治学研究科博士課程、専門職修士（公共政策学）。論文に「副市町村長管理論」「新興住宅地における地域コミュニティ形成のあり方」など。専門：自治体行政学。

杉尾　正則（すぎお　まさのり）
第６章
直方市役所総合政策部人事課長
1995年、九州工業大学大学院情報工学研究科博士前期課程修了。翌年、直方市役所入庁。2002〜05年、（財）福岡県市町村研究所。2016年から現職。論文に「直方市役所における大学と連携したメンタルヘルス対策」など。専門：人事管理論。

橘田　誠（きつた　まこと）
第７章
弘前大学客員研究員・法政大学大学院公共政策研究科兼任講師
弘前大学大学院地域社会研究科博士後期課程修了、博士（学術）。論文に「大都市と地方の広域的連携の可能性——東日本大震災における被災市町村支援を題材に——」など。専門：地方自治論。

寺井　元一（てらい　もとかず）
第８章
株式会社まちづクリエイティブ代表取締役／アソシエーションデザインディレクター
2002年、ＮＰＯ法人 KOMPOSITION を設立。2010年、（株）まちづクリエイティブを設立。自社のモデルケースとして千葉県・松戸駅前にて MAD City プロジェクトを開始。その後、MAD City のモデルをもとに、佐賀県武雄市域での「TAKEO MABOROSHI TERMINAL」、埼玉県埼京線沿線での「SAI-KYO DIALOGUE LINE」などを展開。

加藤　祐介（かとう　ゆうすけ）
第９章
公益財団法人日本都市センター研究室研究員
2009年、明治大学公共政策大学院ガバナンス研究科修士課程修了、修士（公共政策学）。論文に「地域交通における条例の意義と実態に関する研究——交通関連条例の類型とその運用実態に着目して」など。

豊田　奈穂（とよだ　なお）
第11章
ＮＩＲＡ総合研究開発機構研究調査部主任研究員（当時）
横浜市立大学大学院博士課程修了、博士（経済学）。横須賀市都市政策研究所を経て2009年より現職。論文に「病院の立地と人口集積の関係」など。専門：公共政策、応用計量経済学。

早坂　健一（はやさか　けんいち）
第12章
公益財団法人日本都市センター研究室研究員
2011年、松戸市役所入所、財務部収納課、財務部債権管理課に勤務。2017年より（公財）日本都市センターに出向。論文に「政策の企画・立案・検証プロセスのガヴァナンス・システム」など。専門：租税法、公共政策。

薗田　欣也（そのだ　きんや）
第13章
磐田市教育総務課長
静岡県立大学大学院経営情報イノベーション研究科博士後期課程在学中。放送大学大学院修士課程修了（学術）。
2011・12年、静岡産業大学非常勤講師、2016年、関東学院大学ゲスト講師。論文に「非正規労働の官民比較に関する一考察」など。専門：ガバナンス論。

元木　博（もとき　ひろし）
第14章
八王子市役所都市戦略部都市戦略課長
2006年、法政大学大学院修士課程修了、修士（政策科学）。福祉部高齢者いきいき課長を経て現職。論文に「自治体の政策立案・意思決定と政策支援」、「介護保険事業に関する第２次一括法の基礎自治体への影響を振り返る」など。専門：地域自治、都市内分権論、自治体組織論。

地域ブランドとシティプロモーション

平成30年5月25日　初版発行

編著者　牧瀬　稔
発行者　星沢卓也
発行所　東京法令出版株式会社

112-0002　東京都文京区小石川5丁目17番3号　03(5803)3304
534-0024　大阪市都島区東野田町1丁目17番12号　06(6355)5226
062-0902　札幌市豊平区豊平2条5丁目1番27号　011(822)8811
980-0012　仙台市青葉区錦町1丁目1番10号　022(216)5871
460-0003　名古屋市中区錦1丁目6番34号　052(218)5552
730-0005　広島市中区西白島町11番9号　082(212)0888
810-0011　福岡市中央区高砂2丁目13番22号　092(533)1588
380-8688　長野市南千歳町1005番地
〔営業〕TEL 026(224)5411　FAX 026(224)5419
〔編集〕TEL 026(224)5412　FAX 026(224)5439
http://www.tokyo-horei.co.jp/

ISBN978-4-8090-4070-2